하루 하나 상식

하루 하나
상   식

송
정
림

yeon
doo

○ 차례

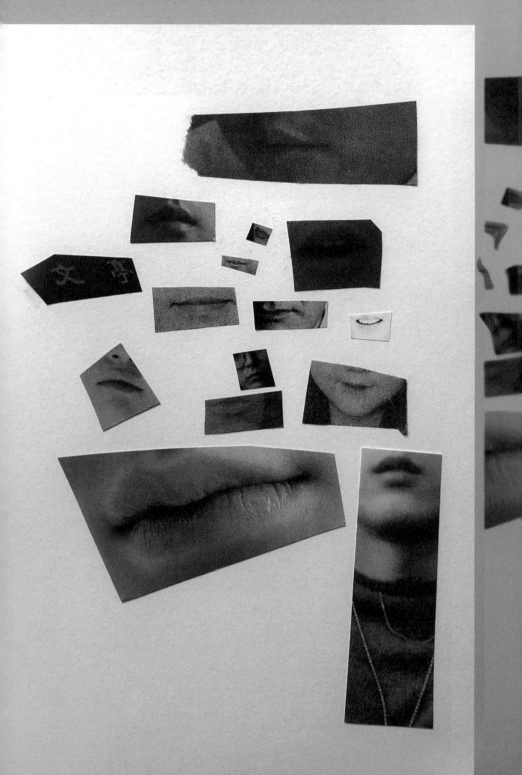

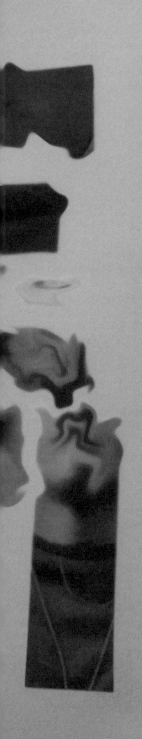

〈어원〉

이 말은 어떻게 시작됐을까?
궁금한 용어, 궁금한 낱말, 궁금한 고사성어의 어원

달빛의 아련한 매력

마릴린 먼로, 소피아 로렌, 보 데릭, 패멀라 앤더슨 리…
할리우드를 풍미했던 여배우들이다.
이들의 이름 앞에는 '글래머glamour'라는 수식어가 붙고는 한다.

육체적으로 풍만해서 성적인 매력이 넘치는 여성에게
따라다니는 수식어 글래머.
글래머는 엔터테인먼트 산업의 상징으로 통한다.

그런데 알고 보면 글래머의 의미는 그 뜻이 아니었다.
글래머의 어원을 거슬러 올라가면
'달빛의 아련한 매력'이라는 뜻을 지닌다.

아일랜드의 고어에서 달은 '글라므glamr'.
이 말이 영국 스코틀랜드 지방의 고어인 게일어鬪와 만나면서
달빛에서 태어난 요정 '엘프'를 뜻하는 '글람glam'으로 바뀌었다.
'엘프'는 사람에게
사물을 실제와는 다르게 볼 수 있는
마법의 시력 '글람사이트glamsight'를

제공하는 요정이다.
바고 거기서 지금의 '글래머'라는 말이 탄생한 것이다.

그러니까 글래머는
'정체를 알 수 없는 신비로움과 유혹의 매력이 넘치는 아름다움'
이렇게 해석할 수 있겠다.

영화의 글래머 스타들이
본격적으로 두각을 나타내며 큰 인기를 얻기 시작한 것은
2차 세계대전의 영향이 컸다.
당시 유럽과 아시아에 파견된 미군들의 향수병을 달래기 위해
미군 당국은 정책적으로
선정적인 사진이 실린 남성 잡지의 구독을 권장했다.
그때 잡지 가운데는 벽에 핀으로 고정해서 걸 수 있는
여자의 큰 포스터가 실렸고,
핀업 걸의 단골손님은 베티 그레이블 같은
당시 할리우드의 글래머 스타들이었다.
그때부터 글래머 스타들은 계속 전성기를 누렸다.

달빛의 아련한 매력이 원래의 뜻인 글래머,
글래머 타입에 유혹당하는 것은
하늘 위에서 손짓하는 달빛,
그 아련하고도 매혹적인 자태에 끌리는 이유와 같은 지도 모르겠다.

내 영혼이 맑아짐을 느껴요

그 문학 작품을 읽고 카타르시스를 느꼈다.
그 영화를 보고 카타르시스를 느꼈다.
그 음악을 듣고 카타르시스를 느꼈다…
우리는 이렇게 카타르시스라는 말을 자주 사용한다.

'카타르시스'라는 말은 고대 그리스어로
'청정淸淨', '정화淨化'를 나타낸다.

이 말이 문학적으로 사용하기 시작한 것은
아리스토텔레스의 『시학詩學』 제 6장 「비극의 정의定義」에
나오면서 부터다.
아리스토텔레스는 『시학詩學』에서
카타르시스라는 말을 문학론상의 용어로 규정했다.
특히 비극이 인간 영혼에 미치는 청정화 효과에 대해 썼는데
"비극이란 자비와 두려움의 정情에 의한 정화, 즉 카타르시스이다"…
이렇게 규정했다.
비극을 보면 관객들은
주인공의 비참한 운명과 결말 때문에

자신의 마음속에 있던 두려움이나 슬픔, 동정, 연민이
한꺼번에 폭발된다.
바로 그때 마음의 응어리가 정신적으로 순화되는 현상을
카타르시스라고 정의를 내린 것이다.

슬픈 영화나 슬픈 책을 보고 나서 엉엉 울고 나면
마음이 후련해지는 때가 있다.
그럴 때 '카타르시스를 느꼈다.'고 표현한다.

이 카타르시스라는 말은
원래 종교적 의미인 "영혼의 정화"에서 나왔지만
의학적으로는 "몸 안의 불순물을 배설한다."는 의미로도 쓰인다.

정신분석학에서도 카타르시스라는 용어가 쓰인다.
마음의 상처나 콤플렉스를
말이나 행위, 감정으로 밖으로 발산해
노이로제를 치료하는 정신요법의 일종이다.

슬픈 작품을 보고 실컷 울거나
극도의 연민과 공포를 느낀 후
자신의 고통은 맑게 치유가 되는 카타르시스.
맑고 시원한 감정의 정화.
이런 카타르시스를 느끼게 하는 불후의 명작들은
찾아보면 참 많다.
그런 문학 작품 하나 손에 쥐고

독서에 빠지는 시간은
카타르시스 타임이다.

들판에서 정을 통하다?

정치권 소식을 전할 때
많이 들리는 말 중에 '야합野合'이라는 말이 있다.
그런데 이 야합은 어디서 처음 시작된 말일까?

야합은 한자어로
들 '야野'와 합할 '합合'으로 이뤄졌다.
공자의 일생을 기록한 『사기史記』에는 이렇게 쓰여 있다.

– 숙량흘은 안씨의 딸과 야합하여 공자를 낳았다. –

여기서 '야합'이라는 말이 나왔다.

공자는 BC 551년, 노나라 동남쪽에 있는 추읍의 궐리에서
숙량흘이라는 아버지와 안징재라는 어머니 사이에서 태어났다.
당시 공자의 아버지는 70세가 다 됐는데
상처하고 혼자 살고 있었다.
그의 친구인 안씨顔氏가 그것을 안타깝게 생각하고
아직 결혼하지 않은 딸 세 자매에게 이렇게 말했다.

"숙량흘은 마을 사람들의 존경을 받는 훌륭한 사람이다.
나이는 비록 많지만 누가 그의 배필이 되겠느냐?"

그때 셋째 딸 안징재가 숙량흘에게 시집가는 것에 동의했다고
「공자가어」에서 전하고 있다.

공자의 어머니 안징재는 임신하자
이구산尼丘山에서 기도를 올렸다.
공자의 이름이 '구丘'이고, 자가 '중니仲尼'라는 것도
이 산과 관계가 깊기 때문이라고 한다.

사실 야합의 뜻이 정확하게 해석되지 않아서
학자들의 의견이 분분하다.
집이 아닌 '들판에서 통정을 한다.'라는 뜻이라는 주장도 있고,
'혼인할 나이를 넘겨서 결혼한 부부 관계'를 이른다는 주장도 있다.
당시에는 여자의 나이가 49세가 넘거나
남자 나이가 64세가 넘어서 결혼하는 것을
야합이라고 불렀다는 것이다.

남자는 태어나서 8개월이면 치아가 돋아나고,
8세가 되면 젖니가 훼손되기 때문에 8과 8을 곱해서 64세,
여자는 생후 7개월이면 치아가 돋아나고,
일곱 살이 되면 젖니가 훼손되기 때문에 7과 7을 곱해서 49세를
그 기준으로 삼았다고 한다.

야합의 표현은 아마도
공자의 아버지가 70세가 가까운 나이였기 때문에
야합이라는 표현을 썼던 게 아닐까, 추정하고 있다.

공자가 사생아가 아닌가 생각하는 일이 종종 있다.
이것은 야합을 "부부 아닌 남녀가 서로 정을 통함"으로
해석한 데서 오는 오해라고 한다.

어쨌거나 지금은 이 야합이 이상한 뜻으로 변질돼서
'좋지 못한 목적으로 뜻을 합하는 것'으로 사용되고 있다.

뜻이 좋은 '화합'은 있고 뜻이 좋지 않은 '야합'은 없는 세상,
기대해도 될는지…

그 사람 생각을 많이 한다면 그것은

사람들이 가장 좋아하는 단어,
'사랑'이 아닐까?
그런데 사랑이라는 말은 어디서 온 말일까?

사랑의 어원에 대해서는 의견이 분분하지만
한자에서 온 말이라는 설이 마음에 든다.
생각 사思, 부피 량量이 합친 '사량'이
사랑으로 바뀐 것이라는 설이다.

그러니까 사랑은
'그 사람을 생각하는 정도'로 이렇게 해석해도 될 것이다.
그 사람을 생각하는 시간이,
그 사람을 생각하는 마음의 깊이가, 곧 사랑의 척도다.

그런가 하면 순우리말에 '너기다'라는 말이 있다.
이 말은 옛날에 '사랑하다'라는 뜻으로 쓰였다.
표준어에서는 '너기다'가 '여기다'로 변하면서
'생각하다'라는 뜻으로 쓰이고 있다.

이렇게 우리는 예부터 '사랑'은
'누군가를 생각하는 마음'이라고 정의를 내려왔다.

'다솜'이라는 말과 '괴다'라는 말도 사랑의 순우리말이다.
'괴다'라는 말은 '따스하다'라는 뜻을 지녔다.
'따스하게 생각하는 마음'이
'사랑의 어원'이라니, 사랑은 어원도 이렇게 로맨틱하다.

그렇다면 서양에서 생각하는 사랑은 어떤 것일까?
사랑을 뜻하는 단어인 'Love'… 그 어원은
'기뻐하다'라는 뜻의 라틴어 'Lubere'에서 왔다.
'그 사람을 만났을 때 얼마만큼 기쁨을 느끼는가'가
사랑의 정도라고 여겼던 것이다.

또 'Amor'라는 말의 어원을 살펴보면
'morte(죽음)'을 'anti(반대)'한다는 말에서 왔다.
그러니까 우리가 죽지 않기 위해서는
사랑을 해야 한다는 의미가 담겨 있다.

그 사람을 생각하는 시간이 많아지고
그 사람을 만나면 저절로 미소가 어려지고
그 사람을 떠올리면 막혔던 호흡이 탁 트이는 기분이 드는지.
그것은 의심할 것 없는 사랑이라고
사랑의 어원이 전해주고 있다.

아버지 어머니 사랑합니다

아침에 눈을 뜰 때부터 밤에 잠을 자는 그 순간까지,
우리가 숨을 쉬는 그 순간까지 늘 곁에 있어주고
내 마음을 알게 모르게 채워주는 존재,
'family', '가족'이다.

family 어원에 대한 설은 대략 두 가지로 나뉜다.

첫 번째 설은
원래 하인이나 노예를 뜻하는
라틴어 'famulus'에서 유래했다는 것이다.
그후 하인이나 노예를 포함하는
'한 집안'이라는 개념의 라틴어 'familia'로 변했고
또 그후에 중세 영어 'familie'를 거쳐서
현재의 가족을 뜻하는 family가 됐다는 설이다.

또 하나의 설은 참 따뜻하고 아름답다.
"Father, Mother. I love you."
"아버지, 어머니. 나는 당신들을 사랑합니다."

이 문장의 각 첫 글자들을 합성한 것이
family라는 설이다.

어원 사전에 보면 이 두 가지 설이 다 나와 있다.
"아버지, 어머니. 나는 당신들을 사랑합니다."
"Father, Mother. I love you."에서 family가 왔다는 설은
어쩌면 설득력은 좀 덜할지도 모른다.
하지만 진정한 가족의 의미 같아서 더 마음에 와 닿는다.

그런가 하면 '핵가족'을 뜻하는 단어는
'Nuclear Family'이다.
핵폭탄 가족도 아니고 왜 '핵'이라는 말이 들어갔을까?

물질은 분자로 이루어져 있고
분자는 원자로 이루어져 있다.
원자는 핵과 전자로 이루어져 있다.
그만큼 작은 가족이라는 개념에서
핵가족, Nuclear Family라고 한다.

"Father, Mother. I love you."…
family의 진정한 뜻인 이 말은
부모님께 항상 이 말을 고백하며 살라는 뜻은 아닐지.

당신의 애창곡은 무엇인가요?

흔히 쓰는 말 중에
잘못된 표현들을 잘 모르고 쓰는 경우가 많다.
사실 고수부지는 '둔치'라고 해야 옳다.
땡깡은 '투정'이라고 해야 하고,
곤색은 '감색'이 맞다.
엑기스는 '농축액'이라고 해야 하고,
정종은 '청주'라고 해야 옳다.

알게 모르게 잘못 쓰이고 있는 말 중에 대표적인 것이
'18번'이다.

정치인들도 가끔 인터뷰할 때
애창곡이 뭐냐는 기자의 질문에 이렇게 대답한다.
"제 18번은 이런이런 노래입니다."
이런 말은 정치인이 해서는 안 되는 말이다.
18번이라는 말은
일본에서 온, 일본 문화의 잔재이기 때문이다.

18번이라는 말은 일본의 전통극 가부키에서 유래했다.
가부키는 일본의 '민중 문화'다.
노래와 춤과 연기가 합쳐진 총체극이다.
백랍같이 흰 얼굴에 날아갈 듯한 눈썹의 여배우가 나와서
관능적인 춤을 추는데
권선징악을 노래하는 시대극과
향락적이고 에로틱한 남녀간의 사랑을 노래하는
통속극이 대부분이다.

그런데 1840년, 가부키 배우였던 '이치카와 단주로'라는 사람은
수많은 가부키 작품 중에서 〈47인의 낭인〉 등
인기 있는 걸작 18편을 선정, 발표했다.
그 열여덟 가지 기예 중에서 18번째 기예가 가장 재미있었고
가장 많은 사람이 요청해서 많이 공연했다고 해서
18번이라는 말이 생겨난 것이다.

이것이 '좋아하는 극', '좋아하는 노래'로 뜻이 변하면서
일본 제국주의 치하에 우리나라로 전해졌다.
그리고 우리에게 18번의 의미로 굳어지고 말았다.

18번은 우리말 표현대로 고친다면
'애창곡'으로 고쳐서 사용해야 한다.
『표준국어대사전』에도 18번은
"순화해야 할 말"이라는 토를 달아놓고 있다.
또 『일본어투 생활 용어 순화집』에서는

18번이라는 말 대신에
'단골 장기'나 '단골 노래'라는 말로 바꿔 쓰도록 권하고 있다.

이제 우리는 "18번이 뭔가요?" 대신에 이렇게 물어야 한다.
"당신의 애창곡은 무엇인가요?"

두 신체에 깃든 하나의 영혼

인디언 말로 '친구'는
'내 슬픔을 자기 등에 짊어지고 가는 자'라는 뜻이다.
그렇다면 영어인 'friend'는 어떤 의미를 지녔을까?

사랑과 친구의 단어는 그 뿌리가 같다.
friend의 옛 영어인 'freond'는
'freon', 즉 '사랑하다^{to love}'의 현재분사형이다.

이 말들의 게르만 어근인 'fri-'는
'좋아하다, 사랑하다, 친근하다'는 의미를 갖고 있다.
그래서인지 게르만 신화에서의 사랑의 신의 이름은 'Frigg'이다.

금요일을 뜻하는 'Friday' 역시
'day of Frigg'가 되는데
로마 신화에서의 'day of Venus'의 고대 번역에 해당하는 말이다.
금요일은 '사랑의 여신 날'인 셈이다.

고대 어원을 그대로 따져서 friend라는 글자를 그대로 해석하면

'lover'의 의미가 된다.
친구는 '사랑하는 사람'이라는 뜻이 되는 것이다.

영어만이 아니라 다른 나라 언어에서도
친구의 뜻은 마찬가지 의미를 지니고 있다.

불어 ami, 스페인어 amigo,
그리고 이태리어 amico는 모두
라틴어 amicus에서 나온 단어들이다.
'사랑하다'라는 뜻의 동사 'amare'의 파생어인 것이다.

유럽의 '친구'라는 말 역시
'사랑하다'라는 말에서 나왔다는 사실을 알 수 있다.

고대 그리스어에서도
친구를 뜻하는 'philos'라는 단어는
'사랑하다', 'philein'에서 나왔다고 한다.

그러고 보면 '우정'의 마음이야말로
가장 오리지널 '사랑'의 형태가 아닐까?

생의 가면

나는 지금 어떤 가면을 쓰고 살아가고 있을까?
누구나 사회적 가면을 쓰고 살아간다.
한 얼굴만을 가진 사람은 없다.
어느 자리에 가든 그 자리에 어울리는 가면을 써야 한다.
바로 그 가면을 지칭하는 말이 있다.
'페르소나'다.

페르소나는 원래 연극배우가 쓰는 탈을 가리키는 말이었다.
그런데 이 말은
인생을 살아가는 인간 개인을 가리키는 말로 쓰이게 됐다.
인생을 살아가면서 알게 모르게 쓰게 되는 가면이
페르소나인 것이다.

누구나 외면적으로 보여지기를 원하는 자기의 모습이 있다.
페르소나는 바로 그런 사회적 자아다.
사회적 역할에 따라서
'무엇무엇으로서의 나'를 의미한다.

"회사의 팀장, 회사의 직원으로서의 나"
"누구누구의 남편, 누구누구의 아버지로서의 나"
"누구의 동료, 누구누구의 선배로서의 나"…
이런 식으로 내가 써야 하는 사회적 가면을
페르소나라고 한다.
한마디로 표현하자면 '사회적 자아'다.

페르소나는 살아가다 보면 늘어나게 된다.
사회 속에서 다양한 역할을 맡게 되기 때문에
사회적 자아의 숫자가 늘어나게 된다.

마음속으로는 화가 나는데도 웃고 있는 경우,
별로 화가 나지 않아도 필요에 따라 근엄한 얼굴을 하는 경우…
이 모든 것은
사회가 인간에게 요구하는 얼굴들, 인격의 가면,
페르소나다.

그렇게 힘들게 사회 생활을 하다가 집으로 돌아와
잠자리에 들 때면 모든 사회적 가면들은
벗어서 다른 곳에 둔다.
그때 비로소 자신의 내부의 모습이 드러나게 된다.
이렇게 페르소나 뒤에 숨어 있는 맨얼굴을 '에고'라고 부른다.

하지만 사회인으로서 필요한 페르소나가 있듯이
가정에서도 필요한 페르소나가 있다.

우리는 잠드는 그 순간까지도
페르소나를 벗어버리지 못하는,
생의 가면을 쓰고 살아가는 배우인지도 모른다.

구두쇠 재무장관의 이름

아름다운 실루엣, 실루엣이 살아 있는 드레스 등
선을 강조한 의상이나 그림을 말할 때
'실루엣silhouette'이라는 단어를 사용한다.
이 실루엣은 어디서 온 말일까?

실루엣은
하나의 색조만을 사용해서 만든 이미지나 도안,
또는 물체의 윤곽이나 그림자를 말한다.
인물 또는 사물의 외관을 대충 나타낸 그림을
실루엣이라고 한다.
복식 용어로는 복장의 윤곽이나 외형을 말한다.

실루엣이라는 말은
1759년에 프랑스의 재무부 장관에 임명된
에티엔 드 실루엣Etienne de silhouette이라는
인물 이름에서 유래됐다.

18세기 중엽, 계속되는 전쟁으로

프랑스는 사상 최대의 재정난에 빠져 있었다.

그때 재무부 장관에 취임한 실루엣은

재정난의 원인 중의 하나가 귀족들의 사치라고 생각했다.

그는 귀족들이 사치를 못하게 하는 절약 방법이 뭘까 고심하다가

귀족들의 초상화를 검은색으로만 그리게 했다.

그림 비용을 절약하기 위한 것이었다.

이 일로 실루엣은 귀족들의 미움을 사게 됐다.

또 엄격한 재정 정책을 펼쳤기 때문에

국민들로부터도 미움을 받았다.

그래서 사람들은 '싼 게 비지떡'이라는, 조소의 뜻을 담아서

검은색으로만 그려진 그림을 실루엣으로 불렀다.

결국 실루엣 장관은

불과 9개월만에 재무부 장관에서 물러나게 됐다.

그후 고향으로 돌아간 그는 오기가 생겨서

실루엣 그림들을 제작한다.

그러다가 실루엣 그림의 매력에 빠진 그는

자신의 성을 만들고 그 성안을

자기가 그린 실루엣 컬렉션으로 도배했다고 한다.

이 실루엣이라는 예술 수법은

18세기 중반부터 19세기 중반에 걸쳐 유럽에서 크게 유행했고,

1835년 실루엣이라는 단어가

정식으로 프랑스어로 인정받게 됐다.

구두쇠 경제 정책을 폈던 재무부 장관의 이름에서 온
실루엣…
이 계절, 실루엣이 돋보이는 의상을 입고
거리를 활보하는 사람들이 눈에 많이 띈다.

'퇴'보다 '고'가 나으리다!

문학 용어 중에 '퇴고'라는 말이 있다.
퇴고는 어디서 나온 단어일까?

어떤 문장을 창작할 때 여러 번 생각해서 고치거나
문장을 다듬는 일을 '퇴고推敲'라고 한다.
밀 '퇴推'자와 문두드릴 '고敲'자가 합해진 단어다.

퇴고라고 하는 말은
중국 당나라 시인 가도로부터 시작됐다.
그 일화가 이렇게 전해진다.

그의 서경시 중에
"승고월하문僧敲月下門"
그러니까 "스님이 달빛 아래 문을 밀다."라는 문장이 있다.
처음 가도가 시를 지었을 때는
"승고월하문"이 아니라 "승퇴推월화문"이었다.
그런데 아무리 읽어 봐도
"승퇴월화문"이 마음에 들지 않았던 가도는

"스님이 달빛 아래 문을 밀다."에서
'밀다'를 '두드린다'로 바꿀까 말까 망설이고 있었다.

'퇴'로 할지 '고'로 할지 정하지 못하고 있던 어느 날,
노새를 타고 거리로 나갔다.
노새 위에서도 그 생각만 하다가 그만
당대의 문호인 경윤의 행차에 부딪히고 말았다.
경윤 앞에 끌려간 가도는
'퇴로 할까, 고로 할까?'를 생각하다가 그랬다고 변명한다.
경윤은 크게 웃고 잠시 생각하더니 이렇게 조언을 해준다.
"그건 '퇴'보다 '고'가 나으리다!"

그후 그들은 둘도 없는 글친구가 되었고,
가도는 서경시의 문장에서 '퇴'자를 '고'자로 바꿨다고 한다.
이것이 '퇴고'의 유래가 된 일화다.
그후 문인들은 글을 고치는 것을 '퇴고'라고 했다.

퇴고에 얽힌 일화는 작가들마다 다 있다.
그중에서도 소동파가 「적벽부」를 지었을 때 일화가 유명하다.
친구가 며칠만에 지었냐고 물으니
"며칠은 무슨 며칠? 지금 단번에 지었지!"라고 대답했다.
하지만 동파가 밖으로 나간 뒤 자리 밑이 불룩한 데를 들춰보니
여러 날을 두고 고치고 또 고치고 한 초고가
수북하게 쌓였더라는 말이 있다.

그런가 하면 투르게네프는 어떤 작품이든지 쓰면
책상 속에 넣어두고 석 달에 한 번씩 퇴고했다고 전해진다.
막심 고리키도 문장이 거칠다는 비평을 듣고
어찌나 퇴고했는지 그의 친구가 이렇게 말했다.
"그렇게 자꾸 고치고 줄이다간 '낳았다, 사랑했다, 결혼했다,
죽었다.' 이 네 마디밖에 안 남겠네!"

고금과 동서양을 막론하고
명 문장가들은 모두 퇴고에 애쓴 일화가 있었다.
문장도 인생도 돌아보고 또 돌아보며 다듬을수록
더 아름다워지는 것인가 보다.

길이 끝나는 곳에서 등산은 시작된다

등산 좋아하는 분들은 말한다.
등산은 인생이라고.
등산의 어려운 과정을 통해 인생을 배워간다고.
등반 정신을 말하는 것 중에 '머메리즘'이 있다.

머메리즘이란
등정이라는 결과보다 얼마나 어려운 등반 과정을 거치며
등반했느냐,
여기에 참 뜻이 있다고 보는 등반 정신을 말한다.

결과보다 과정을 중시하는 이 등반 철학은
알버트 프레드릭 머메리Albert Frederick Mummery라는 영국의 등반가가
1880년 주창한 정신이다.
그의 이름에서 머메리즘이라는 용어가 나온 것이다.

'좀 더 어렵고 다양한 루트의 등반'을 추구하는
머메리즘의 제창자인 머메리는
'등반사의 반역아'로 불리는 인물이다.

그는 16세 때부터 암벽 등반을 시작했다.

결국 1895년 히말라야의 낭가파르바트산 원정 도중에

행방불명되고 말았다.

그가 제창한 머메리즘을

우리말로는 '등로주의登路主義'라고 한다.

머메리즘은

전통적인 '등정주의登頂主義'와는 반대되는 개념이다.

등정주의는 어떤 방법을 통하든

쉬운 방법으로 가이드를 동원해서 올라도

정상에 오르기만 하면 된다는 것이다.

하지만 머메리즘(등로주의)는

쉬운 능선을 따라 정상에 오르기보다는

어려운 루트를 직접 개척하며

역경을 극복해서 나아가는 것을 목적으로 한다.

꼭 산을 오르는 등산이 아니더라도

우리는 인생의 높은 산등성이를 오르고

깊은 골짜기를 지나고 있는 중이다.

어디에 올랐느냐가 아니라

어떻게 올랐느냐가 중요하다는 머메리즘은

등산의 철학만이 아니라

인생을 살아가는 데서도 필요한 철학이다.

"길이 끝나는 곳에서 등산은 시작된다."…

험난한 과정을 두려워하지 않았던 머메리의 그 말을
하루를 시작하는 아침마다 마음에 새겨본다.

오리지널 작품의 신비로운 힘

예술 작품이나 개인의 카리스마를 일컬을 때
'아우라를 형성한다.'는 말을 많이 한다.

'아우라'는
1934년, 독일 철학가 발터 벤야민^{Walter Benjamin}의 논문
「기술복제시대의 예술 작품」에 등장하는 예술 개념이다.
벤야민은 그 논문에서
기술복제시대의 예술 작품에 일어난 결정적인 변화를
'아우라의 붕괴'라고 정의 내렸다.

원래 아우라는 종교 의식에서 나온 현상이다.
'아무리 가까이 있더라도 먼 것의 일회적 현상'을 일컫는
종교 용어였다.

벤야민은 인쇄물이나 사진 등 복제 기술이 발전되면서
예술 작품의 유일무이한 현존성은 사라지게 됐다고 하면서
'아우라의 죽음'이라고 정의를 내린 것이다.

예전의 중세 시대에는 예술품을 보기 위해서는 반드시
예술품이 전시된 곳에 가야 감상할 수 있었다.
하지만 기술의 발달은
모나리자를 진품과 거의 흡사하게
우리의 눈앞으로 가져올 수 있게 됐다.
그때부터 아우라는 사라졌다고 한 벤야민의 주장은
다른 학자들에게서
'신비주의적, 신학적 경향을 극복하지 못했다.'는
비판을 받기도 했다.

아우라는 복제품에서는 절대 느낄 수 없는,
원작에서만 느껴지는 고상한 품위와 기운, 에너지를 말한다.
'오리지널' 작품에만 있는 신비한 힘이나 카리스마가
아우라인 것이다.

요즘은 대중 예술 쪽에서도 아우라라는 말이 인용된다.
'이소룡이 구축한 아우라',
'그의 춤에는 아우라가 없다.' 등…
어떤 알 수 없는 기운이나 카리스마와 비슷한 의미로 쓰이기도 한다.

인생의 아우라를 지닌 사람들도 종종 보인다.
흔들리지 않는 인생관을 가지고
나만의 길을 묵묵히 걸어가는 사람에게서는
범접할 수 없는 아우라가 느껴진다.
진정한 예술가란, 그런 아우라를 지닌 사람들이 아닐까.

내가 살고 싶은 곳은 어디에

인간이 꿈꾸는 천국과 같은 곳을
'무릉도원武陵桃源'이라고도 하고, '도원경桃源境'이라고도 한다.
무릉도원과 도원경에서의 '도桃는'
복숭아를 말한다.
그러니까 도원경은
'복숭아꽃이 피는 아름다운 곳',
속세를 떠난 이상향을 뜻한다.

여기에는 전해 내려오는 이야기가 있다.
도연명의 「도화원기桃花源記」에 나오는 이야기다.

어느 날 어부 한 사람이 강을 거슬러 올라갔다.
한참 가다 보니 물 위로 복숭아 꽃잎이 떠내려 오는데
향기롭기 그지없었다.
그 향기에 취해 꽃잎을 따라가다 보니
문득 앞에 커다란 산이 가로막고 있는데
양쪽으로 복숭아꽃이 만발했다.
복숭아꽃이 춤추는 거리를 한참 걷다 보니

계곡 밑으로 작은 동굴이 뚫려 있었다.
그 동굴은 어른 한 명이 겨우 들어갈 정도의 크기였는데
안으로 들어갈수록 조금씩 넓어지더니
별안간 확 트인 밝은 세상이 나타났다.
그곳에는 끝없이 너른 땅과 기름진 논밭,
풍요로운 마을과 뽕나무, 대나무밭 등이 있는,
이 세상 어디서도 볼 수 없는 아름다운 풍경이 펼쳐져 있었다.

그곳 사람들은 이 세상 사람들과는 다른 옷을 입고 있었고,
얼굴에 모두 미소를 띠고 있었는데
어부가 그곳을 떠나온 후에 다시 찾아가봤다.
하지만 그곳은 이제 찾을 수 없었다.

이 이야기가 사람들 입에서 오르내리면서
'도원경'은 이상향의 의미로 통하게 됐다.
또 그 앞에 지명인 '무릉武陵'을 붙여서
'무릉도원'이라고도 한다.

서양의 토마스 모어가 말한 이상향인 '유토피아utopia'
동양의 도연명이 말한 이상향인 '무릉도원'…
그곳은 이 세상에서는 절대 찾을 수 없다.
그러나 우리 마음에서는 찾을 수 있다.
자연의 축복을 잘 찾아 누릴 수 있다면,
그리고 내 옆에 있어주는 사람들의 사랑을
잘 찾아 느낄 수 있다면

그 마음이 바로
유토피아고 무릉도원이다.

도연명이 발견한,
'복숭아꽃 만발한 그곳' 역시
그의 마음 안에서 봤던 것이 아닐까.

무법, 무질서의 혼란

정치인들이 자살하고,
종교 지도자들이 비리를 저지르고,
유가가 폭등하고 인권을 유린하고…
이런 기사를 접할 때마다 따라다니는 용어가 있다.
'아노미Anomie'.

아노미 현상은
무법無法, 무질서의 상태를 말한다.
그리스어인 아노미아anomia에서 유래한 말이다.
아노미아는
신의 뜻과 법의 부재를 뜻하는 단어였다.
이 말은 중세에 사라진 단어가 됐다가
에밀 뒤르캥Emile Durkheim이
1893년 『사회분업론』에서 이 단어를
사회학적 개념으로 부활시켰다.
프랑스 사회학자인 뒤르캥이
아노미라는 사어死語를 되살려낸 것은
스스로 인류사에서 가장 불안정한

혼돈의 시기를 살았기 때문이다.

뒤르캥이 사회과학 용어로 사용한 아노미는
어원 그대로 규범과 도덕이 없다는 뜻이다.
사회 질서를 유지해온 규율과 도덕이
변혁에 휘말려 사라져버리고
거기에는 무질서와 혼돈만 남는다는 것이
아노미 현상이다.

뒤르캥의 '아노미' 이론은
사회학 쪽에서 중요한 용어가 되고 있다.
사회가 아노미 상태에 빠질 경우에는
일탈 행동을 하게 된다는 견해가 많이 나오고 있다.

돈만 벌면 최고라는 생각 때문에 범죄를 일으키고,
투기를 하며 뇌물수수 행위를 하는 현상도
일종의 사회적 아노미 현상이라고 할 수 있다.

대화가 실종된 가정과 무관심,
황금만능주의, 인성 교육의 부재 등이
아노미 현상에서 비롯됐다고 볼 수 있다.

내가 가진 이상과 목표, 그리고 그것을 이루는
수단과 방법 사이에서 느끼는 가치관의 혼란, 아노미.
아노미 현상에서 빠져나오기 위해서는

스스로 인생을 자꾸만 돌아보고
꿈의 속도와 방향을 조절해가는 수밖에 없다.

납치 테러 사건

항공기를 불법으로 납치하는 것을
보통 '하이재킹'이라고 한다.
그 어원은 미국의 금주법禁酒法 시대에 나왔다.
그 당시 약탈자들은 밀매자의 위법 주류 운반차를
숨어서 기다렸다가 이를 탈취했다.
'하이잭Hi Jack!' 이렇게 소리치며 약탈한 데서 유래했다.

하이재킹 중에서도
항공기 납치 '스카이 재킹skyjacking' 사건이
압도적으로 많아서 '하이재킹'이라고 하면
'스카이 재킹'을 연상하게 되지만,
열차나 기선, 버스 등
다른 운송 수단에 뛰어들어 납치하는 것도 포함된다.

항공기 납치 사건, 즉 '스카이 재킹'은
1968년에서 1973년에 절정을 이뤘다.
1969년 한 해만도 82건이 발생했고,
1968년부터 1982년에는

평균 8일에 한 건씩 일어났다고
미국 국무부가 발표한 바 있다.

하이재킹은 특히 정치적인 동기에 의한 것이 많다.
「항공기 불법탈취에 관한 국제협약」에는
항공기 탈취범에 대해서
중벌에 처할 것을 의무화하고 있다.

「SAS 서바이벌 백과사전〉에는
하이재킹 사태 시 대처법도 나와 있다.
그 대략의 대처법은 이렇다.
- 되도록 조용히 있어야 한다.
- 공격적인 성향을 드러내서는 안 된다.
- 자신을 두드러지게 하는 행동을 해서는 안 된다.
이목을 끌게 되면 무리 중에서 당신이 지명될 가능성이 높다.
- 자신에게 적의를 갖게 할 물건은 숨긴다.
- 테러리스트들의 음식 준비를 돕거나 환자와 다른 사람들을
돕는다.
- 적어도 1리터 이상의 물은 마신다.
음식 섭취량은 급격히 줄어들지만 물은 필수다.
- 절대로 술을 마셔서는 안 된다.
늘 맑은 정신을 유지해야 한다는 점을 기억하자.
게다가 술은 탈수의 위험도 있다.
- 테러리스트를 설득하기보다는 그들에게 동의하는 게
더 안전하다.

- 테러리스트들에게 가족(어린이면 더 좋다)의 사진을 보여주면서
개인적인 어려움을 토로하라.
테러리스트들이 인질을 가족, 친척과 생명을 가지고 있는 인간으로
생각할수록 해칠 가능성은 줄어든다.
- 구조가 시작되면 바닥에 엎드리고 머리를 감싼다.
구조대원이 움직여도 좋다고 하기 전까지는 움직여서는 안 된다.
- 무모하게 나서지 마라.
구조대원들의 목적은 희생자를 최소화하는 것이기 때문에
총을 쏘기 전에 대상이 인질인지 확인할 여유가 없다. 등…

그런가 하면 '하이재킹'이라는 용어는 단지
비행기나 운송 수단을 납치하는 데만 사용하는 것이 아니라
각종 정보를 허락 없이 가져가는 데에도 쓰인다.
'브라우저 하이재킹'이라든지 '경로 하이재킹'
'세션 하이재킹' 등 인터넷 용어로도 많이 쓰인다.

납치, 테러, 하이재킹이라든지… 이런 단어가
사전 속에서도 찾아볼 수 없는 날이 왔으면 좋겠다.

배타적인 애국심

책을 읽다 보면 자주 등장하는 용어 중에
'쇼비니즘chauvinism'과 '징고이즘jingoism'이 있다.

쇼비니즘은 '배타적排他的 애국주의'를 뜻한다.
이 말은 1831년, 프랑스 연출가 코냐르가 지은
「삼색모표三色帽標」에서 유래했다.
「삼색모표」에는
나폴레옹 군대에 참가해서 열심히 싸우고
황제를 신神처럼 숭배하는,
열광적이고 극단적인 애국심을 발휘했던
니콜라 쇼뱅이라는 한 병사가 나온다.
바로 그 쇼뱅의 이름에서 유래한 말이다.

쇼비니즘은 조국의 이익과 영광을 위해서는
수단과 방법을 가리지 않고 국제 정의도 고려치 않는
비합리적인 배타주의를 표방한다.
이 쇼비니즘이라는 용어는
애국심만이 아니라 다른 상황에 붙이기도 한다.

이를테면 '남성 쇼비니즘'은
맹목적인 남성 우월주의를 말한다.
또 프랑스 배우 브리지트 바르도가
보신탕을 문제 삼아 한국 때리기에 나섰던 것은
자기 것만 우월하고 남의 것은 형편없다고 얕보는
'문화 쇼비니즘'이라고 할 수 있다.

쇼비니즘과 비슷한 용어로 '징고이즘'이 있다.
징고이즘 역시
편협한 애국주의, 맹목적 애국주의, 배타적 애국주의 등으로
번역된다.

징고이즘의 유래는 1877년에서 1878년 사이
러시아와 투르크 전쟁 때 유행한 노래가 있었다.
마술사의 구호인 'Hey Jingo!'에서 유래한 "by Jingo!"
그러니까 "당치도 않다!", "어림도 없다!"는 문구를 인용한 노래였다.
"싸우고 싶지는 않지만 싸우겠다면 싸우자!
배도 있고, 군대도 있고, 돈도 있다, 바이 징고!"
이런 가사를 지니고 있었다.
그후 영국 수상 디즈레일리의 대외 정책 지지자를
'징고jingo' 또는 '징고이스트jingoist'라고 부르게 됐고
거기서 징고이즘이 생겨났다.

프랑스에서 유래된 쇼비니즘chauvinism과
영국에서 유래된 징고이즘.

세계화 시대에서는 둘 다
시대착오적인 사상이 아닐까?

배타적인 애국심보다는
스스로 힘을 기르고 자체적인 역량을 쌓는,
그래서 나라 힘을 기르는 일이 더 중요한 시대다.

냉혹하고 비정한 시선

문학이나 음악의 종류에서
'하드보일드 Hard-boiled'라는 용어가 종종 등장한다.

하드보일드 문학은
1930년 무렵에 미국 문학에 등장한
새로운 사실주의 수법의 문학을 말한다.

하드보일드라는 말은 원래
'계란을 완숙하다.'라는 뜻의 형용사였다.
하지만 뜻이 바뀌면서
비정, 냉혹이라는 뜻의 문학 용어가 됐다.

자연주의적, 폭력적인 테마나 사건을
무감정의 냉혹한 자세로
또는 도덕적 판단을 전면적으로 거부한
비개인적인 시점에서 묘사하는 것을 말한다.

불필요한 수식을 일체 빼버리고

신속하고 거친 묘사로 사실만을 쌓아 올리는 수법이다.
특히 추리 소설에서
추리보다는 행동에 중점을 두는 유형이다.

이 방법을 본격적으로 사용한 추리 소설은
1929년 D. 해밋의 『Fly Paper』로 시작해서
R. 챈들러나 J. C. 가드너 등이 그 계보를 이어갔다.

해밋은 이밖에도 1930년 『마르타의 매』,
1931년 『유령의 열쇠』, 1932년 『그림자 없는 사나이』 등을 펴내면서
하드보일드 탐정 소설의 제1인자로 인정받았다.

우리나라에도 많은 팬을 가진 챈들러 역시
하드보일드 문학의 거장으로 일컬어진다.
감정을 배제한 극단적이면서도 사실적인 묘사로
작품을 이끌어가는 그의 하드보일드 기법은
훗날 많은 작가에게 영향을 끼쳤다.
냉정하고 객관적인 묘사로 사랑받는 무라카미 하루키도
챈들러에게 영향을 받았다고 인정한 바 있다.

소름 돋게 차가운 시선 하드보일드
그 문학을 대표하는 작가로는 헤밍웨이가 있다.
영화로는 〈차이나타운〉, 〈복수는 나의 것〉 정도를 들 수 있겠다.
폭력적인 테마나 사건을
감정이 없는 냉혹한 시선으로 묘사한

하드보일드 문학, 그 소설을 읽을 때는
차가운 콜라 잔을 들고
얼음을 소리나게 깨물며 읽어보는 건 어떨까.

공주병과 왕자병의 원조

문학 작품 속에 수없이 등장하는
'나르시시즘Narcissism'은
어디서 온 말일까?

나르시시즘은 정신분석학적 용어로
'자기애自己愛'라고 번역한다.
자신에 흠뻑 빠져 사랑하는 마음을
나르시시즘이라고 한다.
이 나르시시즘이라는 용어는
그리스 신화에서 왔다.

'나르키소스'는 그리스 신화에 나오는 미소년인데
그를 한 번 본 처녀는 누구나 다 마음을 빼앗기고 말았다.
하지만 나르키소스는
제아무리 아름다운 소녀라 할지라도
거들떠보는 법이 없었다.

복수의 여신 '네메시스'는

나르키소스가 남을 사랑할 줄 모르는 것에 화가 났다.
"남을 사랑할 줄 모르는 자는 자기 자신만을 사랑하라!"
네메시스의 저주는 즉시 효과를 나타냈다.

물을 마시려고 샘물가에 앉은 나르키소스는
물에 비친 자신의 모습을 보게 되는데
자기의 모습에 온 정신을 빼앗기고 말았다.
마침내 그는 그 샘물에 웅크리고 앉아
자신의 모습을 바라보다가 그만 그 샘물에 빠지고 만다.
다음날 요정들이 그 샘으로 와 보니
나르키소스의 모습은 간 데 없고
쓰러졌던 자리에 이름 모를 아름다운 꽃이 피어 있었다.
그후로 그 꽃은 나르키소스라고 불렀는데
우리말로는 '수선화'라고 한다.

물에 비친 자기 모습에 반해서 수선화가 된
그리스 신화의 미소년 나르키소스.
그와 연관지어서 독일 정신과 의사 네케는
1899년, 나르시시즘이라는 용어를 만들었다.
하지만 이 말이 널리 알려진 것은
프로이트가 이를 정신분석 용어로 도입한 뒤부터다.

나르시시즘은
'자기애'나 '자아도취증' 정도로 보면 된다.
우리가 흔히 말하는 공주병, 왕자병 증세가 일종의

나르시시즘이라고 할 수 있지 않을까?

어쨌거나 자기애는 일종의 본능이라고 한다.
평생 질리지 않고 바라볼 수 있는 것은
이 세상에 단 하나, 자신의 모습뿐이라고 하니까.

그저 좋아서 좋아하는 애호가

어느 방면이나 '아마추어'가 있고, 프로가 있다.
그렇다면 아마추어는 정확히 어떤 뜻이고
그 어원은 어디서 온 것일까?

프로는 그것을 직업으로 삼는 사람을 말한다.
하지만 아마추어는
그냥 그것을 좋아하는 사람,
'애호가' 정도로 보면 된다.

아마추어의 어원은 라틴어의 'amator'에서 유래한다.
이 뜻은 영어로 'lover'의 뜻을 지녔다.
말 그대로 '그것을 사랑하는 사람'이다.

아마추어라는 말을 처음 사용하게 된 것은
근대 스포츠가 만들어진 영국에서부터 시작됐다.
18세기 후반, 자본주의의 길을 걷기 시작한 영국에서는
상류 계급의 자녀들이 사립학교에서 지도력을 키워갔다.
그들의 교육 과정 중에서 빼놓을 수 없는 중요한 과목이 스포츠였다.

퍼블릭 스쿨의 졸업생들은 클럽을 결성해서 스포츠를 계속 즐겼는데
상류 계급의 선수를 '젠틀맨'이라고 부르고
노동자 계급의 선수를 '플레이어'라고 불러서 분명한 차별을 뒀다.

이렇게 상류 계급과 노동자 계급과의 차별을 의미하는 말로
'아마추어'가 사용됐던 것이다.

일하지 않고도 경제적인 부를 지닐 수 있었던 상류층 '젠틀맨'은
순수한 여가 시간의 활용이라는 측면에서
스포츠 활동을 할 수 있었고,
그를 강조하는 것이 '아마추어리즘'이다.

"스포츠는 돈이 드는 것이고
생활에 여유 있는 사람이 행하는 것이다."
이런 젠틀맨의 주장은 1879년 성문화하게 이르렀다.
헨리 레가타^{Henley regatta}, 보트 레이스의 경기위원회에서
아마추어 규정을 이렇게 규정지었다.

"다음 사람은 아마추어로 인정되지 않는다."
- 상금을 목적으로 프로와 함께 경기한 일이 있는 사람
- 생계의 수단으로 가르치고 코치하고 원조한 일이 있는 사람
- 임금을 받으며 보트의 건조에 종사한 사람.

아마추어리즘을 규정한 이 내용은
근대 올림픽의 신조가 되기도 했다.

계급의 우월성을 강조하는 의미에서 시작됐던 아마추어.

그러나 지금은 프로의 하위 개념으로 사용되기도 한다.

어쨌거나 그 어떤 보상도 이득도 없이

그저 '좋아서 좋아하는 애호가'의 뜻에서 보면

뭔가를 대가없이 좋아할 수 있다는 것은

즐거운 일임이 분명하다.

비겁하게 굴하지 않겠다

최고의 반찬 '굴비屈非',
그런데 조기 말린 것을 왜 굴비라고 할까?

굴비를 만드는 재료가 되는 생선, 당연히 조기다.
이 조기는 한자로 도울 조助에 기운 기氣를 써서
'조기'라고 한다.
'기운을 돕는다.'는 뜻에서 붙여진 이름이다.

조기는 입맛을 돋우어줄 뿐 아니라 발육도 돕고
환자나 노인들의 원기 회복에 좋다고 한다.
또 소화 작용을 도와주는 식품으로 알려져 있다.

굴비 한 마리만 있으면 아무리 입맛이 없던 사람도
밥 한 그릇 너끈히 비울 수가 있다.
그런데 굴비 중에서도 특히 영광굴비가 유명한 것은 왜 그럴까?
여기에는 다음과 같은 유래가 전해져 오고 있다.

고려 인종 때 이자겸은

이^李씨가 왕이 될 것이라는 참위설을 믿고
난을 일으키려고 했던 적이 있었다.
하지만 이 난은 미수에 그치고 이자겸은 붙들리게 된다.
그리고 지금의 전남 영광군에 있는 법성포라는 곳으로
귀양 가게 됐다.
그곳에서 이자겸은 조기의 기가 막힌 맛에 반해서
임금께 바쳐야 한다는 생각이 들었다.
그는 조기를 소금에 절여서
법성포 앞바다의 바람으로 잘 말려 임금께 바쳤다.

그런데 그는 이때
자신의 이 같은 행위가 자신의 죄를 감면 받기 위한
아부의 행위가 아니라
단지 백성이 된 도리로서 하는 것임을 나타내기 위해서
이 음식을 굴비,
비겁하게 '굴하지 않는다.'는 뜻으로 이름을 지어서 바쳤다.

이때부터 조기 말린 것은 굴비라고 불리게 됐고,
영광굴비는 임금님의 수랏상에 으뜸으로 오르는
법성포 생산의 특산품이 됐다.

밥도둑이라는 별명답게 최고의 반찬으로 칭송받는 굴비.
'굴하지 않는다.'는 뜻을 가진, 맛있는 굴비를
오늘 밥상에서 만나보고 싶어진다.

도로 '묵'이라고 하거라!

우리말에 '말짱 도루묵'이라는 말이 있다.
이 말은 과연 어디서 온 말일까?

도루묵은 동해에서 잘 잡히는 생선이다.
이 이름이 생겨나게 된 데는 일화가 있다.

1584년, 선조 17년에 태어난 택당 이식은
「환목어還目魚」라는 시에서
도루묵의 유래를 정확히 밝히고 있다.
그 내용을 풀어보면 이렇다.

임진왜란 때, 피난길에 오른 선조 일행은
음식이 가장 걱정이었다.
전쟁 중이어서 임금님 수라상에 올릴
싱싱하고 맛있는 음식을 구하기 어려웠던 것이다.
그러던 어느 날
한 사람이 '묵'이라는 이름의 생선 꾸러미를 들고 왔다.
오랜만에 싱싱하고 담백한 생선을 먹은 임금은

기분이 좋아서
은색 비늘을 가진 그 생선을
'묵' 대신 '은어'라고 부르도록 했다.

전쟁이 끝나고 다시 궁궐로 돌아온 임금은
전쟁 중에 먹었던 그 생선이 다시 먹고 싶어졌다.
그런데 막상 상에 오른 은어를 맛본 임금은,
예전에 먹었을 때의 맛과 전혀 다른,
형편없는 은어의 맛에 실망했다.
그래서 이렇게 말했다.
"이제부터 은어를 도로, '묵'이라 하거라." …

그렇게 해서 한때 은어로 불리던 생선의 이름은
도로 묵이 되었고, 그 생선 이름이
묵이 아닌 도로묵으로 바뀌게 됐다고 한다.
일이 제대로 풀리지 않을 때,
"말짱 도루묵이다."라고 하는 것도 여기서 비롯된 것이다.
물론 민간 어원설에 불과할 수도 있지만
이 유래를 밝힌 이식의 「환목어」에는 이런 구절도 있다.

- 잘나고 못난 것이 자기와는 상관 없고
귀하고 천한 것은 때에 따라 달라지지.
이름은 그저 겉치레에 불과한 것.
버림을 받은 것이 그대 탓이 아니라네.
넓고 넓은 저 푸른 바다 깊은 곳에

유유자적하는 것이 그대 모습 아니겠나. -

이 시는 택당 자신의 처지를 목어에 비유해 읊은
세태 풍자시다.

처지에 따라 입맛 달라지고 사람 대하는 것 달라지는 세태를
고스란히 담은 도루묵은
지금 어느 바다 속을 헤엄치고 있을까.

치명적인 약점

자신에게 가장 약한 부분,
치명적인 약점을 들어서 '아킬레스건腱'이라고 한다.
우리 경제의 아킬레스건,
축구팀의 아킬레스건… 이런 비유를 많이 든다.

아킬레스건은 우리 몸 중에서
발뒤꿈치 뼈에 있는 힘줄을 말한다.
아킬레스건 또는 해부학적으로는 종골건이라고도 한다.

그런데 이 부분을 왜 아킬레스건이라고 부르게 됐을까?
그리고 취약점이나 약한 부분을 왜 아킬레스건이라고
비유하게 된 것일까?

'아킬레스'는 그리스 신화에서 나온 이름이다.
신화의 내용을 간단히 요약하자면
바다의 여신 테티스는
아들인 아킬레스를 완벽한 불사신으로 만들기 위해서
스틱스강에 아들의 몸을 씻기게 된다.

테티스는 아들의 발뒤꿈치를 잡고 목욕을 시켰기 때문에
테티스의 손이 잡고 있던 부분인 발뒤꿈치 부분은
씻기지 않았다.
결국 이 부분은 아킬레스의 약점이 되고 만다.

아킬레스는 잘 자라나서 무적의 사나이가 됐고,
트로이의 잘 짜여진 계획들을 모조리 격파했기 때문에
트로이의 골칫거리가 됐다.
그런데 포세이돈과 아폴로가 아킬레스의 약점을 알고 되고,
트로이의 왕자 파리스에게 지시한다.
독화살을 아킬레스의 발뒤꿈치에 쏘라고…
결국 발뒤꿈치에 독화살을 맞은 아킬레스는 죽고 만다.

이런 신화 속 이야기가 잘 알려지게 된 것은
서기 1세기 로마 시인 스타티우스가 쓴 서사시
「아킬레스 이야기」를 통해서였다.
그후 1864년, 영국의 토마스 칼라일이 「친구, 1810」에서
아일랜드를 '영국 아킬레스의 상처받기 쉬운 발꿈치'라고 묘사했다.

그때부터 신화 속 아킬레스 이야기는
'아킬레스건'이라는 의학적인 용어와 더불어
인간의 치명적인 결점을 일컫는
보편적인 은유가 되고 말았다.

내가 가진 치명적인 약점인 아킬레스건…

가끔 한계에 부딪칠 때면
괜히 발뒤꿈치의 약한 부분을
슬쩍 만져보게 되지 않는지?

혼자서는 날아갈 수 없어요

소설이나 시, 그리고 동화나 영화 속에 자주 등장하는
새가 있다. '비익조比翼鳥'.

비익조에서 비比는 '견주다'의 뜻이고,
익翼은 '날개'라는 뜻이다.
그리고 조鳥는 '새'라는 뜻이다.
그러니까 '날개의 짝을 서로 맞춰서 날아가는 새'
이렇게 풀이할 수 있다.

비익조는 실제로 존재하는 새가 아니라
상상의 새다.
날개와 눈을 한쪽씩밖에 갖고 있지 않아서
반대편 날개와 눈을 가진 상대를 만나야만
제대로 볼 수 있고 제대로 날 수가 있다는 새다.

이 비익조의 전설은
고대 중국에서부터 전해졌다.
그 전설에 따르면

먼 옛날 인간들은 하늘에 살았는데
모두 하얀 날개가 두 개씩 어깨뼈에 붙어 있었다고 한다.

멋진 날개를 가진 원시 인간들은 부족함이 없었는데
날개를 펴서 어디든 갈 수 있었고
먹지 않아도 살 수 있었고 영원히 죽지 않았다고 한다.
하지만 사랑이라는 단어가 없었고,
그리움이라는 단어도 없었다.

그 시대에 한 선지자가 있었는데
그는 인간의 삶에
'재미'라는 축복을 가져오기로 마음먹었다.
그래서 스스로 한쪽 날개를 잘랐다.
혼자서는 날 수 없고
짝을 찾아 서로 껴안아야 날 수 있는 운명을
스스로 선택한 것이다.

그러자 인간 사회에 아름다운 단어가 생겨나기 시작했다.
그리움, 사랑, 애틋함, 열정, 인간미, 우정…

반면 슬픈 단어도 생겨나기 시작했다.
이별, 고독, 부자유, 한계, 죽음…

재미없는 삶에 지친 원시인들은
그 선지자의 말씀을 복음으로 받아들이기 시작했다.

그리고 자유의지로 날개를 하나씩 잘라
스스로 비익조가 됐다고 한다.
그 전설에 의하면
우리 인간은 원래 비익조였던 셈이다.

비익조 이야기가 처음 알려지게 된 것은
당나라 시인인 백락천이
현종과 양귀비의 애절한 사랑을 노래한
「장한가」에 등장하면서 부터다.

둘로 합쳐져야 하늘을 날 수 있는 비익조,
혼자서는 절대 날아갈 수 없고
둘이 있어야 비로소 날 수 있는 비익조.
비익조는 어쩌면
사랑과 이음동의어인지도 모른다.

흰 눈썹이 가장 훌륭하다

같은 또래, 같은 계통의 많은 사람 중에서
가장 뛰어난 사람을 '백미'라고 부른다.
사람만이 아니라 뛰어난 작품을 이야기할 때도
백미라고 하고,
음식이나 경치에도
가장 뛰어나다는 표현에 백미라고 이름을 붙인다.

그렇다면 백미는 어떻게 생겨난 말일까?
『삼국지』의 「촉지 마량전蜀志馬良傳」에
그 유래가 전해지고 있다.

백미는 '흰 눈썹'을 말하는데
하얀 눈썹을 뜻하는 말이
어떻게 최고의 뜻을 말하게 됐을까?

『삼국지』에 등장하는 마량은
제갈량과도 친분이 두터웠던 사람으로
자字는 계상季常이다.

마량은 형제가 다섯이다. 마량의 다섯 형제는
모두 자字에 상常이라는 글자를 썼기 때문에
세상 사람들은 그들을 가리켜
"마씨오상馬氏五常"이라고 불렀다.

이들은 모두 재주가 뛰어났는데
그중에서도 마량이 가장 뛰어났다.
그래서 그 고을 사람들은 이렇게 말했다.

"마씨 집 오상五常이 모두 뛰어나지만
그중에서도 흰 눈썹이 가장 훌륭하다!"

마량은 어릴 때부터 눈썹에 흰 눈썹이 섞여 있었는데
마을 사람들은 그를 '흰 눈썹'이라고 불렀던 것이다.

『삼국지』에서 보면
유비에게 이적이 이렇게 말하는 대목도 나온다.

"다섯 형제가 모두 재명才名이 있는데
그중에서도 가장 어진 이는
양 눈썹 사이에 흰털이 난, '양良'으로
자는 계상季常이라고 합니다.
향리에서 평판이 자자한데
'마씨 집 오상이 모두 뛰어나지만 그중에도
백미가 있는 마량이 제일 뛰어나다'고 하더이다.

공께서는 어찌하여 청하여 물으시지 않으십니까?"

그렇게 해서 유비는 마량을 '좌장군연'으로 임명하게 된다.
그때부터 백미는,
여러 사람 가운데 가장 뛰어나 사람을 칭하는 말이 됐고
가장 뛰어난 작품에도 백미라는 말을 붙이게 됐다.

뭐니 뭐니해도 그중에 제일이다!
이렇게 세상에서 백미로 꼽힐 수 있는 것들을
하나하나 꼽아보는 것도
잠시나마 행복해질 수 있는 비결인 듯하다.

소금으로 받는 급료

그달그달 정해진 급료를 받는 직장인을
샐러리맨이라고 한다.
그런데 '샐러리salary'는 어디서 온 말일까?

옛날 로마 군인들은
봉급을 화폐로 받지 않고
'살라리움salarium'이라고 불리는 소금으로 받았다.
살라리움, 소금을 급여를 받은 데서
봉급생활자 샐러리맨의 유래가 됐다.

이것 없이는 도저히 살아갈 수 없는 것,
인간에게 필요한 것 중에는 소금이 꼭 들어간다.
우선 소금 없이는 음식에 간이 안 된다.
소금 없는 세상은 도저히 상상할 수도 없기 때문에
소금은 예로부터 신성시 되어왔다.

소금을 쏟으면 대단한 '불운'으로 연관시켰는데
고대 수메르인, 이집트인은

소금을 우연히 쏟게 되면
소금을 약간 집어서 왼쪽 어깨로 던져서 그 불운을
무효화하려고 애썼다.

또 로마인들은 소금으로 양념도 했지만
아픈 곳을 치료하는 데도 사용했다.
기원전 6500년까지 유럽인들은
소금 광산을 찾아 채굴했다.
그후 잘츠부르크 근처의 그 동굴들은
관광 명소가 됐다.
'잘츠부르크'라는 말 자체도 '소금의 도시'라는 뜻이다.

이스라엘, 그리스, 로마인은
중요한 제사에도 소금을 사용했다.
소금 쏟는 것을 불운의 징조로 생각하는 것은
레오나르도 다빈치의 그림 〈최후의 만찬〉에서도 잘 표현돼 있다.
유다가 소금을 쏟은 그림은
그 장면을 더 극적으로 만들기 위해 가미한 것이라고 한다.

우리나라에서도 소금을 신성시한 건 마찬가지.
집안에 반갑지 않은 손님이 다녀가면 소금을 휘 휘 뿌려서
그 불운을 씻어버리려고 했다.
이사를 처음 갈 때도 소금을 뿌리는 미신이 있었고,
아이가 이불에 지도를 그리면 이웃집에 소금을 얻으러
보내기도 했다.

세상에 꼭 필요한 존재인 소금.
그래서 세상에 꼭 필요한 사람이 되라는 말을
'빛과 소금'으로 비유하기도 한다.

옛날처럼 직접적으로 소금을 받지는 않는다.
그러나 현대의 샐러리맨에게도
봉급은 꼭 있어야만 하는 소금이다.

신을 대신하는 초인적인 힘

'카리스마Charisma'는 우리 사회의 코드가 되어버린 듯하다.
좋아하는 스타한테도 카리스마의 수식이 붙고,
자신의 이상형에게도 카리스마의 수식이 들어간다.
그렇다면 이 카리스마는 어떤 의미를 담은 단어일까?

카리스마는
그리스어 '카리스마kharisma'에 어원을 두고 있다.
'은총', '은혜' 또는 '선물'이라는 뜻이다.
이 단어는 초기 기독교로 유입되면서 뜻이 좀 달라지게 됐는데
'인간에게 주어진 어떤 특별한 능력'이라는 뜻을 지니기 시작했다.
신을 대신해서 인간을 치유하거나 구원하는 역할,
예언하는 능력을 일컫게 된 것이다.

이 개념이 사회에 들어온 것은
경제학자인 막스 베버Max Wever가
그의 저서에 쓰기 시작하면서 부터다.
『경제와 사회』라는 저서에서 베버는
지배의 세 가지 형태를 이렇게 분류했다.

'전통적 지배' 사회,

'합법적 지배' 사회,

'카리스마적 지배' 사회.

카리스마적 지배 사회는

특정 지도자나 예언자의

비범하고 초인적이며 신성한 능력에 근거해서

권력을 정당화하는 지배 형태를 말했다.

카리스마 지배 사회의 필수 조건은,

'자발적인 숭배'를 꼽을 수 있다.

지도자에 대해 국민이 자발적으로 숭배하고 존경하고 떠받드는

사회를 의미했다.

그러니까 총칼을 들고 압박하는 사회의 지도력은

결코 카리스마가 아닌 셈이다.

카리스마의 대표 예로는

예수와 부처, 나폴레옹과 케네디 정도를 들 수 있다.

자연으로 치면

설악의 카리스마, 한라와 백두의 카리스마를 들 수 있겠고,

동해안의 장엄한 일출 카리스마도

자연의 카리스마로 꼽을 수 있다.

자발적으로 숭배하게 하는 어떤 초인적인 힘,

카리스마를 지닌 사람은 누가 있고
자연 중에는 무엇이 있을까.

자리 오른쪽에 붙여두는 지침

사람은 누구나 '좌우명座右銘' 하나씩은 가지고 있을 것이다.
인생의 지침을 뜻하는 좌우명…
그런데 그 좌우명이라는 말은 어떻게 생겨난 것일까?

좌우명이라는 말을 풀어 보면
'자리 좌座, 오른 우右, 새길 명銘'이라고 해서
'항상 자리 옆에 놓고
아침저녁으로 반성하는 재료로 삼는 격언'이라는 뜻을 지녔다.

그런데 원래는 좌우명으로
문장文章이 아니라 술독을 사용했다고 한다.
제나라는 춘추오패春秋五覇의 하나였던 환공桓公이 죽자
묘당을 세우고 각종 제기祭器를 진열해 놨는데
그중 하나가 이상한 술독이었다.
그 술독은 텅 비어 있을 때는 기울어져 있다가도
술을 반쯤 담으면 바로 섰다가
또 가득 채우면 다시 엎어졌다.

하루는 공자가 제자들과 함께 묘당을 찾았는데
그 술독을 보고 이렇게 무릎을 쳤다.

"아! 저것이 그 옛날 환공이 의자 오른쪽에 두고
'가득 차는 것'을 경계했던 바로 그 술독이로구나!"

공자는 제자들에게 물을 길어와 그 술독을 채워보라고 했다.
그런데 비스듬히 세워져 있던 텅 빈 술독은
물이 차오르자 바로 서다니
나중에 꽉 차니까 다시 쓰러지고 말았다.
그때 공자는 이렇게 말했다.

"공부도 이와 같은 것이다.
텅 빈 것도 문제지만
가득 찼다고 교만을 부리는 자는
반드시 화를 당하게 되는 법이니라."

옛날의 좌우명은 그렇게
문장이 아닌 술독을 이용해서
자신의 인생사를 가다듬었다고 한다.

문장으로 좌우명이 사용된 것은
후한의 학자 최자옥에서 시작됐다.
그는 책상의 오른쪽에 쇠붙이를 놓고
그 쇠붙이에 생활의 계명과

행동의 지침이 되는 글을 새겼는데
여기서 좌우명이라는 말이 생겼다.

그 유명한 최자옥의 좌우명은 이것이다.

- 남의 단점을 말하지 말고,
남의 장점을 논하지도 말라.
남에게 베푼 것은 기억하지 말고,
남에게서 받은 것은 오래 새겨두라. -

언제나 자리 오른쪽에 붙여두고
인생의 지침으로 삼는 글귀인 좌우명…
평소에 누군가 "당신의 좌우명은 무엇입니까?"
이런 질문을 하면 뭐라고 대답하는지…
마음에 좌우명 하나 지니고 살면
어떤 바람에도 흔들리지 않고,
깜깜한 밤중에도 헤매는 일도 없이
그 길을 잘 걸어갈 수 있을 것이다.

떠돌아다니는 팔자

한곳에 정착하지 못하고
떠돌아다니기를 좋아하는 사람,
조금만 머물러 있어도 숨이 막힌다고 하며
여행 짐을 꾸리는 사람에게
왜 그렇게 여행을 좋아하느냐고 물으면
이렇게 대답한다.
"내가 '역마살驛馬煞'이 끼어서 그래."

떠돌아다니기 좋아하는 기질을
왜 역마살이라고 할까?

역마살에서 역마란
옛날의 교통 수단을 말한다.
옛날에는 일정한 거리마다
역참驛站, 이를테면 역마 정거장을 두고
그곳에서 말을 갈아타며 급한 볼일을 보러 다녔다.

이 역마 제도는

고려 원종 때 포마법이 시행된 것으로 봐서
고려 시대에 기틀이 잡힌 것을 알 수 있다.
그러다가 조선 시대에는 태종 10년인 1410년,
포마기발법鋪馬起發法을 제정했는데
왕명으로 역마를 이용하는 자에게는
관등 품위에 따라 마패를 발급했다.
마패는 품위에 따라 말을 그려 넣었고
다른 면에는 자호字號, 월일 등이 적혀 있었다.
그리고 역마로 충당할 말을 확보하기 위해서
마호馬戶와 역리驛吏에게 마전馬田을 지급하는
마호입역제馬戶立役制를 실시했다.

조선 후기에 들어와서는
역마의 수요가 급증하게 되면서
일반인에게 말을 사서 사용하는
쇄마고립제刷馬雇立制를 병행해서
역마의 부족분을 채웠다고 한다.

역참에 갖춰둔 말을 역마驛馬라고 했는데
역마는 당연히 이곳저곳 많은 곳을 다니게 마련이다.
그리고 역마살에서 '살煞'은
사람이나 물건 등을 해치는 독한 기운을 일컫는 말이다.
그래서 역마살이라고 하면
'천성적으로 역마처럼 이리저리 떠돌아다닐 팔자'라는
뜻을 가지게 됐다.

역마살이라는 말이 언제부터 생겼는지에 대해서는
기록에 남아있지 않지만
역마제도가 확립된 조선 시대 때부터 나온 말이 아닐까
추측하고 있다.

이제 역마살은 일반적인 낱말이 됐다.
자유의 상징이기도 하고
마음으로 동경하는, 여행의 본능으로 일컬어지기도 한다.

역마살이 끼었다는 게 예전에는 팔자 센 것이라고 했지만,
요즘은 그 반대인 것 같다.
오히려 훌훌 떨치고 여기저기 다니는,
팔자 좋은 이가
역마살 낀 사람인 것이다.

역마살 끼어서 여기저기 돌아다니는 자유,
이 시대에 더욱 부러워진다.

을사년의 스산함

날씨가 우중충하거나 스산할 때
그리고 마음이 쓸쓸하고 어딘가 허전할 때,
'을씨년스럽다'고 한다.
그런데 이 말에는 역사적인 의미가 깃들어 있다고 한다.

을씨년스럽다는 사전적인 의미로
날씨가 스산하다, 쓸쓸하다는 말이다.
이 말은 을사조약에서 시작된 말이다.

1905년, 일본이 한국의 외교권을 박탈하기 위해
한국 정부를 강압해서 체결한 조약이 을사조약이다.
그 조약의 내용을 요약하자면 다음과 같다.

- 일본 정부는 동경주재 외무성을 통해서
한국의 외국에 대한 관계 및 사무를 감리 지휘한다.
- 한국 정부는 이제부터 일본 정부의 중개를 거치지 않고는
국제적 성질을 가진 어떠한 조약이나 약속을 하지 않는다.
- 일본 정부는 한국 황제 폐하의 궐하에 한 명의 통감을 두되

통감은 외교에 관한 사항을 관리하기 위해 서울에 주재한다.
- 일본 정부는 한국 황실의 안녕과 존엄을 유지하기를 보증한다.
등…

이 조약은 한마디로
일본이 한국의 외교권을 박탈하기 위해서
강압적으로 체결한 조약이다.

그후 고종 황제는
이준, 이상설, 이위종 세 사람을 시켜서
네덜란드 헤이그에서 열리던
만국평화회의에 일제의 만행을 알리려고 했지만
일본의 방해로 뜻을 이루지 못했다.
그로부터 5년 뒤인 1910년, 대한제국은 일제와 합병되고 말았다.

'을사보호조약'의 명칭에 '보호'가 들어간 것도 물론
일제가 붙인 말이다.
그 조약이 있었던 을사년에는
나라가 온통 어수선하고 슬픔에 잠겨 있었다.
나라가 어지러워지니
국민의 마음도 자연히 우울하고 쓸쓸해졌다.

그때부터 뭔가 심상치가 않은 우울한 분위기를
'을사년스럽다'라고 부르게 되었다.
그리고 훗날에 오면서 그 말이 변해

을씨년스럽다라고 불리게 된 것이다.

을씨년스럽다의 한 가지 유래가 또 있다.
언제인지 정확하지는 않지만
을사년에 대홍수가 났던 적이 있었다.
이 대홍수 때문에 큰 피해를 입었고,
백성들은 고통스러워했다.
그래서 이때부터 날씨가 흐리거나 비가 올 것 같은 날씨에는
을사년스럽다고 했다고 전해지기도 한다.

우리가 자주 쓰는 언어에는
역사적인 사건과 상황이 깃든 것이 많다.
지금 우리는 어떤 낱말을 만들어가고 있는 걸까?
'무엇무엇스럽다'… 이런 말들이 가지는 역사성과
시대 상황을 다시 한 번 생각해보게 된다.

재물을 굳게 지키는 사람

돈을 잘 안 쓰거나 무척 아끼는 사람들에게 우리는
'구두쇠'라고 부른다.
그렇다면 왜 하필 구두쇠라고 부르는 것일까?

소설 속에도 돈에 인색한 구두쇠가 참 많이 나온다.
샤일록과 스쿠루지가 대표적이다.
이렇게 인색한 사람을 비유하는 말로
구두쇠라는 표현을 쓴다.
한자어로는 '수전노守錢奴'라고도 한다.
속어로는 '노랑이'가 있고,
방언으로는 '구두배기', '벽쇠'가 있다.

구두쇠와 관련된 속담도 참 많다.
'나그네 보내고 점심한다.',
'감기 고뿔도 남 안 준다.'…
이런 속담들은 구두쇠가 얼마나 지독한지 말해준다.

그런데 구두쇠를 잘못 아는 분이 많다.

'구두'에 '쇠'가 붙어서 된 합성어로 잘못 알고 있는 것이다.
그래서 한자어로 '구두 화靴'와 '쇠 철鐵'을 붙여서
'화철靴鐵'이라고들 하는데
이것은 잘못된 표현이라고 한다.
아마도 구두 밑에 박는 여물고 단단한 쇠인 징을 연상해서
'징처럼 여문 사람'이라는 뜻으로 본 듯하다.
그러나 구두쇠의 바른 어원은
'굳다'에서 생긴 파생어다.

'곧다'와 '굳다'는
지금 와서는 의미가 좀 다르게 쓰이지만
예전에는 '곧다'는
'굳다'의 뜻을 담고 있었다.
그래서 '아주 된 밥'을 '고두밥'이라고도 한다.
이 말이 구두쇠의 어원을 밝히는 열쇠가 되는 말이다.

구두쇠는 '굳다'의 '굳'과
연결 어미인 '우', 그리고
'인성에 어떤 특질이 있는 사람'을 뜻하는 인칭 접미사 '쇠'
이렇게 세 개의 음절이 합쳐서 이뤄진 말이다.

접미사 '쇠'가 붙은 말로는
'모르쇠', '돌쇠', '마당쇠' 등… 많다.
지금도 남자 이름 중에서 끝 자에 '철'이 많이 붙는 것은
옛날 순우리말인 '쇠'에서 이름을 붙이던 데서 온 것이다.

그러니까 구두쇠는

'굳은 사람'

'재물을 굳게 지키는 사람'이라는 뜻을 지녔다.

"아, 나 오늘 돈 굳었다!"

이렇게 기뻐하기도 하는데

아껴서 재물을 굳힌다는 구두쇠가 욕만은 아니었다.

그러나 너무 아껴서 혼자만 재물을 쌓아두고

남을 돌아보지 않는 사람을 좋게 볼 수는 없다.

거부합니다

무엇을 '거부한다', '거절한다'고 할 때
'보이콧'이라는 용어를 많이 사용하게 된다.
보이콧은 '거부 운동'의 용어로 많이 사용된다.
특히 부당한 행위에 대항하기 위해서
정치나 경제, 사회, 노동 분야에서
조직적, 집단적으로 벌이는 거부 운동을 뜻한다.

보이콧이라는 말은 어디서 유래가 됐을까?

보이콧은 사람의 이름이다.
그는 영국의 노퍽에서 출생했다.
1873년 메이오주州 귀족의 토지를 관리하는
토지 관리인이 됐다.
그는 1879년 결성된 아일랜드 토지연맹에서
소작료 25% 경감의 요구를 거부하면서
1880년 9월, 체납 소작인들에게 퇴거 영장을 발부했다.

그러자 토지연맹의 지도를 받은 소작인들이

비폭력 저항 행동을 하게 되면서
그는 식량 보급과 통신망이 끊겨 고립되고 만다.
결국 보이콧은 체납 소작인을 추방하려다가
전체 소작인에게 배척당해 영지를 떠나게 됐다.
이 사건 이후 보이콧이라는 용어는
'비폭력의 위협 행위'를 뜻하는 용어로 쓰이게 됐다.

주로 노동 운동에서 많이 쓰이지만
때로는 국제 관계에서도 사용되고 있다.
노동 운동의 경우에는
상품 구입이나 인력 공급을 중단하겠다고 위협하는
노동자의 보이콧도 있고,
근로자가 다른 사용자에게 취업하지 못하도록 하는
사용자의 보이콧도 있다.

또 국제 관계에서
어떤 나라의 정책이나 행동에 반대 의사를 표시하는 수단으로
보이콧이 사용된다.

그런가 하면 스포츠에서도
경기 자체를 거부하거나
경기를 중단하고 더는 진행하지 않는 것을
보이콧이라고 한다.
판정에 불복하거나 이의제기가 받아들여지지 않을 때
경기 중에 선수단을 이끌고 퇴장하는 사례가 있는데

이럴 때 흔히 "경기를 보이콧했다."고 하는 것이다.

보이콧 운동의 대표적인 것으로는
미국의 마틴 루터 킹 목사의
흑인 차별 보이콧 운동을 들 수 있겠다.

우리나라에서는 고구려 문제로 중국이 심기를 건드렸을 당시
2008년 북경올림픽에 대한 보이콧 서명 운동을 벌이기도 했다.
그리고 일본이 독도가 자기네 땅이라고 우길 때마다
일본 상품에 대한 보이콧을 진행한다.

매의 주민등록증

우리는 흔히 아는 사실을 모른 척 할 때,
'시치미를 뗀다'라는 표현을 쓴다.
그런데 시치미를 뗀다는 어디서 유래한 말일까?

한글 사전에서는 시치미의 뜻을 이렇게 풀이하고 있다.
- 쇠뿔을 얇게 깎아 만든, 매의 꽁지에 매어두는 꼬리표 -

그러니까 매의 꽁지 위의 털 속에 매어두는 네모진 뿔을
시치미라고 했다.

그렇다면 시치미 떼다라는 말은 어디서 나온 것일까?
고려 시대에는 귀족들이 여가 활동으로 사냥을 즐겼다고 한다.
그런데 매는 훈련 과정을 거쳐야만 사냥에 사용할 수 있었다.
그래서 매 사냥에 쓰는 매는
별도의 훈련 과정을 거쳐야만 했다.
그러니까 사냥에 쓰이는 매는
그 값이 매우 비쌀 수밖에 없었다.

매는 하늘에 맘대로 날아다니는 동물이기 때문에
매 주인들은 매를 잊어버릴까 봐 불안해졌다.
그런 매를 잊어버리지 않기 위해
주인은 매의 꼬리에
주인의 이름을 적어 놓은 시치미를 매달게 됐다.
시치미를 달아서 '이 매는 주인이 있는 매라는 것'을 알린 것.
이렇게 하면 매사냥꾼에게 잡혀도 주인이 있으니 놓아주고,
다른 매를 데리고 사냥을 다니는 사람 역시
주인이 있는 매라는 것을 알고는 그 매를 놓아줬던 것이다.

하지만 시치미를 달고 있는 매를 잡았는데
그 시치미를 살짝 떼어버리는 비양심족이 있었다.
시치미를 떼버리고는
"내가 지금 막 잡은 매인데 무슨 소리냐?"
이렇게 주장하기도 하고,
남의 시치미를 떼버리고 자기 시치미를 슬쩍 달고는
"봐라, 내 시치미를 달고 있지 않느냐, 내가 주인이다!"
이렇게 주장하는 경우가 생겨났다.

그후로 시치미를 떼다라는 말이 생겨났다고 한다.
시치미는, 곧 매의 '주민등록증'과 같은 것이었다.

시치미를 떼는 것이 매 도둑의 행위였다니, 범죄 행위였다니

시치미 떼는 일 없이 살아야겠다는 생각이 든다.

귀족은 귀족다워야 한다

철학과 도덕성을 갖춘 진정한 상류층이 이 사회에 정말 존재할까?
이런 의문점이 제기되면서
'노블레스 오블리주^{Noblesse Oblige}'라는 말이 자주 인용됐다.

노블레스 오블리주는
'귀족은 귀족다워야 한다.'는 프랑스 속담
'Noblesse oblige'에서 유래한 것이다.

『불영사전』에서는 불어 격언 'Noblesse oblige'가
'The nobly born must nobly do.'로 해석돼 있다.
이것은 영어 격언이기도 한데
'고귀하게 태어난 사람은 고귀하게 행동해야 한다.'는 뜻이다.

Noblesse oblige의 발음은,
프랑스 현지 발음대로 하자면 '노블레스 오블리쥬'가 된다.
그런데 '쟈, 져, 죠, 쥬'가 '자, 저, 조, 주'로 발음되므로
외래어 표기법에 따라 정확히 표기하자면
노블레스 오블리주가 된다.

우리나라에서는 '노블레스 오블리제'라고
영어식 발음으로 주로 써왔는데
'정부 언론 외래어 심의 공동 위원회'에서 많은 논의 끝에
노블리스 오블리주로 적기로 최종 결정을 했다.
그러므로 정확한 표기는
노블리스 오블리주라고 해야 한다.

노블리스 오블리주라는 말은
초기 로마의 왕과 귀족들에게서 나오게 됐다.
로마의 왕과 귀족들은 평민보다 앞서
솔선수범과 절제된 행동으로 국가의 초석을 다졌다고 한다.
특히 포에니전쟁 때에는 전쟁세를 신설했는데
재산이 많은 원로원이 더 많은 세금 부담을 감수했다.
그들은 제일 먼저 기부를 하기 위해
경쟁적으로 수레에 돈을 싣고 국고에 갖다 바쳤고,
이것을 본 평민들도 앞다퉈 세금을 내게 됐다.

또 왕족과 귀족들이 평민들보다 먼저 전쟁터에 나가
나라를 위해 목숨을 바쳤다고 하는데
거기서 노블레스 오블리주가
조직을 이끄는 리더십의 표본으로 간주돼 왔다.

세계적으로 노블레스 오블리주의 예가 되는 역사는 많았다.
포클랜드전쟁 때는
영국 여왕의 둘째아들 앤드루가

전투헬기 조종사로 참전했고,

6.25전쟁 때 당시 미8군 사령관 밴플리트의 아들이

야간폭격 임무 수행 중에 전사했다.

또 대통령 아이젠하워의 아들도 육군 소령으로 참전했다.

그런가 하면 중국 지도자 마오쩌둥이

6.25전쟁에 참전한 아들의 전사 소식을 듣고

시신 수습을 포기하도록 지시했다는 일화도 유명하다.

사회 지도층일수록

나라를 위한 일에 솔선수범해서 나섰던 노블리제 오블리주.

우리 사회에서도 이제 이 말이 희망사항이 아닌

당연한 사회의 흐름이 됐으면 좋겠다.

중요한 날이 다가와요

중요한 날이 다가오면
캘린더에 계속 표시를 하게 된다.
D-Day 15일 전, D-Day 7일 전…

D-Day 중에서 D는 decimal의 약자다.
군사 용어로 'decimal day'다.
decimal을 영어 사전에서 찾아보면
'십진법'이라고 나와 있다.
그런데 군사 용어로 하면
'작전 계획상 공격 예정일'을 가리킨다.

decimal은
공격을 전후해서 일어날 수 있는 여러 상황을 판단하거나
공격 예정일을 확정하고
그 날짜를 기준으로 계획을 준비할 때 쓰는 용어다.

공격 예정일이 확정되면
캘린더의 날짜는 의미를 잃어버리고

다만 '공격 예정 며칠 전'
또는 '공격 며칠 후'라는 개념만 남게 된다.

공격 작전에 관한 계획 문서에는
그 공격을 위한 각 부대의 준비 상황,
공격 방법, 공격 목표 등이 상세하게 명시되지만
D데이만큼은
별도로 지시되고 시달되는 것이 상례다.
차후에 최고 지휘부에 의해서
D데이는 몇 월 며칠이라고
구체적인 일력상의 날짜가 통지된다.

공격 예정일을 전후로 그 전은 마이너스(-),
그후는 플러스(+)의 기호와 함께
D의 뒤에 숫자로 표시한다.
공격 1일 전은 D-1,
공격 3일 후는 D+3이 된다.

'D데이'라는 말이 최초로 사용된 것은 언제일까?
2차 세계대전 때부터였다.
연합군 측에서 노르망디 상륙작전을 앞두고
날짜를 정해놓은 뒤에 이것을 D-day라고 했다.
그 첫 D-day는 1944년 6월 6일이었다.

이제 D-day라는 말은 군사 목적만이 아니라

일상생활 곳곳에서 널리 쓰이고 있다.
대통령선거나 국회의원선거, 월드컵, 올림픽,
수능시험, 하물며 데이트날에도
D-day라는 말을 붙인다.

앞에 두고 있는 중요한 그날, D-day.
그 중요한 사항이
로맨틱하고 아름답고 설렘 가득한,
그런 날이었으면 좋겠다.

야외에 세운 단

흔히 쓰는 말 중에
'야단났다' 또는 '야단법석이다'라는 말이 있다.
'야단법석野壇法席'은
떠들썩하고 시끄러운 모습을 뜻하는 말이다.
들 야野,
제터 단壇,
법 법法,
자리 석席,
이 네 글자의 한자로 이뤄졌다.

야단법석이라는 말은
불교 문화가 우리 언어에 차지하는 비중을
잘 보여주는 낱말이라고 할 수 있다.
『불교대사전』에 나오는 말이다.

'야단野壇'이란
'야외에 세운 단'이라는 뜻이고,
'법석法席'은

'불법을 펴는 자리'라는 뜻이다.

즉 '야외에 자리를 마련해서 부처님의 말씀을 듣는 자리'라는
뜻을 지니고 있다.

이 말에는 유래가 있다.

석가의 생존 당시

야외에 단을 펴고 설법을 할 때였다.

그 당시 영취산에서 법화경을 설법했을 때

무려 3백만 명이나 모였다.

야외에 단을 펴고 설법을 들었다는 뜻에서

야단법석이라는 말이 나온 것이다.

그때 사람이 많이 모이다 보니

질서가 없고 시끌벅적하고 어수선했다.

그래서 야단법석은

시끄러운 상황을 연상하게 됐다.

그후 불교 행사가 아니라도

뭔가 떠들썩한 행사를 말할 때

야단법석이라는 말로 일컫게 됐다.

경황이 없고 시끌벅적한 상태를 가리켜

비유적으로 쓰던 말이 일반화돼서

이제는 일상생활에서 흔히 쓰이게 됐다.

야단법석이 나도

나쁜 일로 야단법석이 나는 것은 노 땡큐.

그러나 흥겹고 좋은 일로 북적거리는 야단법석은
대환영이다.

말의 다리가 드러나다

흔히 쓰는 말 중에
'마각馬脚을 드러내다'라는 말이 있다.
여기서 '마각'은 어떤 의미며
어디서 유래가 된 것일까?

겉모습과 다른 속이 드러났을 때,
예를 들어 검은 돈을 거래했다가 들통이 난다던가
착한 일을 한 것처럼 하다가
그것이 아닌 것으로 드러났을 때,
우리는 마각을 드러냈다고 한다.
한마디로 정체나 진상, 속셈이 드러난 것을
마각이 드러났다고 한다.
여기서 '마각'은
말 '마馬'자와,
다리 '각脚'자로 이뤄진 한자어다.

그러니까 마각은 '말의 다리'다.
말의 다리가 정체, 진상, 속셈과 무슨 관련이 있는 걸까?

'숨기고 있던 꾀가 밖으로 드러나는 일'을
'마각'이라고 표현한 것은
원나라 때 연극 〈진주조미〉에서 시작됐다.

옛날 중국이나 우리나라에서는
사람이 말가죽을 쓰고 그 안에 들어가서
다리 구실을 했다고 한다.
그런데 연극하다가 말 배역을 맡은 사람이 실수해서
그만 말의 다리가 아니라
사람의 다리임이 밝혀지고 만 것이다.
그렇게 말인 척하다가 사람임을 드러내 보였다는 것에서
'마각노출'이란 말이 생겨났다.

'마각이 드러나다'의 한자는
노출마각露出馬脚, 노마각露馬脚,
또는 현마각見馬脚으로 쓰이고 있다.
현마각에서의 '현'은 볼 '견見'자를 쓴다.
이 한자는 '드러나다, 드러내다'의 뜻으로 쓰일 때는
'현'으로 읽게 된다.

아닌데도 그런 '척'하고
없는데도 있는 '척'하고
모르면서도 아는 '척'하는 이른바 '삼척동자'들이
아직도 세상에 출몰하고 있다.

그러나 진실은 언젠가는 밝혀진다는 사실을
마각노출이라는 한자어가 말해준다.

계속되는 영광은 없다

'백일천하를 이루다.'
'백일천하에 지나지 않았다.'…
이런 비유를 여러 군데서 볼 수 있다.
거기에는 역사적인 사실이 있다.

1789년 프랑스 혁명이 일어나자
프랑스에 맞서기 위해
영국, 프로이센, 오스트리아 등이 동맹을 맺었다.
이때 젊은 나폴레옹은 동맹군을 무찌르고 반란을 진압했다.

"이 기회에 콧대를 꺾어 다시는 프랑스를 넘보지 못하게 하겠다!"

나폴레옹은 군대를 이끌고 원정길에 나섰고,
나폴레옹에 무릎을 꿇지 않은 나라는 없었다.
나폴레옹은 황제의 자리에 올랐다.

그런데 다른 나라들은 나폴레옹을 황제로 떠받드는데
영국만 머리를 숙이지 않았다.

영국은 해군의 힘이 워낙 강했기 때문에
프랑스가 함부로 할 수도 없었다.

궁리 끝에 나폴레옹은 유럽 여러 나라에 명령을 내렸다.
"영국과는 어떤 물건도 사고팔지 마시오."

하지만 이 명령을 어기는 나라가 있었으니
바로 러시아였다.
화가 난 나폴레옹은 대군을 이끌고 러시아로 쳐들어갔다.
하지만 "내 사전에 불가능이란 말은 없다."고 큰소리치며
전 유럽을 휩쓸던 나폴레옹은 크게 패해 돌아왔다.

그러자 그동안 나폴레옹의 위세에 숨을 죽이고 있던
유럽의 여러 나라가 한꺼번에 반란을 일으켰고,
결국 나폴레옹은 이들 동맹군에 체포돼서
엘바섬으로 귀양을 가게 됐다.

1815년 3월 20일,
나폴레옹은 기적적으로 엘바섬을 탈출해서
또다시 프랑스 황제의 자리에 올랐다.
그러자 유럽의 동맹군은 또 프랑스로 쳐들어왔고,
나폴레옹은 워털루에서 이들을 맞아 접전을 벌였지만
싸움에 패하고 말았다.
그후 '죽음의 섬'이라고 불리는 대서양의
세인트헬레나섬으로 유배되어 그곳에서 죽음을 맞이했다.

나폴레옹이 다시 황제의 자리에 오른 지 백 일 만의 일이었다.
여기서 '백일천하'라는 말이 나왔다.

그때부터 짧고 허무한 영광을 말할 때
백일천하라고 비유했다.

우리나라 속담에는 '열흘 붉은 꽃 없다.'는 속담도 있다.
그리고 서양 역사에는
백일 동안 계속되는 영광이 없다고 가르쳐준다.
그러니 최고의 자리에 올라 있다고
야호야호 환성을 지를 일도 아니고,
밑에 내려와 있다고 고개를 떨굴 일도 아니라는 사실을
역사는 말해준다.

댕기가 하늘하늘 흔들린다

흔히 하는 말 중에 '아양을 떨다.'는 말이 있다.
그런데 '아양'은 어디서 온 말일까?

아양이라는 말은 '아얌'에서 온 말이다.
아얌이란 머리에 쓰는 '쓰개'의 일종이다.
겨울철에 부녀자들이 나들이할 때
추위를 막기 위해서 머리에 쓰는 것이다.
아얌은 귀는 내놓고 이마만 가리는 쓰개다.
추위를 막기 위한 것이기도 했지만
아름다운 장신구 역할을 톡톡히 했다.

위쪽은 터져 있고 밑쪽으로는 털이 달려 있고,
앞쪽에는 붉은 빛의 수술들이 늘어져 있다.
또 뒤쪽에는 넓적하고 긴 아얌드림을 늘어트렸다.
아얌드림은 댕기와 비슷한 것인데
검정색이나 자주색 댕기 모양의
길게 끈이 늘어져 있는 모양을 하고 있다.

요즘도 한복 입은 여자 중에
아얌을 쓴 분들을 보게 된다.
한복을 입고 아얌을 쓴 여성들이 참 아름답게 보인다.

그런데 머리에 쓰는 아얌이
어떻게 '아양을 떨다.'는 말로 변하게 된 것일까?

옛날에 여인들이 아얌을 쓰고 걸어 갈 때면
붉은 술과 비단 댕기가 살랑살랑거렸다.
그렇게 술과 댕기가 하늘하늘 흔들리는 모양과
여인이 걸어가는 모습은
뭇사람들의 시선을 끌었다.

그래서 남의 시선이나 이목을 끌려고 하는 행동이나 말을
'아양을 떤다.'라고 말하게 됐다.
그 말은 전해 오다가
아얌이 아양으로 변해버린 것이다.

'아양을 떤다.'는 말은 어감이 썩 좋지는 않다.
하지만 아얌을 쓰고
하늘하늘 살랑살랑 걸어가는 옛 여인을 떠올리니
저절로 미소가 고이게 된다.

버드나무가지로 이를 닦다

이를 닦는다는 표현을 흔히 '양치질'이라고 한다.
그런데 왜 양치질이라는 표현을 쓸까?
그리고 우리 옛 선조들은 어떻게 치아를 닦았을까?

양치질의 어원을 한자로 알고 계시는 분이 많다.
그런데 '양치질'의 '양치'는 엉뚱하게도
'양지질'에서 나온 거라고 한다.
'양지'는 '버드나무의 가지'를 말한다.
거기에다가 접미사인 '질'이 붙어서 이뤄진 단어가
바로 양치질이다.

이 사실은 『계림유사』라는 고려 시대의 문헌에도 나와 있고,
그후 한글 문헌에서도 잘 나타난 사실이다.

그렇다면 왜 버드나무 가지인 양지를 붙였을까?

옛날에는 버드나무 가지로 이를 청소했다고 한다.
'이쑤시개'를 쓰는 것처럼

소독이 된다고 여겼던 버드나무 가지를
잘게 잘라 사용했던 것인데
그래서 '이'를 청소하는 것을 '양지질'이라고 했다.
그때는 그렇게 버드나무 가지에 소금이나 초를 발라서
이를 청소했다고 한다.

또 옛날 여성들은 흰 치아를 갖기 위해서
쑥을 삶은 물로 입안을 헹구기도 했고,
검지 손가락으로 혹독한 양치질을 하기도 했다고 한다.

그렇게 버드나무 가지로 이를 닦은 유래를 가졌기 때문에
'양지질'이 됐는데,
'이'의 한자인 '치'에 연결시켜서
양치로 해석하게 됐고, 그래서 양치질로 변했다.

'양지'는 일본으로 넘어가서
일본음인 '요지'로 변하기도 했다.
'이쑤시개'를 일본어로 '요지'라고 하는데
아직도 이쑤시개를 요지라고 하는 분이 많다.
'요지' 역시 일본식의 잘못된 표현이라는 점도
알아두면 좋겠다.

인간들의 노예

어린 시절, 마징가제트나 짱가, 건담 등의
만화 주인공에 푹 빠졌던 때가 있었다.
그들을 통해서 우리는 '로봇'에 대해 익숙해져 갔다.
그렇다면 로봇이라는 명칭은 어디서 나온 것일까?

맨 처음 '로봇'이라는 말을 쓴 사람은
체코의 유명한 극작가인 카렐 차펙Karel Capek이었다.
그가 1920년에 쓴 희곡 「R.U.R」
로봇들이 자신들의 창조주인 인간을 전부 살해하는 비극을
인상적으로 묘사한 그 희곡에서
처음으로 로봇이라는 명칭을 썼다.
로봇의 어원은 'Robota'다.
체코어로 '노예'를 뜻한다고 한다.

신기한 것은 로봇을 처음 만든 시기는
아주 옛날로 거슬러 올라가야 한다는 사실이다.
고대 로마, 그리스 시대로 추정하고 있다.
인조 인간을 만들려는 시도는 고대부터 있었으며,

그리스 로마 시대와 기원전에는
종교 의식의 한 도구로 만들어졌다고 한다.
고대 시대부터 로봇은 '자동인형'의 형태로
창조된 것이었다.

산업용 로봇으로는
1960년대 초반에
'Unimates'라는 산업용 로봇이 만들어지면서
본격적인 로봇 시대가 개막됐다.

1997년 7월 4일, 미국의 독립기념일에는
화성에 착륙한 '패스파인더Pathfinder' 속에
인간 대신 로봇이 들어 있었다.
'패스파인더' 속에 숨어 있다가
스스로 밖으로 나와서 화성 표면을 탐사하는
화성 탐사로봇 '소저너Sojourner'의 모습을
기억하고 있을 것이다.
자율 이동 로봇인 소저너는
여섯 개의 바퀴를 이용해서 화성의 이곳저곳으로 이동했는데
지구에서 원격 조정했다.

현재 대다수의 로봇은
'로봇팔Robot Arm'의 형태로
공장에서 반복적인 작업을 수행하는 데 주로 사용되고 있다.
사람이 하기에는 지루한 일에 로봇을 채용해서

자동화하고 있다.

인간이 아닌 기계이지만
인간이 하는 일을 대신하는 로봇.
이제 우리 생활 속에 이미 깊이 들어와 있고
우리는 수많은 로봇과 공존하고 있는 중이다.

창자의 끝까지 다 살펴보기

과거사 청산이니 뭐니
이런 뉴스가 나올 때마다 인용되는 말이 하나 있다.
'미주알 고주알'이다.
정보 프로그램이나 정보 사이트에도
미주알 고주알의 표현이 즐겨 사용되기도 한다.

꼬치꼬치 캐는 것을
'미주알고주알 캔다.'고 한다.
이 말 속에는 끈질기고 치밀한 느낌이 곁들여 있다.
뿌리를 캐도, 잔뿌리까지 깡그리 캐는 느낌이
강하게 드는 말인 것이다.

"처음 만난 처지에
마치 신상조사를 하듯 미주알고주알 캔다."
"미주알 고주알 캐 보라.
내게는 구린데가 한 군데도 없다." 등…
많이 인용되는 말이다.

그렇다면 '미주알'은 뭐고 '고주알'은 뭘까?

우리말 유래 사전을 보면
'미주알'은 항문을 이루는 창자의 끝부분을 말한다.

그러니까 속의 창자까지 살펴볼 정도로
꼬치꼬치 따지고 든다는 뜻인데,
'고주알'은 '미주알'과 운을 맞추기 위해
덧붙인 말이라고 소개하고 있다.

이렇게 운을 맞추기 위해
아무 뜻도 없이 덧붙인 말 중에는
'세월아 네월아'도 있고,
'티격태격', '올망졸망', '옹기종기', '곤드레만드레' 등도 있다.

그런데 '고주알'에 대해서 다른 주장도 있다.
'고조高祖알' 그러니까
고조 할아버지까지 캔다는 뜻이라는 주장도 하고 있다.

전해 내려오는 어원 중에는
고주알의 의미가 다르게 소개되는 것도 많다.
아직 분명치는 않는 이 어원도
미주알 고주알 캐보고 싶어진다.

파리처럼 웽웽거리며 달려드는 벌레

연예인들이 가장 무서워하는 사람들은
'파파라치'가 아닐까.

파파라치는 유럽에서 생겨난 새로운 직종이다.
개인의 프라이버시에 근접해서
특종 사진을 노리는 직업적 사진사를 말한다.

'파파라치'는 복수형이고, 단수는 '파파라초'다.
파파라초라는 이름은
이탈리아의 영화감독 페데리코 펠리니의 영화
〈달콤한 생활〉에 등장한
신문사의 카메라맨에서 유래한다.
파파라초의 원래 뜻은 이탈리아어로
'파리처럼 웽웽거리며 달려드는 벌레'를 뜻한다.

그 영화 이후
예능인이나 부호, 정치인 등 유명인들의
스캔들이나 프라이버시를 드러내는 사진을 노리는

질이 나쁜 사진사들을 파파라치라고 지칭하게 됐다.

1997년 8월 31일, 애인과 함께 차에 타고 가던
영국의 전 왕세자비, 다이애나가
파리 세느강변 자동차 도로 중간의 터널에서
오토바이 등으로 뒤쫓아오는 파파라치를 따돌리려다가
자동차 충돌로 죽은 사건도 있었다.
충격적인 그 사건 이후
파파라치에 대한 비난이 빗발치게 됐다.

영국의 '신문불만처리위원회(PCC)'는
다섯 개 항으로 된 「취재 및 보도 규제안」을 발표하고,
오토바이로 따라붙거나 미행과 추적 등은
용납할 수 없다고 못 박았다.
또 파파라치들로부터 받은 사진도
엄격하게 검열하기 시작했다.

그런데 우리나라에도 신종 파파라치들이
그 종류도 다양하게 출몰하고 있다.
이른바 '농農파라치'는
농지 불법 전용 사례를 신고해서 포상금을 받는 사람이고,
병원과 약국의 불법 행위를 감시하는 '의醫파라치'도
등장하고 있다.
주식시장에서도 주가 조작이나 내부자 거래 등을 감시하는
'주株파라치'가 활약하고 있고,

쓰레기 투기를 전문적으로 감시하는 '쓰파라치',
교통 위반자를 감시하는 '차☀파라치'들도
곳곳에 출몰하고 있다.

파리처럼 웽웽거리며 달려든다는 어원을 가진 파파라치.
질 나쁜 파파라치들에게
사진 찍힐 일 없이 살아가는, 평범한 사람들의 삶이
요즘 들어서 참 소중하게 느껴진다.

마술하는 개미잡이 새

누구나 한두 가지 정도는 가지고 있는
'징크스jynx'는
어디서 온 말일까?

징크스는 원래
고대 그리스에서 마술魔術에 쓰던 딱따구리의 일종이다.
그 새 이름은 '개미잡이'인데
이 개미잡이 새를 그리스어로 징크스라고 한다.

마술에서 그 새는 운명을 결정짓는
마법의 힘을 발휘하는 새였는데
인간의 힘으로는 어쩔 수 없는
어떤 운명을 상징하게 됐다.
그후 징크스라는 말은
불길한 징후를 가리키는 용어가 돼버렸다.

원래 징크스는 불길한 징후만을 뜻하는 것은 아니다.
'사람의 힘으로는 어찌할 수 없는 운명적인 일'을 말하는 용어다.

좋은 일도 있을 수 있고 나쁜 일도 있을 수 있는,
'운명'이라는 미신적인 상황을 일컫는 말이다.

예를 들면 서양에서는
'13일의 금요일'을 불운의 날로 여긴다.
그리고 우리나라에서는 4자[＃]를 싫어하고
아침부터 까마귀가 울면 싫어한다.
까치가 울면 반가운 손님이 오는 것도 일종의 징크스다.

특히 운동선수들은 여러 가지 징크스를 가지고 있다.
'징크스를 깼다.'는 것은
어찌할 수 없는 운명을 극복한
멋진 승리로 기록되는 일일 것이다.

누구나 몇 개씩 품고 사는 '마음의 감옥'인 징크스.
하지만 징크스는 뒤집으면 행운이 될 수도 있다.

숫자 4는 알고 보니 행운의 숫자!
시험 보는 날 머리 감는 건 머리 맑아지는 행운!
오늘은 그렇게,
나를 가둔 감옥에서 탈옥해보는 건 어떨까.

서로 등걸나무에 앉아 머리를 조아린다

결혼이라는 것은
사랑하는 두 사람만의 결합만을 의미하는 것은 아니다.
두 집안끼리의 결합도 의미하는 것인데
결혼하면 양가는 '사돈查頓' 관계를 맺고 살아가게 된다.

사돈이라는 말을 한자로 풀이해보면
'등걸나무에서 머리를 조아리다.'는 뜻을 가지고 있다.
이 사돈의 어원에는 일화가 들어 있다.

고려 예종 때 여진을 물리친 도원수 '윤관'과
부원수 '오연총'은
평생을 돈독한 우애로 지낸 사이다.
여진정벌 후에 자녀를 서로 결혼까지 시켰고,
자주 만나 술을 마시며 서로의 회포를 푸는 것을
낙으로 삼았다.

어느 봄날, 술이 알맞게 잘 빚어진 것을 본 윤관은
오연총이 생각났다.

그래서 술동이를 하인에게 지게 하고
오연총의 집으로 향했다.
개울을 건너가려는데 그때 마침 오연총도
잘 익은 술을 보고 윤관이 생각나서
술을 가지고 개울 저 편에 서 있는 것이었다.

둘은 그렇게 개울을 사이에 두고 서 있어야 했는데
간밤의 소낙비로 개울이 불어서
건너갈 수 없었기 때문이다.

이때 개울 건너편에서 윤관이 제안했다.
"서로가 가져온 술을
상대가 가져온 술이라 생각하고 마시자!"

둘은 서로 등걸나무에 걸터앉아서 서로 머리를 숙이며
"한 잔 하시오!"라고 잔을 권하고
또 이쪽에서 "한 잔 받으시오!"라며 잔을 권하고…
개울을 사이에 두고 한 잔 하며
풍류를 즐겼다고 한다.

여기서 등걸나무는 한자로 사査,
머리를 조아린다는 의미에서 돈頓을 써서 사돈,
'서로 등걸나무에 앉아 머리를 조아린다.'는 뜻이 된 것이다.

그후 서로 자녀를 결혼시키는 것을

"서로 등걸나무에 앉아 머리를 조아려볼까?"
"우리도 사돈해볼까?"
이렇게 해서
'사돈'이라는 낱말이 나왔다고 한다.
물론 다른 설도 있지만 이 설이 유력하다.

사돈은 어렵기만 한 사이지만
그 유래를 보면
흐뭇한 우정이 스며들어 있는
흥겹고 따뜻한 낱말이다.

아름다운 성적표

외국에서는
A, B, C, D… 이런 식으로 학점을 매긴다.
그리고 1등, 2등, 3등… 이렇게 매기는 게
세계적인 등수다.
그러나 우리나라만의 점수 등급이 있다.
'수우미양가'다.

수우미양가, 이 다섯 가지 점수에는
스승의 제자에 대한 사랑이 담겨 있다.

'수秀'는 빼어날 '수'자로
'우수하다'는 뜻이다.

'우優'는 '우등생'이라고 할 때의 '우'자로,
넉넉하다, 도탑다는 말이고,
역시 '우수하다'는 의미를 가졌다.

'미美'는 아름다울 '미'자며 '좋다'는 뜻도 있다.

그러니까 역시 잘했다는 의미다.

'양良'은 '양호하다'의 양으로
'좋다', '어질다', '뛰어나다'의 뜻이 있다.
말 그대로 '괜찮다'는 뜻이다.

이렇게 성적의 다섯 등급에서
네 번째를 차지하는 '양'마저 좋은 뜻이다.

그렇다면 맨 꼴찌를 차지하는 '가'는 어떤 뜻일까?
'가可'는 '가능하다'고 할 때의 '가'로
'옳다'는 뜻을 가지고 있으며,
충분한 가능성을 가지고 있다는 말이다.

수, 우, 미, 양, 가… 모든 등수는
나름대로 다 '잘했다'
다 '괜찮다'는 뜻을 가졌다.
그리고 모두 '가능하다'는 뜻을 가지고 있다.

제자 중 그 누구도 포기하지 않으려는 스승의 마음이
수우미양가 속에는 고스란히 들어 있는 것이다.

수우미양가는
숫자로 재단할 수 없는 스승의 사랑이
스며 있는 아름다운 성적표다.

겉과 속이 다른 것

우리가 쓰는 용어 중에서
'사이비'라는 언어도 자주 쓰인다.
사이비의 정확한 뜻은 무엇이고,
그 어원은 어떻게 될까?

사이비는 한자어다.
같을 사似, 어조사 이而, 아닐 비非자를 써서
사이비라고 한다.
한자어 그대로 풀이하면
'겉으로는 그것처럼 보이지만
실제로는 전혀 다르거나 아닌 것'을 이르는 말이다.

『맹자孟子』의 「진심盡心」과
『논어論語』의 「양화陽貨」에서
사이비의 용어가 처음으로 쓰였는데
『논어』에는 이런 글이 있다.

- 공자가 말하기를 '나는 사이비한 것을 미워한다.'라고 하셨다.-

여기서 사이비는

외모는 그럴듯하지만 본질은 전혀 다른

겉과 속이 전혀 다른 것을 의미한다.

선량해 보이지만 실은 질이 좋지 못한 사람을 말한다.

공자는 그렇게 겉만 번지르르하고 처세술에 능한 사이비를

'덕을 해치는 사람'으로 봤다.

그런가 하면 『맹자』에는 이런 일화가 있다.

어느 날 맹자에게 제자 만장^{萬章}이 찾아와서 말한다.

"한 마을 사람들이 향원을 모두 훌륭한 사람이라고 칭찬하는데

유독 공자만 그를 '덕을 해치는 사람'이라고 하셨습니다.

그 이유가 무엇인지요?"

그러자 맹자는 이렇게 대답했다.

"집에 있으면 성실한 척하고

세상에서는 청렴결백한 것 같아서 모두 그를 따르지만

요^堯와 순^舜과 같은 도^道에 함께 들어갈 수 없기 때문에

'덕을 해치는 사람'이라고 한 것이다."

공자가 왜 사이비를 미워하는지,

그 이유가 오래 기억에 남는다.

"말만 잘하는 것을 미워하는 이유는

신의를 어지럽힐까 두려워서이고,

정^鄭나라의 음란한 음악을 미워하는 이유는

아악雅樂을 더럽힐까 두려워서이고,

자줏빛을 미워하는 이유는

붉은빛을 어지럽힐까 두려워서이다."

술로 못을 이루고, 고기로 숲을 이루다

퇴폐와 환락을 표현할 때 쓰이는 말이 있다.
'주지육림'.

술 주酒, 못 지池, 고기 육肉, 수풀 림林,
이렇게 네 글자로 이뤄진 주지육림은
술로 연못을 이루고 고기로 숲을 이룬다는 뜻으로
'극히 호사스럽고 방탕한 술잔치'를 이르는 말이다.

주지육림의 유래는 중국의 하夏나라에서 시작된다.
하나라 걸왕은
남다른 힘과 지략을 가지고 있었는데
걸왕의 마음을 송두리째 빼앗아
마침내 하나라를 멸망케 만든 여인이
매희妹喜다.

걸왕이 정복한 오랑캐의 유시씨국有施氏國에서
공물로 바친 희대의 요녀인 매희.
걸왕은 매희를 보자마자 넋을 잃고 빠져들었다.

그후 매희는 무엇이든 마음대로 할 수 있게 됐다.

매희는 우선 거대한 궁궐을 다시 짓게 하고는
요대瑤臺라고 이름을 붙이고
비단옷을 입은 3천 궁녀들로 하여금 춤을 추게 했다.
산해진미 속에서 잔치는 계속됐지만
매희는 이내 싫증을 냈다.

결국 매희의 요청대로 주지육림의 공사는 시작됐는데
궁정 한 모퉁이에 큰 못을 판 다음
바닥에 새하얀 모래를 깔고 향기로운 술을 가득 채웠다.
그리고 못 둘레에는 고기로 동산을 쌓고 숲을 만들었다.

걸왕과 매희는 그 못에 호화선을 띄우고,
못 둘레에서 춤을 추던 3천 미소녀들이
신호의 북이 울리면 일제히 못의 미주를 마시고
숲의 고기를 탐식하는 것을 구경하며 희희낙락 즐겼다.

그때 걸왕에게 충성의 마음으로
나라를 바로잡으라고 호소하는 충신들은 모두
죽임을 당하거나 쫓겨 나갔다.

결국 하나라는
은나라의 탕왕湯王이 이끄는 군대에 멸망당하고 말았다.
여기서 호사스럽고 방탕한 술잔치를 뜻하는

주지육림이 생겨나게 됐다.

역사의 한 고비에서 생겨난 용어들을 보면
언제나 교훈을 얻게 된다.
주지육림은 우리에게
환락의 끝이 어디인가를 보여준다.

삼일간의 도전정신

새해가 되면
늘 하는 말이 있다.

"'작심삼일'이군."

작심삼일은 두 가지 의미로 쓰인다.
사흘을 두고 신중하게 작심했다는 뜻도 있고,
작심한 것이 사흘밖에 못 간다는 뜻도 있다.
대개는 마음을 먹어도 그 결심한 일이 사흘도 못 간다는
부정적인 의미로 더 사용되고 있다.

작심삼일이 나오게 된 유래가 있다.
인조仁祖 때 '유몽인'이 쓴 『어우야담』에는
'조선공사삼일朝鮮公事三日'이라는 말이 나온다.

서애 유성룡西厓 柳成龍이
도체찰사都體察使로 있을 때 일이다.
각 고을에 발송할 공문이 있어서 역리驛吏에게

그 공문을 발송하라고 준다.
그런데 공문을 보낸 후 사흘 뒤에
그 공문을 다시 고칠 필요가 있어 회수했더니
그 역리는 공문을 발송하지도 않고 있다가
고스란히 그대로 가지고 왔다고 한다.

유성룡은 화를 내며 꾸짖었다.
"너는 어찌 사흘이 지나도록 공문을 발송하지 않았느냐?"

그러자 역리는 이렇게 대답했다.
"속담에 '조선공사삼일'이란 말이 있어서
소인의 소견으로 사흘 후에 다시 고칠 것을 예상하였기에
사흘을 기다리느라고 보내지 않았습니다."

이 말을 들은 유성룡은 이렇게 한탄했다.
"가히 세상을 깨우칠 말이다. 내 잘못이다."

그후 작심삼일이라는 말은
결심한 일이 사흘을 못 간다는 말로 쓰이게 됐다.

작심삼일.
좋지 않은 습관임에 분명하다.
그러나 더 나쁜 것은
작심삼일조차 하지 않는 게 아닐까.
작심삼일이 나쁘다면

사흘에 한 번 작심삼일을
시도해보는 것은 어떨까.

선동적이거나 호소하거나

흔히 접하면서도 혼동되는 용어들이 있는데
그중 '슬로건^{slogan}'과
'캐치프레이즈^{catch-phrase}'가 있다.

슬로건은 원래
'스코틀랜드에서 위급할 때 집합 신호로 외치는 소리'
그러니까 'sluagh-ghairm'을
슬로건이라고 한 데서 나온 말이다.

인간은 논리적인 판단만을 하는 것은 아니고
정서에 의해서 움직이게 되는 면도 있다.
특히 대중을 움직이기 위한 목적을 띌 때
정서적으로 채색된 단순한 표어가
효과를 나타내는 수가 많다.
그것은 정치 행동으로부터 상업 광고의 영역에 이르기까지
널리 사용된다.

슬로건의 중요한 요소는 이런 것이다.

- 이해하기 쉬울 것.

- 표현이 단순할 것.

- 단정적으로 잘라 말할 것.

특히 대중이 동요하고 있고
대중의 태도가 미확정적일수록
슬로건의 호소력은 커야 한다.

그런가 하면 캐치프레이즈는
'캐치', '잡다'라는 뜻과
'프레이즈'는 '구절'이라는 뜻의 합성어다.
'타인의 주의를 끌기 위해 내세우는 기발한 문구'를 말한다.

캐치프레이즈의 요소는 이런 것들이다.

- 내용의 핵심을 단적으로 표현할 것.

- 짧을 것.

- 눈에 띄기 쉬울 것.

- 인상적이고 강렬한 글귀일 것.

슬로건이
대중의 행동을 조작操作하는 선전에 쓰이는 문구라고 한다면,
캐치프레이즈는
타인의 주의를 끌기 위해 내세우는 기발한 문구다.

슬로건이 선동적이고 강한 이미지라면
캐치프레이즈는
좀 더 가볍고 부드러운
대중의 관심을 끌기 위한 문구라고 보면 된다.

내 삶의 캐치프레이즈를 정해보고,
나를 일깨우는 슬로건 하나를
마음에 심어보는 건 어떨까.

인터넷 항해 일지

미디어 혁명이라고 불리는 '블로그^{blog}'.
블로그는 어디서 온 말일까.
그리고 어떻게 시작됐고
어떤 의미를 지니고 있을까?

블로그는 원래 '웹로그'라는 이름을 가지고 있었다.
인터넷을 의미하는 '웹^{Web}'과
항해 일지를 뜻하는 '로그^{logs}'가 합쳐진 것으로
'인터넷 일기' 또는
'인터넷 항해 일지'라는 뜻을 지녔다.

그후 '웹로그'는
'Web' 중에서 'b'자만 따서
'블로그'라는 이름을 갖게 됐다.

'웹로그'라는 용어는
1997년, 로보트 위즈덤^{Robot Wisdom}이라는 웹로그를 운영하는
존 바거^{Jorn Barger}라는 사람이 맨 처음 사용했다.

새로 올린 글이 맨 위로 올라가는
일지의 방식이라면서
웹로그라는 이름을 붙였다.

그리고 블로그라는 용어는
1999년, 카메론 바렛^{Cameron Barrett}이 쓴 에세이
「웹로그의 해부」라는 글에서 유래했다.

블로그가 전 세계적으로 널리 알려진 계기는
이라크전쟁을 통해서다.
9.11테러 때도 그랬지만 이라크전쟁 때도
많은 사람이 홈페이지나 커뮤니티를 통해서
전쟁에 관한 글을 올렸다.
특히 블로그 사용자가 올린 글은 큰 반향을 일으켰다.
살람팍스^{Salam Pax}는
〈라에드는 어디에?〉 사이트에서
생생한 바그다드의 일상을 기록했다.
전 세계 네티즌에게 큰 호응을 얻었고,
세계 언론이 블로그 사이트를 집중적으로 조명하게 됐다.
그것이 블로그가 일반인에게 주목받는 계기가 됐다.

그후에도 생생한 현장 사진이나 정보를
기존 뉴스 매체보다 발 빠르게 인터넷 세상에 확산시키면서
'1인 미디어' 또는 '뉴스 게릴라'라는 별칭을 얻었다.

그러나 '항해 일지'라는 말에서 알 수 있는 것처럼
'네티즌이 웹에 기록하는 일기나 일지'라는 뜻이
가장 정확한 '블로그'의 뜻이라고 할 수 있다.

무엇을 기록할지는 사용자 마음,
사회적 문제나 영화에 대해 다룰 수도 있고
개인의 사소한 일상을 다룰 수도 있다.
이것이 곧 블로그인 것이다.

정보를 개인 자격의 시각으로 전하는 기자와 특파원,
그리고 1인 미디어로 자신의 의견을 전하고 싶은 일반인이
블로그로 몰려들었다.
그때 이미 미디어 혁명 시대가 열렸다.

또 하나의 세상을 보는 창
블로그.
블로그 창은
오늘도 유유히 세상을 항해 문을 활짝 열고
인생 바다를 항해 중이다.

소인국 나라의 이름

촉촉하고 달콤하게 입안을 감도는 '카스테라'.
카스테라의 이름은
어떤 유래를 가지고 있을까?

한 번 맛보게 되면
누구나 그 촉촉한 맛과 달콤한 매력에 푹 빠지게 되는
카스테라.
카스테라라는 이름은
나라 이름에서 유래한다.

지금의 스페인 영토인 옛날 소왕국 중에
카스테라라는 나라가 있었다.
수많은 성묘로 둘러싸인 카스테라 왕국의 사람들은
보드라우며 오랜 시간을 견디면서도
달콤촉촉한 과자를 좋아했다.

바로 지금의 카스테라다.

이웃 나라의 포르투갈 사람들은
카스테라 왕국의 사람들이 좋아하는 그 과자를 가리켜서
카스테라라고 비꼬았다.
국민성을 빗대서 비꼰 말이었다.

하지만 부드럽고 달콤한 그 맛에
포르투갈 사람들 역시 반하고 말았다.
결국 포르투갈 사람들도 즐겨 먹게 됐고
그 과자를 비하하며 비꼬던 포르투갈 사람들이
오히려 그 과자를 전파하기 시작했다.
그래서 차츰 카스테라는
유럽의 여러 나라로 알려지게 됐다.
그러다가 유럽의 여러 나라가
세계 도처에 식민지를 건설하게 되면서부터
카스테라라는 이름으로 전 세계에서 사랑받게 됐다.

카스테라가 동양까지 오게 된 것도
역시 포르투갈 사람에 의해서다.
1570년대쯤에 전해졌다고 하니까 그 역사가 참 오래됐다.

포르투갈에서 전해진 용어 중에는 '빵'도 있다.
'PANG'이라고 쓰고
포르투갈에서도 빵이라고 읽는 이 말은
영어인 'Bread'보다 훨씬 먼저 일본에 전해졌고
이것이 다시 우리나라로 들어온 것이다.

달콤하고 보드라우며 촉촉한 빵, 카스테라.

진한 커피와 어우러지는

그 맛의 유혹에 푹 빠져들고 싶다.

〈이슈〉

요즘 이슈가 되는 것 중에
꼭 알아둬야 하는 것들, 알아두면 대화가 통하고
논술에 필요하며
독서나 상식 쌓기에 도움이 되는 것들

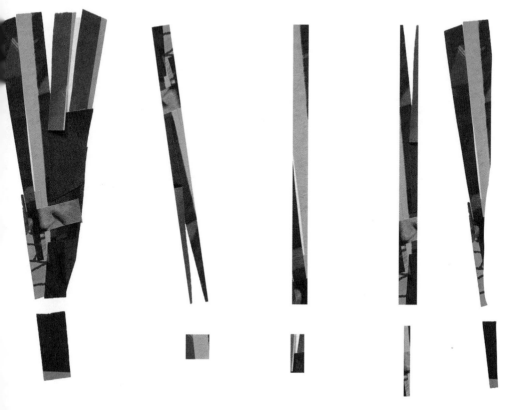

리드하고 싶다면 그들의 하인이 되라

리더십은 어떤 조직의 리더에게만 필요한 사항이 아니다.
현대인에게 꼭 필요한 덕목이 되어버린 '리더십'.
대학 입시에 리더십 전형이 있을 정도다.
그렇다면 리더십에는 어떤 종류가 있을까?

가부장적 리더십.
인기도 받고 싶고, 독재도 하고 싶은 리더십이다.
카리스마적 리더십.
거부할 수 없는 카리스마로 사람들을 압도하는 유형이다.
관리형 리더십도 있고, 성취형 리더십도 있다.

위의 네 가지는 이기적이고 일방적인 리더십의 유형에 속한다.
현대가 필요로 하는 리더십과는 거리감이 있다.
요즘은 자신을 낮추는 리더십으로 가는 추세다.

우선 코칭 리더십.
개개인의 숨은 능력을 개발하고 발전시켜
적재적소에 투입하는 리더십이다.

히딩크 감독이 적절한 예가 될 수 있겠다.

현대에 오면서 필요한 리더십의 형태가 있다.

바로 '서번트 리더십Servant Leadership'이다.

서번트 리더십Servant Leadership에서

'서번트'는

단어 그대로 '하인'을 말한다.

"존경받는 리더를 원한다면 과감히 하인이 돼라!"

이것이 서번트 리더십의 핵심이다.

이 용어는 1977년,

로버트 그린리프Robert K. Greenleaf라는 컨설턴트가

처음 소개했다.

그린리프는 서번트 리더십의 기본 아이디어를

헤르만 헤세Herman Hesse의

『동방으로의 여행Journey to the East』으로부터 얻었다고 한다.

이 소설 속에는 허드렛일을 하는 레오Leo라는 인물이 나온다.

여행 중에 모든 허드렛일을 맡아서 하던 레오가 사라지기 전까지

모든 일은 잘 되어갔지만, 그가 사라지자

일행은 혼돈에 빠지고 흩어져서 결국 여행은 중단되고 만다.

그저 심부름꾼으로만 알았던 레오가

정신적 지도자이며 훌륭한 리더라는 것을 알게 된 것이다.

역사상 가장 위대한 유산을 남긴

예수나 싯다르타, 슈바이처, 테레사 수녀,

마하트마 간디 등의 지도자도
서번트 리더들이었던 셈이다.

서번트 리더십은 책임과 권한보다는
가치와 사랑에 바탕을 두고 있다.
그리고 무조건적인 명령보다 신뢰와 믿음으로
구성원들이 소신껏 일할 수 있도록 지원하는 것이
리더의 조건이라고 제시하고 있다.

나보다 남을 먼저 생각하는 리더십.
부하 직원이나 종업원을
'부림의 대상'이 아니라
'섬김의 대상'으로 삼는 리더십.
서번트 리더십은
발전 전략, 성장의 키워드가 되어왔다.

서번트 리더십은
한 집단의 리더가 갖춰야 할 필수 덕목이기도 하지만
21세기를 살아가는 개개인의
삶의 원칙으로 삼아 봐도 좋지 않을까.

이기적인 웰빙족은 가라

한때 웰빙이라는 단어가 자주 오르내렸다.
그후 사회와 환경까지 생각하는
'로하스LOHAS족'으로
그 물결이 바뀌었다.

'잘 먹고 잘 사는 법'이 우리 사회의 화두가 된 것은
이미 한참 된 일이다.
그런데 '웰빙은 개인만의 건강과 행복을 추구하는,
이기적인 라이프스타일'이라는 문제도 제기됐고,
기업들이 마케팅 도구로 사용한다는 우려도 있었다.

그후 사람들은 로하스에 관심을 돌리게 됐다.
로하스는 '건강과 지속 성장성을 추구하는 라이프스타일
Lifestyle of Health and Sustainability'의 이니셜을 모은 용어다.
미국의 내추럴마케팅연구소가 2000년 발표한 개념이다.

웰빙족과 로하스족은
건강과 행복을 추구한다는 점에서는 비슷하다.

하지만 로하스족은
개인적인 웰빙만이 아니라 사회적인 웰빙까지
고려한 소비 패턴이라고 보면 된다.

이를테면 로하스족은
'건강과 환경이 결합된 소비자들의 생활패턴'이다.
예를 들면
웰빙 족이 자기 집의 실내만 깨끗이 하기 위해
공기청정기를 구입한다면,
로하스족은 사회 전체의 환경을 생각해서
친환경 제품을 구입한다.

로하스족의 소비 형태는 이렇게 볼 수 있다.

- 식품 구매는 유기농 상품으로 한다.
- 가격이 상대적으로 비싸더라도 친환경 상품을 구매한다.
- 에너지 효율적인 제품을 소비한다.
- 포장 용기 등이 재생 가능한지 살펴본다.
- 자신들이 추구하는 가치에 맞는 상품만을 찾는다.

'잘 먹고 잘 살자'보다는
'제대로 먹고 제대로 살자.'
그리고 '나와 함께 네 삶도 생각하겠다.'는 로하스,
이 시점에 다시 한 번 챙겨봐야 할 철학이다.

네가 잃어야 내가 얻는다

정치권에서도 그렇고,
경제 현상을 논할 때도 그렇고,
일반적인 사회 현상을 말할 때에도
'제로섬 게임Zerosum Game'이라는 말을 많이 한다.

용어 사전을 찾아보면
제로섬 게임은
'승자의 득점과 패자의 실점의 합계가 영零이 되는 게임'이라고
설명하고 있다.
풀어서 설명하자면
게임이 끝나고 나서 이익과 손해를 더해봤더니
'0'이 된다는 뜻이다.
내가 200을 이익 봤다면 상대방이 200을 잃은 것이고
결국 전체적으로 보면 플러스 마이너스 0이 되는 것.
그것이 제로섬 게임이다.

제로섬 게임은
1971년, L.C. 더로의 『제로섬 사회』가 발간되면서 유명해졌다.

무역수지의 왕래를 일종의 게임으로 볼 때
무역수지의 흑자국이 있으면 반드시
같은 액수의 적자국이 존재한다고 말하는 책이다.

제로섬 게임은 그렇게
경제학의 한 분야인 게임 이론에서 유래됐지만,
인간의 사회적 행동에 모두 적용된다.
그래서 다른 사람과의 이해득실을 계산하는 과정을
설명하는 데 사용하기 시작했다.

이를테면 스포츠의 경기 내용을 설명할 때에도 적용된다.
모든 스포츠 경기에서
한쪽이 이기면 다른 한쪽은 반드시 진다.
또 도박에서도
돈을 따는 사람이 있으면 반드시
그만큼 잃는 사람이 있다.

인생의 모든 일은 이렇게
제로섬 게임으로 이뤄진다.
이 제로섬 게임에서는
승자의 득점은 항상 패자의 실점을 가져오기 때문에
심한 경쟁을 야기하는 경향이 있다.

하지만 한쪽에 이득이 생겼어도
다른쪽에 별로 손해가 없는 관계도 있다.

이것을 '넌 제로섬 게임Non-Zerosum Game'이라고 한다.

모든 것을 제로섬 게임의 원칙에 적용하다 보면
급기야는 '사촌이 논 사면 배 아픈' 관계가 되어버린다.

'상대방이 잘 돼야 나도 잘되는' 윈윈win win 법칙,
'넌 제로섬 게임'의 법칙이
자주 이뤄졌으면 좋겠다.

흔한 것이 아름답다

한때 '키치^{Kitsch}' 패션이 유행했고
'키치' 광고나 '키치' 영화들이 인기를 끌었다.

키치는 독일어다.
'가짜 또는 본래의 목적에서 벗어난 사이비' 등을 뜻하는
미술 용어다.

'키치'라는 용어가 처음으로 유행하기 시작한 것은
1870년대 독일에서였다.
당시에는 예술가 사이에서
'물건을 속여 팔거나 강매한다.'는 뜻으로 쓰였다.
그러다가 갈수록 의미가 확대되면서
저속한 미술품이나 일상적인 예술, 대중 패션 등을 의미하는
폭넓은 용어로 쓰이게 됐다.

키치라는 용어가 쓰이기 시작한 데는
시대 배경이 있었다.
19세기 말, 유럽 전역은 급속한 산업화의 길을 걷고 있었다.

그 당시에는 대중 문화의 파급 속도도 빨라서
중산층도 예술품을 사들이려는 욕구가 강해졌다.
키치는 바로 그런 중산층의 문화 욕구를 만족시키는
그럴 듯한 그림을 비꼬는 의미로 사용하던 개념이다.

키치는 현대에 오면서 그 의미가 더 확대됐다.
고급 문화나 고급 예술과는 별개로
대중 속에 뿌리박은 하나의 예술 장르가 된 것이다.

그런가 하면 대중 문화나 소비 문화의 흐름을 형성하기도 했다.
1970년대 한국에서 유행한 촌티패션을 비롯해서
1990년대의 뚫린 청바지, 배꼽티, 패션의 복고 열풍 등도
키치 문화로 보고 있다.

절대적인 사상이나 근엄주의, 엘리트주의에
이제 사회는 존경의 시선을 보내지 않게 됐다.
지고의 아름다움보다는
흔하고 복사된, 대중적인 것들이 더 인기를 끌게 된 것이다.

다시 말하면 키치는
유치찬란한 것, 절대적인 가치를 지니지 않은 것,
흔한 것들에 대한 동경이고,
쓰레기 같은 것들에서 아름다움을 발견해가는 현상이다.

키치는 말해준다.

흔한 것이 아름다울 수도 있다고.

저속한 것에서도 아름다움은 스며 있다고.

아니, 아름다움에는

고급과 저급이 따로 없이 모든 것이 평등하다고.

못 생긴 게 죄인가요?

얼짱이니 몸짱이니 하던 시대를 지나
외모에 대한 신조어들이 만연하는 시대,
우리 사회를 지배하는 풍조로
'루키즘lookism'을 빼놓을 수가 없다.

루키즘.
우리말로 하면
외모지상주의, 외모차별주의로 번역된다.

1991년, 영국의 「런던 데일리 그래프」지紙는
외모에 의한 차별이
인종 차별, 성 차별, 연령 차별, 계급 차별의 정도와
똑같이 심하다고 지적했다.
그러면서 '현대인에게 가장 큰 압력으로 작용하는 것은
마약과 술, 섹스, 그리고 외모'라고 보도했다.

그런가 하면 1999년 옥스퍼드에서 발간한
『20세기 단어 사전』에서는

루키즘을

'외모에 기반한 편견 혹은 차별'이라고 분명히 정의를 내렸다.

하지만 이 용어가 본격적으로 쓰이게 된 것은

2000년 8월, 미국『뉴욕 타임스』의 칼럼니스트인

윌리엄 새파이어$^{William\ Safire}$가 언급하면서부터다.

그의 칼럼 「온 랭귀지$^{On\ Language}$」에서

인종이나 성별, 종교, 이념 등에 이어서

새롭게 등장한 차별의 요소로 '외모'를 지목했다.

인종차별주의^{racism}!

성차별주의^{sexism}!

그리고 연령차별주의^{ageism}!

여기에 한 가지 덧붙여 외모차별주의^{lookism}이

이 사회의 차별 요소라고 하면서

그는 외쳤다.

"이 세상의 못생긴 사람들이여, 단결하라!"

그때부터 루키즘이라는 용어가 널리 쓰이게 된 것이다.

일도 사랑도

외모가 그 성패를 결정짓는 시대.

그래서 누구나 '외모 히스테리'에 시달리는 듯 보인다.

심리학자 낸시 애트코프는

'루키즘은 가장 널리 퍼져 있으면서도

가장 인식되지 못하고 있는 차별주의'라고 하면서

미美의 권력화를 통탄한 바 있다.

'얼굴만 잘 생기면 다 용서할 수 있다.'는 풍조.
이대로 괜찮은 것일까?
"내면의 아름다움을 추구하라."
이 말은 이제
시대에 뒤떨어진 50년대식 낭만이 돼버린 것일까?

좋은 마음과 곧은 정신이
은은하게 외모에 베어나는
진정한 미인이 많아졌으면 좋겠다.

십 대 소년의 반항기

- 누구에게든 아무 말도 하지 말아라.

말하게 되면

모든 사람이 그리워지기 시작하니까… -

J.D. 샐린저의 『호밀밭의 파수꾼』에 나오는 구절이다.

마크 채프먼이 존 레논을 암살하던 순간

그의 손에는 『호밀밭의 파수꾼』이 들려 있었다.

그의 암살 동기를 묻자 그는 이렇게 대답했다.

"거짓과 가식에 대한 '콜필드'의 절규 때문!"이라고.

이 소설은 주인공 홀든 콜필드가 학교에서 퇴학당해

집에 돌아오기까지 며칠간 겪는 일들이 독백으로 진행된다.

청소년기에 있는 콜필드를 통해

사회의 거짓이나 위선을 꼬집은 작품이다.

엘리아 카잔^{Elia Kazan} 감독이 영화로 만들려고 했지만

작가인 샐린저가

"주인공 홀든이 싫어할까 봐 두렵다."는 이유로 거절하기도 했다.
영화 〈파인딩 포레스터〉는
『호밀밭의 파수꾼』한 작품만 남기고
은둔 생활을 하는 샐린저를 모델로 만든 영화로도 유명하다.

『호밀밭의 파수꾼』의 주인공 콜필드는
'냉소적인 반항아'의 대명사라고 할 수 있다.

청소년 문제나 젊은이들의 사고방식을 논할 때
등장하는 용어인 '콜필드 신드롬'은 바로
샐린저의 소설인
『호밀밭의 파수꾼』의 주인공 이름에서 나온 용어다.

그 책에서 툭툭 뱉듯이 던지는 '콜필드'의 어휘는
곧 십 대 사이에서 유행됐다.
사이먼 앤 가펑클, 빌리 조엘 등도 콜필드 신드롬에 빠졌고,
그린데이Green Day의 〈Who Wrote Holden Caulfield?〉,
오프스프링Offspring의 〈Get it Right〉과 같은 팝송에서도
콜필드에 애착을 들여다볼 수 있다.

발표된 지 50년도 넘었지만
지금도 많이 팔린다는 『호밀밭의 파수꾼』.
이 작품에서 나온 콜필드 신드롬은
'전형적인 십 대 소년의 반항기',
그중에서도 사회에 냉소적인 십 대들을

지칭하는 용어라고 할 수 있다.

제임스 딘을 연상케 하는 현대의 '콜필드'들…
그들은 먼 나라에만 있는 게 아니다.
상처받은 외로운 콜필드들이
내 주변에는 없는지 한 번 돌아보게 된다.

나는 누군가에게 감시당하고 있다

사회 상황을 이르는 시사 용어 중에
'빅 브라더Big Brother'는
어디서 온 말일까?

사회학적인 통찰과 풍자로 유명한
영국 소설가 조지 오웰George Orwell의 소설 중에
『1984』가 있다.
이 소설 속에서 '빅 브라더'는
텔레스크린을 통해 사회를 끊임없이 감시한다.
텔레스크린은
사회 곳곳에, 심지어는 화장실에까지 설치되어 있는데
소설 속에서 정보 독점을 통한 권력이나 사회 체제를
빅 브라더라고 일컫고 있다.

여기서 '감시'란 관리와 통제를 목적으로
개인 정보를 수집하는 일련의 행위를 말한다.
감시는 일반적으로 두 가지 의미를 갖고 있다.

그 하나는 '돌보기^{watch over}' 차원의 좋은 '감시'다.

그 하나는 '돌보기^{watch over} 차원의 좋은 '감시'다.
피감시자가 위험에 처하지 않도록 돌보거나
피해를 당하지 않도록 보호하려는 선의의 목적을 띠고 있고,
환난을 예방한다는 차원에서 정당성을 주장할 수 있다.

두 번째는 '통제' 차원의 나쁜 '감시'다.
사생활 침해를 가져오는 감시를 말한다.

빅 브라더 이론은
오웰의 그 소설 『1984』에서 나온 용어다.
우리는 항상 감시당하고 있고
이 세계는 극소수의 몇 명이 모든 것을 움직인다는 이론이다.

소설 『1984』에서 나왔던 70년대만 해도
빅 브라더의 실체는 무척 비현실적으로 보였다.
그러나 현대에 와서
비현실적인 것만은 아니라는 사실을 절감하고 있다.
소설 속에 나온 감시 체제가
실제 사회에서도 실현되기 시작한 것이다.

영화에서도 빅 브라더 이론이 소재로 사용됐다.
〈트루먼 쇼〉나 〈매트릭스〉〈마이너리티 리포트〉 같은 영화들이
빅 브라더 이론을 소재로 한 영화들이다.

어딘가 몰래 카메라가 장착돼 있는 건 아닐까?

누가 나를 지켜보고 있는 건 아닐까?

지극히 비현실적인 판타지라고 생각한 소설이나 영화가
현실이 돼버린 시대에 우리는 살고 있다.

경쟁의 바다, 미개척의 바다

기업의 동향이나 경제 상황을 살필 때
자주 등장하는 용어가 있다.
'레드 오션^{Red Ocean}', '블루 오션^{Blue Ocean}'이라는 용어다.

레드 오션은
'붉은 피를 흘리며 싸우는 경쟁 시장'을 말한다.
그 반대로 블루 오션은
경쟁이 없는 새로운 시장,
'푸른 바다와 같은 시장'을 의미한다.

블루 오션의 용어는,
프랑스 인시아드 경영대학원 김위찬 교수와
르네 마보한 교수의 공동 저서인
『Blue Ocean Strategy』을 통해서
처음으로 국내에 소개됐다.

'블루 오션 전략'에 따르면
푸른 바다^{Blue Ocean}는

'아무도 목표로 삼은 적이 없으며

거대한 성장 잠재력을 가지고 있는 미개척 시장'을 뜻한다.

하지만 붉은 바다^{Red Ocean}는

이미 존재하는 시장으로

경쟁 업체와 싸워 이겨야 살아남는 살벌한 시장을 말한다.

레드 오션의 회사들은 경쟁사보다 우위에 서려고 노력한다.

그러므로 시장에 경쟁사들이 많아질수록

수익과 성장에 대한 전망은 어두워진다.

결국 제품들은 일용품으로 전락하고

무자비한 경쟁 때문에 시장은

핏물로 가득 찬 레드 오션이 되어버리고 마는 것이다.

반면 블루 오션에서 시장 수요는

경쟁에 의해 얻어지는 것이 아니라 창조에 의해서 얻어진다.

이곳에는 높은 수익과 빠른 성장을 가능케 하는

엄청난 기회가 존재한다.

다시 말해 블루 오션은

높은 수익과 무한한 성장이 존재하는 파워풀한 시장이다.

예를 들면 '시르크 뒤 솔레이유'라는 서커스 회사가 있다.

사양화된 서커스 시장에서

엄청난 발전을 한 배경에는 블루 오션 전략이 있었다.

다른 서커스회사들이 서로 관객들을 유치하려고

비싼 곡예사들과 동물 조련에 돈을 투자할 때 그 회사는

문화 생활을 즐기는 성인들을 타겟으로 하고
동물쇼를 없애고 예술적 주제를 택하는 등
서커스이면서 서커스가 아닌, 새로운 시장을 개척했다.
그후 그 회사는 눈부신 성장을 기록했다는 것이다.

블루 오션을 국립국어원에서는
우리말 순화어로 '대안시장'으로 정하기도 했다.

창조의 힘이 막강한 경쟁력이 되는 시대!
푸른 바다에서 맘껏 수익 창출을 도모하는 블루 오션.
내가 내세울 수 있는 푸른 바다는 어떤 것일까.
눈부신 그 바다를 향해
내게 적당한 보폭으로 당당히 걸어가자.

쇼핑센터의 비밀 첩보원

신종 직업 중에 '미스터리 샤퍼^{Mystery shopper}'라는 직업이
관심을 끌고 있다.

미스터리 샤퍼는
자신의 신분을 감추고
일반 고객인 것처럼 매장을 방문해서
매장 직원들의 서비스를 평가하는 사람을 말한다.
일종의 특수 임무를 띤
기업의 비밀 첩보원이라고 할 수 있다.

미스터리 샤퍼는
매장 직원들이 눈치 채지 못하도록
손님인 것처럼 행동하면서도
온갖 까다로운 질문을 던져야 한다.
그에 따라 서비스 수준을 확인하고
개선할 점을 기업에 제안하는 직업인 것이다.

미스터리 샤퍼는

직원들이 물건을 훔쳐가는 것을 막기 위해
사립 탐정을 고용했던 것이 그 시작이었다.
그후 1940년대 윌마크^{Wilmark}라는 사람이
고객 서비스 평가에
'미스터리 쇼핑'이라는 용어를 사용한 것이
미스터리 샤퍼의 탄생이 됐다.

미스터리 샤퍼의 생명은
신분이 노출되지 않는 것이다.
그러기 위해서는 최대한 자연스럽게 행동해야 하는데
메모하는 것도 조심스럽기 때문에
머릿속에 잘 기억하는 것이 중요하다.

미스터리 샤퍼는
조사 대상 점포의 사전 정보를 미리 파악한 후
잠입해 들어간다.
그리고 직원들이 얼마나 서비스 정신을 갖고 있는지,
상품 지식은 얼마나 되는지,
점포는 청결한지 등을 전반적으로 평가한다.
그런 후에 각 항목에 객관적인 점수를 주고
보고서를 작성해 올리는 것이 업무의 내용이다.
음식점에 새로운 메뉴가 나오면
가장 먼저 맛을 보고 평가를 내리는 것도
미스터리 샤퍼의 역할이다.
또 은행의 친절 정도를 파악하기도 한다.

보통 마케팅이나 여론 조사 전문기업에서
모니터링 요원과 함께 운용하고 있다.
선진국에는 미스터리 샤퍼가 대중화돼 있는 만큼
전문적인 미스터리 샤퍼의 역할이 더 커질 것이다.

당신이 판매원이라면
지금 당신 앞에 있는 고객에게 아무리 짜증나더라도
최상의 서비스를 제공하시기를!
사실은 그가 일반 고객이 아니라
'특수 임무'를 띤 인물일 수도 있으니까.

명품으로 포장된 신용불량 공주병

현대인이 앓는 여러 가지 신경정신적인 증상을 말할 때,
가끔 인용되는 용어가 있다.
'보봐리즘'이다.

보봐리즘은
귀스타브 플로베르의『마담 보봐리』라는
소설에서 나온 용어다.

『마담 보봐리』의 줄거리를 간단하게 살펴보면
주인공인 엠마, 보봐리 부인은
시골 생활 속에 갇혀서 불만에 가득 차 지낸다.
보봐리 부인은 따분한 남편과 권태로운 전원,
평범한 생활 속에서 보봐리 부인은 늘
다른 곳, 다른 일을 꿈꾸며 이에 집착한다.

부인에게 현실은 늘 실패이며
과거와 미래만이 찬란한 것이었다.
실재하는 자신을 생각하려 하지 않았고

늘 환상 속에 자신을 대입하며
무질서한 생활을 하다 가산을 탕진한다.
절망에 빠진 나머지 엠마는 음독자살을 하고,
남편마저 파산지경에 이르고 삶에 절망한 나머지
아내의 곁으로 간다.

『보봐리 부인』의 줄거리는 이렇게 간단하다.
그러나 플로베르 특유의 문체,
'속은 뜨겁고 겉은 찬란한' 스타일 때문에
이 소설은 대단한 반향을 일으켰다.
『보봐리 부인』이 책으로 나온 1857년은
프랑스 문학사상 각별히 의미 있는 한 해가 됐을 정도다.
1857년을 '마담 보봐리의 해'라고 말하며
프랑스 문학의 상징처럼 여기고 있다.

이 소설에서 나온 단어가 '보봐리즘'이다.
풍부한 상상력과 허영심으로 자기 암시에 사로잡힌 나머지
실재하는 자신과는 다르게 자신을 인식하게 되는 증상을 말한다.
일종의 '환상이 자아내는 병'인 것이다.

현실에 대해 끝없이 불만을 가지면서 자신을 과대 포장한다.
그러니 남에게 거짓말을 하게 되고
그 거짓말에 스스로 속아 넘어가서
정말 거짓말 속의 자신처럼 느껴지는 증상을 보인다.

현실에 만족하지 못하고
늘 무지개 같은 환상과 꿈을 쫓는 보봐리즘.
그런데 우리는 보봐리 부인을 비웃을 수 있을까?
이 소설의 작가인 플로베르 자신도 이런 말을 했다.
"엠마 보봐리는 바로 나 자신이다."

어쩌면 내 안에도 어리석은 엠마 보봐리의 모습이
들어 있는지도 모르겠다.

소녀가 되고 싶어요

핑크색 칼라 휴대폰, 리본 달린 구두,

곰인형이 그려진 티셔츠, 핑크색 밴드의 테크노 마린 시계…

요즘 거리에서 흔히 보이는 여성의 패션 아이템이다.

십 대 소녀만이 아니다.

20대, 30대, 40대 여성까지도 모두

소녀처럼 어려 보이고 싶은 심리를 드러낸다.

그래서 소녀처럼 보이는 옷을 입고 소녀처럼 보이는

액세서리를 한다.

이런 소비 패턴을

'걸리시 소비자^{Girlish Consumer}'라고 한다.

'걸리시^{Girlish}'는

영어 단어의 뜻 그대로

'소녀처럼', '소녀의'라는 뜻이다.

패션계 동향을 보면

우아하고 성숙한 '레이디라이크 룩^{Lady-like look}',

숙녀처럼 보이는 옷들이 유행할 때도 있다.

그러다가 또 깜찍하고 발랄한 '걸리시 룩^{Girlish look}',
소녀처럼 보이는 옷들이 유행하는 시기도 있다.

동화 속 백설 공주 옷처럼 소매를 부풀린 블라우스,
폭이 풍성한 스커트,
귀여운 동물 그림이나 예쁜 일러스트레이션을 담은 재킷,
걸리시 룩이 거리를 메운다.
핑크빛 시계, 리본 달린 구두, 보석이 박힌 핸드백 등
걸리시 룩은
여러 가지 패션 아이템에도 적용된다.

걸리시 소비자는
성년이 된 후에도 소녀처럼 어려보이고 싶은 여성들,
그리고 더 여성스러움을 추구하는
여성 소비 계층을 의미한다.
패션만이 아니라 화장품, 문구류에서도
걸리시 소비자들이 존재한다.

지금도 초당 인형 세 개가 팔린다고 하는
바비 인형의 고객도
어린 소녀들만이 아니다.
오히려 30대 여성이
매출에서 큰 비중을 차지하고 있다고 한다.

걸리시 트렌드는

여러 가지 산업으로 확장됐다.

디지털 기기 시장은

검정과 회색 일색이던 제품에서 벗어나

핑크, 오렌지색 등과 같은 화려한 칼라와

앙증맞은 디자인을 선보이고 있다.

이렇게 걸리시 소비자들을 겨냥한 전략을

'걸리시 마케팅'이라고 한다.

걸리시 마케팅은

'프리티 앤드 핑크' 전략을 주로 사용한다.

제품 외양을 더 귀엽게 만들고,

소녀들이 좋아하는 만화 캐릭터를 넣든지

소녀적 느낌을 불러일으키는 핑크색 등을 주로 사용하는 것이다.

홍보 광고에도 10대 소녀들이 좋아하는 스타를 기용해서

선호도를 높인다.

부딪치고 있는 현실이 막막하고 칙칙할수록

밝고 화려하고 귀여운 것에서 위로받고 싶다.

언제나 소녀이고 싶다.

그 마음이 바로

걸리시 소비자들의 마음이 아닐까?

최고가 되고 싶은 남자들

긴 머리, 건강한 피부,
체격을 그대로 드러내는 의상과 화려한 액세서리…
우리가 사는 21세기에서
'패션'과 '치장'은 이제 여성의 전유물이 아니다.
"남자가 뭘 그런 걸 입어?"
"남자가 뭘 그런 걸 발라?"
이런 소리했다가는 시대착오적이라는 소리 듣기 십상이다.

미적 관심을 가진 남자들을
'메트로섹슈얼'이라고 하며
시대의 트렌드로 여겨왔다.
이른바 '예쁜 남자들'이 시대의 아이콘이 된 것이다.

하지만 신인류 남성의 진화는 거기서 끝나지 않았다.
'메트로섹슈얼'에서 한 단계 더 나아간
인류가 생겨났다. '알파 메일Alpha Male'이다.

알파 메일이라는 말은

광고업자인 맥캔 에릭슨이 그의 보고서에서 처음 사용한 말이다.

'알파Alpha'는 '처음의', '첫 번째의' 뜻을 가지고 있고

'메일Male'은 남성을 의미하니까

알파 메일은 '최고의 남자'를 뜻한다.

알파 메일은 원래 늑대 집단의 계층에서

최고 우두머리 수컷을 가리키는 용어이기도 하다.

알파 메일이라는 말을 처음 사용한 맥캔은

알파 메일의 가장 큰 특징을

'불안함'과 '불만족'으로 정의했다.

하지만 알파 메일들은

자신의 불안정함을 성공의 동력으로 사용할 줄 안다.

멋있는 외모와 날씬한 몸매를 위해 기꺼이 거금을 지급하고,

그를 통해 경쟁에서 승리하는 것이다.

패션과 명품에 관심을 갖는다는 점은

알파 메일도 메트로섹슈얼과 동일하다.

하지만 메트로섹슈얼이

패션과 치장 그 자체에 의미와 가치를 부여했다면,

알파 메일은

자신의 성공을 증명하는 '디저트' 격으로 여길 뿐이다.

알파 메일은

만족할 줄 모르는 에너지로 레이싱, 보팅boating, 경비행기 등

빠르고 위험한 경험을 즐기기도 한다.

맥켄은 이런 그들을

'아드레날린 버즈^{adrenalin buzz}',

'힘이 넘치는 남자'라고 지칭하기도 했다.

금융, IT 등의 영역에서 돈을 벌어들이는 '알파메일'.

21세기의 남성 아이콘이 된 이들은

오늘도 끊임없는 불만족을 채우기 위해

열정과 호기심을 친구 삼아

이리저리 바삐 이동하고 있을 것이다.

비싸면 다 좋아

비싸면 다 좋아!
비싸야 하는 심리,
똑같은 옷을 놓고도 싸면 안 사고 비싸면 사는 심리가
'베블렌 효과'다.

베블렌 효과는
미국 사회학자이자 경제학자인 베블렌Veblen이
1899년 저서 『유한계급론』에서 사용한 용어다.
그 책에서 그는
'상층 계급의 두드러진 소비는
사회적 지위를 과시하기 위해서 자각 없이 행해진다.'고 하면서
'과시적인 소비'를 지적했다.

'황금만능주의 사회에서는
재산이 많고 적음이 성공을 가늠하는 척도가 된다.'고
현실을 비판하기도 했다.
부유한 사람들이 자신의 성공을 과시하기 위해 사치를 일삼고,
가난한 사람들 역시 이를 모방하려고 열심인 세태를 꼬집었는데

그 설명을 위해 사용한 용어가 베블렌 효과다.

예를 들면 다이아몬드의 가격이 하락하면
수요는 증대하는 것이 아니라 반대로 감소하고,
가격이 상승하면 수요는 증대할 수도 있다는 것이다.
다이아몬드는 비쌀수록 허영심을 사로잡게 되는데
그 가격이 하락하면 대중이 누구나 손쉽게 살 수 있게 되므로
다이아몬드에 대한 매력이 없어진다는 것이다.
다시 말하면 남을 지나치게 의식하거나 허영심이 많은 소비자일수록
베블렌 효과를 크게 받게 된다.

1899년에 발표한 이 경제 효과는
더 그 가치를 발하고 있다.
유통가에서는 '귀족 마케팅'이 성행한다.
일반 손님 100명보다 부자 손님 1명을 잡는 게 남는 장사라는 것이
'귀족 마케팅'의 내용이다.

귀족 마케팅의 교과서로 불리는 경제학 이론이
베블렌 효과라고 할 수 있다.
유통업체들은 VIP 고객을 잡기 위한 아이디어를 짜내느라
연일 고심 중이다.

부자 손님들이 좋아할 만한 상품,
좀 더 고급스러운 명품 브랜드를 입점하기 위해서
서로 치열한 경쟁을 벌이고,

백화점들은 명품관의 수를 자꾸 늘려간다.

자신의 부를 과시하기 위한 소비 심리 때문에
일부러 더 비싼 제품을 선택하거나
품질이나 용도보다는
값비싼 특정 상표에 집착하는 소비 형태를 말하는
베블렌 효과.
일종의 '과시 효과'라고 보면 될 것이다.

가진 것을 오히려 부끄러워하면서
손님이 오면 비싼 물건은 보자기로 씌워 보이지 않게 했던
우리 선조들,
그들이 현대에 와서 베블렌 효과가 만연하는 세태를 보면
어떤 말씀들을 하실까.

하루 하나 상식

천천히 가는 느림보들

청춘의 특징은
스피드를 즐기는 것이라고 여겨왔다.
빠르게 달리고 싶어 하고,
빠르게 이루는 것을 추구하고,
빠르게 나오는 것을 먹고,
빠르게 만드는 것을 좋아하는 것이
젊은이의 생활 방식이라고 생각했다.

그러나 청춘 시기를
느리게 사는 것을 추구하는
'캔들족'도 많다.

이들은 크고 작은 모임들을 만들고
가끔 '촛불 축제'를 갖기도 한다.
이를테면 밤에 집안의 모든 전등을 끄고
촛불만 켠 채 생활하는 축제를 말한다.

이들은 음식을 통해 느린 삶을 실천하기도 한다.

인스턴트 제품은 절대 사양!

직접 요리를 하고

식재료를 살 때에도 원산지와 식품 첨가물을 반드시 확인한다.

그리고 가공된 음식을 아무 생각 없이 먹는 게 아니라

이 음식이 어디에서 왔는지,

이 채소 한 포기를 수확하기까지

얼마나 많은 사람의 수고가 있었는지 음미한다.

캔들족들은

목적 없이 걷는 느린 산책을 좋아한다.

플로그를 뽑아두는 것을 실천하고

자판기를 사양하고 작은 병에 물을 넣어 다닌다.

자전거 타기를 즐겨하고,

식사 시간에는 텔레비전이나 휴대폰을 끄고

천천히 남김없이 식사를 한다.

그러고 보면 이들은

환경운동가들이라고도 할 수 있겠다.

촛불을 켜고 천천히 식사하고

촛불을 켜고 책을 읽고

촛불을 켜고 대화를 나누는 캔들족.

가끔 촛불을 켜는 작은 음악회를 열어

조용한 노래들을 감상하는 캔들족.

빠르게 달려가는 것보다

천천히 걸어가는
느림보들의 발자국이 많아질수록
지구의 공간은 더 넓어지지 않을까.

불운의 마녀를 처단하라

'현대판 마녀 사냥을 당했다.'거나
'마녀 사냥을 하듯'… 이런 말들을 종종 접한다.
'마녀 사냥'은 무엇을 의미하는 것일까?

'심야에 빗자루를 타고 마녀 집회에 나가서
악마와의 결탁 아래 사회에 재앙을 가져온다.'
마녀는 주로 이렇게 표현됐다.
마녀에 대한 이런 이미지는
마녀 사냥 시대에 성립된 것이다.

마녀 사냥은 15세기 초부터 시작돼서
16세기말에서 17세기까지가 전성기였다.
종교계의 이단들, 즉 마법사들을 처형한,
이른바 종교 재판이었다.

그 당시의 사회 배경을 보면
종교전쟁, 30년전쟁, 악화되는 경제 상황,
기근, 페스트와 가축들의 전염병이

당대 농촌 사회를 휩쓸었던 불행의 요소들이었다.

사람들은 불행이 계속되자

"왜 이런 일들이 계속 일어나게 됐나?"

납득할 만한 이유를 찾아내게 됐다.

그들은 마침내

"이런 불행은 모두

불순한 사람들인 마법사와 마녀의 불길한 행동 때문이다!"

이렇게 단정지었고

그들을 향한 처형을 시작했다.

마녀 사냥은 유럽 전역으로 급속히 확산됐다.

처음에는 마법의 유형에 따라 죄목이 달랐지만

나중에는 단지 '마녀'라는 것 자체만으로

엄벌을 받았다.

독일, 영국, 프랑스, 스위스, 핀란드, 에스파냐 등에서 일어난

마녀 재판을 1만 건 이상 분석한

로버트 무쳄블래드의 통계 자료에 따르면

마녀로 기소된 사람 가운데 거의 절반이 처형됐다고 한다.

마녀 사냥의 주된 공격 대상은

과부, 즉 여성이었다.

중세 사회에서는 그렇게

마녀라는 이름의 희생양을 통해

그들의 불만과 불안을 대리해소했다.

그러면서 '우리는 저들과 다르다.'는

사회적인 통합 기제로 사용하기도 했다.

이 마녀 사냥은 18세기를 기점으로 서서히 사라져갔다.
그러나 지금도 현대판 마녀 사냥이
우리가 사는 이곳에서 일어나고 있다.

남자는 절대 울어선 안 돼!

외모에 집착하는 남성들을 말할 때
자주 쓰는 용어가 있다.
'아도니스 콤플렉스adonis complex'다.

'아도니스Adonis'는
그리스 로마 신화에 등장하는 인물이다.
어느 날 '에로스'가 화살을 가지고 놀고 있을 때
'아프로디테'가 외출에서 돌아왔다.
그런데 어떻게 하다 보니
아들인 에로스의 금빛 화살에 찔리고 말았다.

아프로디테는 엉뚱한 사람을 사랑하면 안 되겠기에
화살의 효력이 떨어질 때까지 잠시 숨어 있기로 하고,
깊은 숲속에 간다.
그때 사냥을 하던 아도니스와 아프로디테가 마주치게 된다.
둘은 첫눈에 반하고 말았다.

아도니스는

여신이 반할 정도로 아름다운 체격과 모습을 가진 것으로
많은 미술 작품에서 묘사가 됐다.
여기서 아도니스 콤플렉스라는 용어가 나왔다.
남성들이 외모 때문에 갖는 강박관념이나 우울증을
지칭하는 용어인
'남성 외모 집착증'이라고 할 수 있겠다.

2001년, 해리슨 G. 포프 등이 쓴 『아도니스 콤플렉스』에는
이런 현상을 사회적 신드롬으로 규정했다.

이 책에 따르면 미국의 남성 수백만 명이
근육질 몸매를 만들어야 한다는 강박관념에 사로잡혀 있고,
수많은 젊은이가 근육 강화제를 복용하고 있다고 했다.
하물며 초등학생들까지
자신의 신체에 불만을 가져 우울증에 빠진다는 것이다.

그런가 하면 남자는 절대 눈물을 보여선 안 된다.
남자는 죽을 때까지 주위 사람들을 책임져야 한다.…
남자다움을 강조하는 사고방식이
남성 콤플렉스, 아도니스 콤플렉스를 낳고 있다고 지적한다.

이렇게 '남자는 남자다워야 한다.',
'남자는 남자다운 체격과 남성미를 갖춰야 한다.'는
사회적 압박이 남성들의 육체적, 정신적 건강을
위협하는 스트레스로 작용하고 있다고 한다.

남자답다는 것이 외모에 있을까?

그리고 남자는 절대 눈물을 흘리지 않는다거나

남자는 누군가를 책임져야 한다는 것에

남성의 가치를 실을 이유가 있을까?

우먼도 맨도 아닌 휴먼,

인간 그 자체의 가치는

결코 신화 속의 인물에 있지 않다.

내 파랑새는 어디에 있을까?

직장인의 풍속도를 말할 때,
자주 오르는 용어가 있다.
'파랑새 증후군^{Bluebird Syndrome}'이다.

파랑새 증후군은
벨기에 극작가이자 시인인 메이털링크의 동화극인
〈파랑새〉에서 나온 말이다.

〈파랑새〉는 이런 내용을 가지고 있다.
크리스마스 전날
어린 남매 치르치르와 미치르의 꿈속에
요술쟁이 할머니가 나타난다.
할머니는 병든 딸을 위해 파랑새를 찾아달라고 한다.
두 남매는 파랑새를 찾아서
개와 고양이, 빛과 물, 빵, 설탕 등의 님프를 데리고 길을 떠난다.
그들은 추억의 나라, 밤의 궁전, 숲, 묘지, 미래의 나라 등을 헤맸지만
끝내 파랑새를 찾지 못하고 돌아온다.

그런데 그것은 꿈이었고 깨고 나니
집에 있는 새장 안에서 기르고 있던 새가 바로
행복을 뜻하는 파랑새라는 사실을 알게 된다.
이것이 동화극 〈파랑새〉의 내용이다.
행복은 멀리 있는 것이 아니라
아주 가까이에 있다는 것을 말해준다.
바로 그 동화에서 파랑새 증후군이라는 말이 나왔다.

파랑새 증후군은 동화극 〈파랑새〉의 주인공처럼
미래의 행복만을 몽상한다.
그러면서 현재의 할 일에는 전혀 정열을 느끼지 않는 현상을 말한다.
현재에는 불만족하면서 새로운 이상만을 추구하며 사는 것이다.

이런 현상은 요즘 젊은이 사이에 아주 많이 볼 수 있다고 한다.
예를 들면 일류 기업에 입사해놓고
얼마 안 있어 나와서 새로운 공부를 시작한다.
그래서 새로운 자격시험을 목표로 공부한다.
그런 다음 그 목표를 달성하면
다시 또 얼마간 일하다가 "내 갈 길은 이게 아니야." 하면서
나와서 또 다른 공부를 시작한다.

그렇게 "내 꿈은 이게 아니야."
"난 이런 데서 일할 사람이 아니야." 하면서
자꾸 일자리를 옮겨 다니는 현상을
파랑새 증후군이라고 한다.

취업대란이 심한데도
신입사원 이직률이 갈수록 높아지는 이유가
파랑새 증후군에 있다고 한다.

"내 파랑새는 어디에 있을까?" 하며
파랑새를 찾아 세상을 다 헤매다가 돌아오니
우리 집 문밖에 파랑새가 있더라는 이야기.
동화 속에서만 일어나는 이야기일까?
행복은, 사랑은, 멀리 있는 게 아니라
내 마음 속에 있는데
우리는 어디를 바라보며 무엇을 추구하는 것일까.

연상의 여인이 좋아요

연상녀, 연하남 커플이 트렌드가 된 지 오래다.
결혼 커플 중에 연하남이 차지하는 비중이
높아지는 현상을 '드메 신드롬'이라고 한다.
그리고 여성의 나이가 남성의 나이보다 많은 커플을
'드메 커플'이라고 말한다.

드메는 어디서 온 말일까?

19세기 초, 프랑스 파리에
연상의 여성에게만 사랑을 고백하고 다니는
드메라는 청년이 있었다.
드메는 늘 연상의 여인만을 좋아했고
연하의 여인이나 동갑내기들에게서는
그 어떤 매력도 느끼지 못했다.

어느 날 드메는 쇼팽의 연인이자 소설가인
조르주 상드 George Sand 를 찾아간다.
그리고 상드에게 "사랑이 어디에 있느냐?"고 물었다.

상드가 건성으로 대답했다.

"샘 속에 있을지도 모르지."

드메는 상드의 그 말을 그대로 믿고 샘으로 뛰어들었다.

이런 일화가 사람들의 입에 오르내리게 되면서

연상의 여인만을 사랑했던 청년 드메를 붙여

드메 커플이라는 용어가 생기게 된 것이다.

역사적으로 보면

나폴레옹 1세와 조세핀^{Josephine}이 드메 커플이다.

그리고 쇼팽과 상드는

여섯 살 차이가 나는 드메 커플이었고,

릴케와 루 살로메는 14살의 나이 차를 극복하고

오랫동안 연인 관계를 유지했다.

우리나라에서도

드메 커플이 많이 늘고 있다.

이런 현상을 드메 신드롬이라고 한다.

언제부턴가 우리 사회는

남자는 당연히 연하의 여성을,

여자는 연상의 남성을 찾는 것을 당연시하게 됐다.

이것도 하나의 편견이다.

우리나라에도 조혼 문화가 있었고,

전쟁이 있어서 징집이 이뤄지던 때에는
어린 남자와 연상의 여자와의 결혼이 행해졌다.
어느 시대에나 있는 것이 드메 커플이다.

요즘에야 드메 커플들을 바라보는 시선이 좋아졌지만
과거에는 시선이 곱지 않았다.
사랑에는 국경도 없다.
하물며 단지 숫자에 불과한 나이가 무슨 상관이랴.
마음의 여유와 포용력, 너그러운 관용과 따뜻한 미소,
드메 신드롬은 그런 것을 원하는 심리의 반영이다.

죽거나 혹은 지거나

신문의 정치면에는
가끔 이런 내용이 실린다.

- 어느 한쪽이 양보하지 않을 경우
양쪽이 모두 파국으로 치닫게 되는 '치킨 게임'이 본격화했다.-

종종 신문 정치면을 장식하는 용어 치킨 게임은 무엇일까?

치킨 게임은
1950년대 미국 젊은이 사이에서 유행하던
자동차 게임의 이름이었다.
제임스 딘James Dean이 주연한 1955년 영화
〈이유 없는 반항〉에 나오기도 했다.
이 게임은
한밤중에 도로의 양쪽에서 경쟁자 두 명이
자신의 차를 몰고 정면으로 돌진하다가
충돌 직전에 핸들을 꺾는 사람이 지는 경기다.

그러니까 핸들을 꺾은 사람은 겁쟁이로 몰려
명예롭지 못한 사람으로 취급받는 게임인 것이다.
어느 한쪽도 핸들을 꺾지 않을 경우에는
게임에서는 둘 다 승자가 되지만 결국 충돌하게 되면서
양쪽 모두 자멸하게 되는, 아주 위험한 게임이다.

이 용어는 1950년대부터 1970년대
미국과 소련 사이의 극심한 군비 경쟁을 꼬집는 용어로 차용되면서
국제정치학 용어로 굳어지게 됐다.

요즘은 정치학만이 아니라
극단적인 경쟁으로 치닫는 여러 가지 상황에 모두
'치킨 게임'이라는 용어를 인용한다.

그렇다면 왜 치킨이라는 단어가 들어가는 걸까?
영어로 '치킨chicken'은
대개 부정적인 뜻으로 쓰인다.
속어로 '애송이', '겁쟁이'를 뜻하고,
군대에서는 '신병'이나 '쓸데없는 규정'을 뜻하는 단어다.
또 'chicken head'는 '머리 나쁜 사람'을 뜻하고,
'닭이 먼저냐 달걀이 먼저냐.'는
'chicken-and-egg'로 표현한다.
그러니까 '치킨 게임'에서의 '치킨'은
'겁쟁이', '애송이'를 뜻하는 것이다.

어느 한쪽도 양보하지 않고
극단적으로 치닫는 치킨 게임.

조화와 타협, 화합 대신에
갈등과 반목, 충돌로 치닫는 사회를 일컫는
치킨 게임은
이제 어떤 뉴스에서도 보고 싶지 않다.

미국이 기침하면 우리나라는 독감에 걸린다

- 중국 베이징에 있는 나비의 날갯짓이
다음 달 미국 뉴욕에서 폭풍을 발생시킬 수도 있다.-

이것이 바로 '나비 효과'다.

미국의 기상학자 에드워드 로렌츠^{E. Lorentz}가
1961년, 기상을 관측하다가 생각해낸 이 원리는
카오스 이론으로 발전했고,
여러 가지 학문 연구에 쓰이고 있다.

나비 효과라고 불리는 이런 현상은
'작은 변화가 결과적으로
엄청난 변화를 초래할 수 있는 경우'를 말하는 것이다.

자연계에서는 다양한 소용돌이가 일어나는데
큰 사건을 보게 되면
처음엔 아무런 느낌도 감지되지 않았던
아주 작은 변화에서 비롯된다는 뜻이다.

따지고 보면
날씨와 기상에서만이 아니라
모든 분야에서 적용된다.

요즘은 세계화 시대이기 때문에
'나비 효과'가 더 강한 힘을 갖는다.

정보의 흐름이 빨라지면서
지구촌 한 구석의 미세한 변화가
순식간에 전 세계적으로 확산된다.

북경의 나비 한 마리가 작은 날갯짓을 퍼덕였는데
미국에 허리케인을 가져올 수 있고
미국이 기침하면
우리나라가 독감에 걸릴 수도 있는
그런 시대에 우리는 살고 있다.

의사 진행을 방해하라

정치 뉴스에서 가끔 만나는 용어 중에
'필리버스터'가 있다.

필리버스터의 어원은
네덜란드의 '해적'에서 유래했다.
우리말로 번역하면
'의사 진행 방해'라고 할 수 있다.

즉 '의회 등에서 여러 가지 방법을 써서
합법적으로 의사 진행을 방해하는 일
또는 그 방해자'를 말한다.

예를 들면
질문이나 발언을 길게 해서 자기 당에 유리하게 한다던가,
규칙에 대해서 계속 발언하면서 시간을 끈다던가,
각종 동의안과 수정안을 연속적으로 제의하면서
그 설명을 길게 한다던가,
출석 거부나 자리를 이탈해서

의결정족수를 미달하게 한다던가 하면서
의사 진행을 지연하고 방해하는 행위다.

필리버스터의 대표적인 예로는
1992년 유엔 평화 유지 활동 'PKO' 협력법안 처리 과정에서
일본의 사회당 등 소수파가 보여준
우보 전술,
'소 걸음처럼 늦게 행동하는 전술'이 있었다.

투표함이 있는 여섯 계단을 올라갈 때
계단마다 제자리걸음을 하거나 옆걸음질하고,
투표함에 이르러서는
투표지를 잊어버린 양 온몸을 뒤지느라 시간을 끌고,
투표지를 손수건처럼 꺼내
앞뒤로 땀을 닦는 등의 전략으로 시간을 끌었다고 한다.
이 PKO 법안의 표결은
일본 의장 사상 최장 기록인 열 세 시간이나 걸렸다.

이렇게 의사 방해가 무제한으로 자주 용납되다 보면
국회 기능은 사실상 마비되고
국회에 대한 국민의 불신을 유도하는 결과를 낳기도 한다.

지금은 많은 국가가
의원들의 발언 시간을 제한하고
의사 진행을 방해하지 못하도록 법과 규칙을 강화하고 있다.

우리나라도 최근까지

정치 뉴스에 등장한 용어, 필리버스터.

목적의 달성을 위해서는

수단과 방법을 가리지 않는다는 것이 과연 옳은 것일까.

풀 수 없는 매듭은 잘라버려라?

풀어야 할 굉장히 어려운 문제를 들어서
'고르디우스의 매듭'이라고 말한다.

- 알렉산더 대왕이 고르디우스의 매듭을 자르듯 풀어버린다.-

이런 인용구도 보게 된다.

고르디우스의 매듭 유래는 이렇게 시작된다.
기원전 359년, 마케도니아의 왕위에 오른 필립Philip은
강력한 통일 왕국을 만들고 막강한 상비군을 가지게 됐다.
그는 개별 도시 국가로 분열돼 있던 그리스를 통합해서
페르시아를 정복할 계획을 세웠다.
하지만 그는 암살되고
그의 아들 알렉산더가 20세 나이로 왕위에 올랐다.

알렉산더는 마케도니아 그리스 연합군을 이끌고
동방 원정길에 올랐는데
페르시아군을 몰아낸 알렉산더는

소아시아의 중앙에 있는 고르디우스에 들어섰다.

이 도시에는 제우스 신전이 있었다.

이 신전의 기둥에는 짐수레 한 대가 단단히 묶여 있었다.

"이 매듭을 푸는 사람이 아시아를 지배한다."

이런 전설이 내려오고 있었다.

하지만 그 매듭은 너무 절묘하게 묶여 있었기 때문에

그 누구도 풀지 못하고 있었다.

이 이야기를 들은 알렉산더는 신전으로 가더니

허리에 찬 칼을 뽑아 들고 단칼에 그 매듭을 베어버렸다.

매듭을 푼 것이 아니라 난폭하게 잘라버린 것이다.

고르디우스의 매듭을 풀지 않고 잘라버린 것은

알렉산더와 그의 제국의 미래를 보여주는 것이었다.

이제 거칠 것이 없는 알렉산더는

이집트를 정복하고

나일강 하구에 '알렉산드리아'라는 그리스식 도시를 건설했다.

도시는 그후 세계 최대의 도시로 번성했다.

세계를 정복하는 꿈을 추진해갔던 알렉산더.

그러나 바빌론에서 아라비아 원정을 준비하던 알렉산더는

말라리아에 걸려 32세의 나이로 죽고 말았다.

그가 죽은 후 알렉산더의 대제국은 혼란에 빠졌다.

통치권을 둘러싼 권력 다툼 끝에

세 나라로 나뉘고 만다.
이 세 나라도 끊임없이 대립했다.

알렉산더는 전설처럼 아시아의 정복자가 될 수 있었다.
하지만 그가 잘라버린 고르디우스의 매듭처럼 그의 제국도
그가 죽은 후 조각조각 잘려 나가고 말았다.

아무리 풀기 어려운 매듭도 차근차근 풀어야 한다고,
무력으로 잘라버리면 결국에는 끝이 좋지 않다고
역사는 말해준다.

인질범과 인질의 사랑

범죄 심리를 말할 때, 언급되는 용어 중에
'스톡홀름 증후군Stockholm syndrome'이 있다.

스톡홀름 증후군이라는 용어는
1973년의 한 사건에서 생긴 것이다.

1973년 8월, 스웨덴의 스톡홀름에서
은행 강도 사건이 발생했다.
은행 강도들이 여러 명을 인질로 잡고
6일 동안 경찰과 대치한 사건이었다.
경찰의 작전으로 6일 후 강도들은 잡혔고
인질들은 풀려나게 됐다.

그런데 인질로 붙잡혀 있던 한 여성이
그 은행 강도 중의 한 명과 사랑에 빠지게 된 것이다.

이 사건이 알려지면서
인질로 잡혔던 사람들이

인질범과 특수한 관계를 형성하면서,
경찰보다 인질범의 편을 들어주는 현상을
스톡홀름 신드롬이라고 부르게 됐다.

스톡홀름 증후군은 세 단계를 거쳐 일어난다.
먼저 인질들은
인질범들이 자신을 해치지 않는 것을 고마워하고
그들에게 온정을 느끼기 시작한다.
그리고 그들을 구출하려고 시도하는 경찰들에게
오히려 반감을 느끼게 되고,
다음에는 인질범들도 그들의 인질에게
긍정적인 감정을 느끼게 된다.

결국 인질과 인질범들은
두려움을 같이 하는 '우리'라는 믿음이 생겨난다.

그런가 하면 스톡홀름 신드롬과 반대되는 현상도 있다.
인질범이 인질에게 동화되는 현상인데
이런 현상을 '리마 신드롬Lima syndrome'이라고 한다.

리마 신드롬은
1997년, 페루의 리마에서
반정부조직 요원들이 127일 동안 인질들과 함께 지내면서
차츰 인질들에게 동화돼서
가족과 안부 편지를 주고받고, 미사 의식도 열었다고 한다.

그 사건에서 유래한 용어다.

인질이 인질범을 사랑하게 된다,
또는 인질범이 인질에게 동화되어 간다.
이런 범죄 심리는 영화나 드라마 속에서도 종종 다뤄진다.

사람이 사람에게 정이 들어가는 이유가
참 다양하다.

검은 고양이든 흰 고양이든 쥐만 잘 잡으면 된다

중국의 경제 정책을 말할 때, 자주 쓰는 용어가 있다.
'흑묘백묘黑猫白猫론'이다.

'흑묘백묘'는
'검은 고양이든 흰 고양이든 쥐만 잘 잡으면 된다.'는
뜻을 가지고 있다.
중국의 개혁과 개방을 이끈 덩샤오핑鄧小平이
1979년, 미국을 방문하고 돌아와 주장하면서 유명해진 말이다.

원래 흑묘백묘는
중국 쓰촨성四川省 지방의 속담인
'흑묘황묘黑猫黃猫'에서 유래한 용어다.

흑묘백묘와 비슷한 뜻의 한자성어로
'남파북파南爬北爬'도 있다.
'남쪽으로 오르든 북쪽으로 오르든
산꼭대기에만 오르면 그만'이라는 뜻이다.

흑묘백묘론은
고양이 빛깔이 검든 하얗든
고양이는 쥐만 잘 잡으면 되는 것처럼
자본주의든 공산주의든 상관없이
중국 인민을 잘 살게 하면 그것이 제일이라는 뜻이다.

'부유해질 수 있는 사람부터 먼저 부유해지라.'는
'선부론先富論'과 함께
흑묘백묘론은
덩샤오핑의 경제 정책을 잘 대변하는 용어다.

흑묘백묘론은
1980년대 중국식 시장 경제를 대표하는 용어로 자리 잡았고,
덩샤오핑의 이런 개방 정책에 힘입어서
중국은 비약적인 경제 발전을 거듭했다.

경제 정책은 흑묘백묘식으로 추진하고,
정치는 기존의 공산주의 체제를 유지하는
정경분리의 정책을 통해서
세계에 유례가 없는 '중국식 사회주의'를 탄생시킨 것이다.

그 결과 최근까지 이어지는 고도 성장을 통해
중국 내 갑부가 급격히 증가하게 됐다.
그에 따라 빈부의 격차가
전 세계 유래를 찾기 힘들 정도로 발생했다.

사회주의 중국 인민들에게
'부자가 되는 것은 영광스러운 일'이라는
실리적인 인식을 심어준 덩샤오핑.
그가 '죽은 뒤에도 중국을 통치한다.'고 얘기되고 있는 이유는
지금의 중국이
그의 설계 도면대로 전개되고 있기 때문일 것이다.

존경과 조롱 사이

영화가 개봉되기 전에 감독과의 인터뷰에서 보면
'오마주hommage'라는 표현을 가끔 만나게 된다.
"누구누구의 작품을 오마주했다."

오마주는,
프랑스어로 '존경', '경의'를 뜻하는 말이다.
영화에서는 보통
후배 영화인이 선배 영화인의 재능이나 업적을 기리면서
감명 깊은 대사나 장면을 본떠서 표현하는 것을 말한다.

예를 들면 오우삼 영화를 보고 감독되려는 생각을 했다는
쿠엔틴 타란티노.
〈펄프픽션〉으로 유명해진 그는
〈저수지의 개들〉 등에서
오우삼 스타일의 권총 액션 장면을 각색해서 삽입했는데
오마주의 대표적 장면이라고 할 수 있다.

우리나라 영화 속에도 오마주는 쓰인다.

장준환 감독의 〈지구를 지켜라〉는

감독 자신이 밝힌 대로

병구의 캐릭터에서는 〈미저리〉의 여주인공 캐시 베이츠를,

병구의 집안을 묘사하는 장면은 〈양들의 침묵〉을,

병구의 연인 순이는 〈길〉의 젤소미나를 인용했다.

오마주는 이렇게

'아주 유명한 영화의 아주 유명한 감독에게 바치는

존경의 뜻으로 넣는 장면'

이 정도로 생각하면 된다.

그렇다면 '패러디parody'는 무엇일까?

패러디는

요즘은 영화나 개그 프로그램, 쇼 프로그램에서 많이 쓰이고 있지만

원래는 문학 작품의 한 형식이다.

패러디의 본래의 정의는

'원본을 조롱하는 모방을 만들어내기 위해

원본의 양식적 고유성을 이용하고

그들의 특이성과 기벽성을 포착'하는 것이라고 보면 된다.

'패러디'와 '오마주'는 반대되는 의미인 셈이다.

똑같이 원전을 흉내 내는 것이지만

'오마주'는 존경을, '패러디'는 조롱을 담고 있는 것이다.

고대 그리스의 풍자시 「히포낙스」가

패러디의 시조始祖이고,

세르반테스의 『돈키호테』는

중세 '기사도 전설'의 패러디라고 할 수 있다.

그렇다면 오마주와 패러디와 구별되는 '표절'은 무엇일까?

오마주와 패러디는

'누구의 어느 작품에서 따온 것이다.'는 것이 명확하고,

만든 사람 자신도 그것을 밝힌다.

그러나 표절은

슬쩍 한 장면이나 내용을 차용해오는 것이다.

표절해놓고 "이것은 오마주다!" 이렇게 외치는 일은

한여름에 두꺼운 외투를 입고 나가

"지금은 겨울입니다!"라고 외치는 것과 비슷할 것이다.

내가 누릴 수 있는 최대의 자유

'아나키즘'이 제목에 들어간 책이 꽤 있다.
『개인주의적 아나키즘』, 『아나키스트의 초상』,
『아나키즘, 내 안의 상상력』 등…
그런데 아나키즘의 의미는 무엇이고, 그 어원은 어떻게 될까?

아나키즘의 어원은
고대 그리스어인 '아나 코스$^{an\ archos}$'에서 온 것이다.
즉 '권력이 없다.'는 뜻이다.
러시아 언어에서 유래했다는 설도 있다.
'아나키스트^{Anarchist}'는 말 그대로
'아나키즘(무정부주의)'을 신봉하는 사람들이다.

'아나키즘'이라는 용어를 처음으로 사용한 사람은
루이 아르망 드 라옹탕이다.
1703년, 인디언의 생활을 기술한 그의 저서에서 그는
'국가가 없는 사회'를 '아나키즘'이라고 썼다.

그후 '아나키즘'은 '무정부주의'라는 말로 통용됐다.

국가와 법, 감옥이나 권력, 재산 등이 없는 사회를 지칭하는 말이다.

아나키즘은 이렇게 주장한다.
첫째, 인간은 원래 선善의 능력을 가진 착한 존재인데
관습이나 제도, 권력이 인간을 타락하게 만든다.
둘째, 인간은 사회적인 존재로서
자발적으로 서로 협력할 때 가장 인간다워진다.
셋째, 국가나 사유 재산은 사람들을 타락시킨다.
따라서 사유 재산과 같이 개인의 욕망이 더해질 수 있는 요소는
제거해야 한다.
넷째, 이러한 사회적 억압의 요소를 제거하기 위해서는 혁명이
필요한데, 이 혁명은 조직적으로 이뤄지는 것보다는
인민들이 자연스럽게 일어나는 방법이 가장 좋다.
다섯째, 산업과 같은 기계 중심 문화보다
인간이 우선되는 인간 중심 문화가 이뤄져야 한다.

아나키즘의 사상가들, '아나키스트'는 참 많다.
스토아철학의 창시자인 제논,
자유주의자인 훔볼트나 J. S. 밀,
자율적인 협동을 강조한 고드윈,
재산을 도둑이라고 정의한 프루동
모든 폭력에 반대하며 무저항주의를 내건 톨스토이 등은
아나키즘의 거장들이다.

우리나라에서는 일본 제국주의 아래서 독립 쟁취의 수단으로

무정부주의운동이 전개됐다.

1922년, 박열朴烈 등이 일본에서 조직한 '풍뢰회風雷會'가

한국 무정부주의운동의 기원이었다.

아나키즘이 혼란이나 무질서 등을 의미하는 말로 사용되기도 한다.

아나키즘을 신봉했던 아나키스트들도

자신들의 뜻대로 사회가 돌아가지 않자

폭력적인 수단을 사용하게 됐다.

결국 국가와 대중으로부터

혁명가라기보다는 테러리스트라는 오명을 더 많이 뒤집어 써야 했다.

무정부주의 사상을 간단하게 요약하면

'개인의 자유를 최상의 가치로 내세우고

그에 대한 모든 억압적인 힘을 부정하는 사상'이라고 할 수 있다.

내가 누릴 수 있는 최대의 자유,

아나키스트만이 아니라 누구나 꿈꾸는 삶의 가치다.

어른이 되어야만 하나요?

'우리 사회에 모라토리움 인간형이 늘고 있다.'는
기사를 가끔 보게 된다.

'모라토리움'은 원래 금융 용어다.
라틴어로 'morari',
'지체하다'라는 뜻에서 파생된 말이다.
'대외 채무에 대한 지불유예支拂猶豫'를 말한다.

이런 금융 용어를 심리학에 처음 사용한 사람은
독일 심리학자 에릭슨Erikson이다.
그는 '모라토리움 인간'이라는 용어를
이렇게 정의했다.

- 지적, 육체적, 성적인 면에서 성인 노릇을 다 할 수 있으면서도
사회인으로서의 책임과 의무를 짊어지려 하지 않는 사람이다. -

다시 말하면
'사회인으로서의 의무와 책임의 지급을 유예당하고 있는 상태'를

모라토리움 인간이라고 정의했다.
에릭슨은 1960년대에 들어서면서
이 모라토리움 인간형의 젊은층이 부쩍 늘었다고 주장했다.
노동과 납세가 성인의 의무인데 정작 성인이 됐으면서도
성인의 의무에서 면제된 청년기에 머무르려고 하는 사람들이
늘고 있다는 것이다.

이들의 특징은
사회에 대해 '아웃사이더'적인 방관자 의식을 지니고 있다.
어떤 집단에 대해서도 귀속 의식이 희박하고
사회적인 자아 정체성이 약한 것이 특징이다.

모라토리움 인간이라는 말과 비슷한 말인
'패러사이트족'이라는 말도 많이 쓰였다.

'패러사이트족' 그러니까 '기생충족'은
대학까지 졸업한 20대 중 후반의 젊은이들이
납세나 생계의 의무를 부모에게 맡긴 채
부모로부터 독립하지 않으려고 하는 현상을 말한다.
이들은 능력을 갖췄으면서도
편의점이나 패스트푸드점에서
저임금 임시직 노동을 하면서
그저 용돈이나 벌며 살아간다.

'패러사이트족' 역시

모라토리움 인간의 한 형태라고 할 수 있다.

요즘 우리 사회에도 모라토리움 인간들,
몸은 어른인데 정신은 어린아이인 사람들이
참 많아진 듯하다.
그들은 외친다.

"어른이 돼야만 하나요?"

격하게 축하해요!

스포츠 경기를 보다 보면
'헹가래' 치는 장면이 많이 나온다.
또 졸업식 장면 등에서도
헹가래 치는 장면을 볼 수가 있다.

헹가래의 어원은 어디서 온 것일까.

헹가래라는 말을 외래어로 알고 있는 사람도 많지만
헹가래는 순우리말이다.

지금은 보기가 쉽지 않지만 농기구 가운데
'가래'라는 것이 있다.
삽 모양으로 생겼는데 나무로 된 날에다 자루까지 박혀 있다.
가래는 밭의 이랑을 짓거나 농로를 보수하거나
또는 집터 고르기 등을 할 때
흙을 퍼서 옮기는 용도로 주로 사용했다.

여러 사람이 협동 작업을 하는 도구이기 때문에

가래꾼들은 본격 작업에 앞서서
손을 맞추기 위해서 가래를 쳐보곤 했다.
이 동작을 실전이 아닌 연습이라고 해서
'실'의 반대인 '허'를 써서 '헛가래'라고 했다.

'헛가래'가 '헌가래'로,
다시 '헨가래'로 변했다가 '헹가래'가 된 것이다.
이렇게 가래로 흙을 파기 전에 가래질을 하는 사람들끼리
손이 잘 맞나 안 맞나 미리 맞춰보는 것을
'헹가래를 친다.'고 했다.
여럿이서 한 사람을 들어올렸다 내렸다 하며
사람의 활개를 쥐고 흔드는 것이 마치,
가래질하는 헹가래와 비슷하다고 해서
'헹가래'가 유래됐다.

'헹가래'를 사전에서 찾아보면,
- 좋은 일을 당한 사람을 치하하거나
잘못을 저지른 사람을 벌주는 뜻으로,
여럿이 그 사람의 네 활개를 번쩍 들어 내밀었다 당겼다 하거나
위로 던져 올렸다 받았다 하는 짓-
이렇게 일컫고 있다.

벌을 줄 때에는
여럿이 팔다리를 벌려 잡고 내밀었다 당겼다 하고,
축하할 때에는

허공으로 높이 던져 올렸다 받았다 하는 것.

좋은 일을 해낸 사람을 헹가래를 치며 축하하는 장면,
흔히 볼 수 있다.
월드컵 경기 때, 우리 선수들이 우르르 달려가
히딩크 감독을 들어 올려 헹가래 치던 장면은
아직도 생생히 떠올릴 수 있다.

축하의 헹가래를 받을 일이
많이많이 생기기를 바란다.

푹 빠져들었어요

우리 사회를 지배하는 현상 중에서
'팬덤' 현상이라는 말이 자주 오르내리고 있다.
'팬덤 문화'라는 말도 자주 언급된다.

팬덤은 광신자를 뜻하는 '퍼내틱fanatic'의 '팬fan'과
영지, 나라 등을 뜻하는 접미사 '덤-dom'의 합성어다.
여기서 퍼내틱은
라틴어 '파나티쿠스fanaticus'에서 유래한 말이다.
'교회에 헌신적으로 봉사하는 사람'을 말한다.

하지만 그 뜻이 변해서
'특정한 인물이나 분야를 열성적으로 좋아하거나 몰입해
그 속에 빠져드는 사람'이라는 뜻을 지니게 됐다.

그러니까 팬덤의 의미는
이렇게 보면 될 것이다.
'어떤 대중적인 인물이나 분야에 지나치게 편향된 사람들.'

팬덤 현상은 텔레비전의 보급과 함께
대중 문화가 확산되면서 나타난 현상이다.
'팬덤'이 문화적 영향력을 행사하면서
'팬덤 문화'라는 말도 탄생했다.

우리나라에서는 1980년대 초부터 등장했다.
가수 조용필의 '오빠부대'가
한국 팬덤의 시초라고 볼 수 있다.
이어서 가수 서태지가 청소년의 우상으로 떠오르면서
1990년대의 팬덤 문화를 낳았다.

그후 수많은 팬클럽이 등장했다.
그러면서 "청소년 문화는 곧 팬덤문화다."
이렇게 보는 학자들까지 생겨났다.

특정 연예인을 위한 팬클럽이 생기면서
팬클럽 사이에 집단 충돌이 일어나고,
특정 연예인을 상대로 한 스토킹은 물론,
사이버테러와 같은 부정적 현상도 많아졌다.
일부에서는 팬덤을 하위 문화로 취급하기도 했다.

하지만 팬들 간의 교류와 연대 의식은
스트레스에 지쳐 있는 사람들의 욕구 불만을 해소하는
일종의 '해방구' 역할을 하고 있다고 보는 견해도 많다.
또 팬덤은 즐거움을 목표로

기존에 존재하지 않던 새로운 문화를 만들고 있다고 보는
견해도 있다.

우리나라의 BTS에 대한 팬덤은
전 세계에서 뜨겁게 퍼져나간다.
이제 팬덤은 예전의 10대들의 치기 어린 몰입이 아닌
행복해지고 싶은 모두의
푸른 문화 운동이 되고 있다.

사랑을 위해 왕관을 버렸다

사랑을 위해 가진 모든 것을 포기한다?
과연 이런 사랑이 존재할까?
하지만 사랑을 위해 왕관을 버린 사랑도 있었다.
에드워드 8세와 심프슨 부인의 사랑이다.

1936년 12월 11일, 영국 국왕 에드워드 8세는
전국 방송을 통해 이런 연설을 한다.

"사랑하는 여인의 도움과 지지 없이는
무거운 책임을 이행해 나가기가
나로서는 불가능하다고 깨달았습니다."

그렇게 과감하게 왕관을 내려놓고
그날 밤, 바로 외국으로 가버린 에드워드 8세.
사랑이냐, 왕관이냐 중에서
사랑을 택한 용감한 사랑.
세기의 사랑이라고 불리는 이 사랑은 어떻게 시작된 걸까?

에드워드 국왕으로 하여금
사랑을 위해 왕위까지 내놓게 한 심프슨 부인은
1927년 미국 해군 이른바와 이혼한 경력이 있었다.
그리고 1928년, 어니스트 심프슨과 다시 결혼하면서
'심프슨'이라는 성姓을 얻었다.

심프슨의 수기를 보면
그들의 만남은 1930년 10월에 시작됐다.
윈저 공은 '베니'라는 귀부인의 초청을 받고
그 부인의 별장으로 사냥을 가게 된다.
그런데 마침 베니의 모친이 위독하게 돼서
베니는 친구인 심프슨 부인에게
황태자를 영접해달라고 부탁하게 된다.
그렇게 둘의 사랑은 시작됐고
사랑이 무르익게 되었다.
그때 윈저 공은 41세의 노총각이었고,
미국 여인 심프슨은 39세의 이혼녀였다.

그후 1936년 1월, 부왕이 서거하면서
윈저 공은 '에드워드 8세'라는 이름으로
대영제국의 국왕이 된다.
에드워드 8세는 왕위에 오르고 난 후
영국 왕실이 심프슨 부인을 받아들이게 하기 위해서
모든 노력을 다했다.
그러나 영국 황실과 의회, 종교계가 완강하게 거부했다.

당시 그의 유일한 동지는 이미 퇴역한 윈스턴 처칠 경 뿐.
처칠 경은 그의 이임사의 연설문을 도와주기도 했다는 후문이 있다.

윈저 공은 결국 대영제국의 왕위를 버린다.
그리고 사랑을 택한다.

윈저 공은 1937년 6월 3일,
프랑스에서 심프슨 부인과 결혼한다.
그후 영국에 들어오지 못하고
영국 주변을 맴돌기만 하던 두 사람은,
사망한 이후에 나란히 영국 원저 궁 뜰에 묻히게 된다.

왕관도 내려놓게 하는 사랑.
그 모든 것이 사랑이 없이는 무의미하게 느껴지는 사랑.
단 한 번이라도 이런 사랑을 경험하고 싶다는 꿈을
많은 이의 가슴에 심어준,
소설 같은 세기의 러브 스토리다.

일정 시점까지의 보도금지

신문과 뉴스에 등장하는 용어 중에 '엠바고'가 있다.
"엠바고를 어겼다."

엠바고를 『영어사전』에서 찾아보면
embargo, '출항금지', '봉쇄'라고 그 뜻이 나온다.
엠바고의 용어는 원래
한 나라가 상대편 나라의 항구에
상업용 선박이 드나드는 것을 금지하도록
법으로 명령하는 것을 뜻했다.

하지만 요즘은 주로 매스 미디어 용어로 사용된다.
'취재 대상이 기자들을 상대로
보도 자제를 요청하거나
기자실에서 기자들 간의 합의에 따라
일정 시점까지 보도를 자제하는 행위',
이렇게 해석할 수 있겠다.

간단히 말하면

'일정 시점까지의 보도 금지'라고 보면 된다.

이것은 특정 사안의 발표를 유보한다는 뜻이기도 한데
특종 기사나 기밀의 발표를 금지하거나 유보하는 것이다.

엠바고에 대해 논란도 가끔 일었다.
취재 편의주의다, 취재 대상 봐주기다…
이런 비난에 따라 언론계 내부에서도
엠바고의 지속 여부를 두고 논란이 일었다.

국민의 알 권리를 침해한다는 차원의 논란도 있고,
언론사의 특종 경쟁에 엠바고가 얽히면서
여러 가지 문제를 불러일으키기 때문이다.

일례로 모 신문사에서
국내 과학자들이 세계 최초로
사람 난자에서 줄기세포를 배양해냈다는 기사로
엠바고 논란을 일으킨 적도 있었다.

엠바고와는 다른 뜻으로,
'오프 더 레코드off the record'라는 말도 많이 한다.
'보도 자제'가 아닌
'보도 금지'를 묵시적으로 인정하는 경우다.

예를 들어 취재 대상이 인터뷰하기 전에

오프 더 레코드를 요구하기도 한다.

하지만 이 경우에는

취재 기자가 오프 더 레코드를 꼭 지켜야 할 의무는 없다.

그래서 또 문제가 터진다.

결국 의무와 매너…

둘 사이에서 일어나는 일들이다.

직업의 유목민들

현대인의 직업 의식을 논할 때
가끔 '잡노마드족族'이라는 용어가 등장한다.

잡노마드족의 의미를 보면
'직업을 따라 유랑하는 유목민'이라는 뜻을 지니고 있다.
직업을 뜻하는 'job'과
유목민을 뜻하는 'nomad'가 결합된 신조어인 것이다.
일을 좇아 이곳저곳 직장을 옮기는
일종의 '사회 부작용 현상'으로 이해하면 될 것이다.

요즘은 이 용어가
사회 부작용 현상만이 아닌 시대적 흐름이 되고 있다.

직장인 열 명 중에 네 명은
한 직장, 한 업종에 얽매이지 않고
욕구와 능력에 따라 직장과 지역, 업종을 선택하는
잡노마드족인 것으로 나타났다.

잡노마드족의 특징은
어디서 일하느냐보다
무엇을 하느냐를 중요하게 생각하고 있다.

"내가 나를 고용한다!"
이런 자세를 지니고 있는 사람이 많은 것이다.

또 경기 침체와 취업난 때문에
전공 과목 외에도 자신에게 필요한 강의를 들으러
이곳저곳 유랑하는 취업 유목민도
잡노마드족이라고 한다.

잡노마드족들이 몰리는 강의는
토익과 취업 강좌, 그리고 경영학, 세 가지라고 한다.

한 우물을 파라는 말은
낡은 말이 되어버린 세상,
여러 우물을 파는 것이
젊은이들의 직업관이며
시대의 흐름이 된 지 오래다.

인생을 이끌어주는 지도자

기업에서만이 아니라
학교에서도 이 제도가 많이 사용되고 있다.
'멘토mentor' 제도, '멘토링Mentoring'이다.

다른 사람을 돕는 좋은 조언자나 상담자, 후원자를
멘토라 하고,
멘토의 상대방이 되는 사람은
'멘티mantee' 또는 '멘토리mentoree'라고 한다.
그리고 멘토의 활동을
멘토링이라고 한다.

멘토라는 말의 기원은
그리스 신화에서 비롯됐다.
고대 그리스 이타이카 왕국의 왕인 오디세우스가
트로이전쟁을 떠나며
자신의 아들인 텔레마코스를 보살펴 달라고
한 친구에게 맡긴다.
그 친구의 이름이 멘토였다.

멘토는 친구 오디세우스가 전쟁에서 돌아올 때까지
텔레마코스의 친구 역할, 선생님 역할,
그리고 상담자 역할도 하면서
때로는 아버지가 되어 텔레마코스를 잘 돌봐줬다.
그후 멘토라는 그의 이름은
'지혜와 신뢰로 한 사람의 인생을 이끌어주는 지도자',
이런 의미로 사용하게 됐다.

멘토링은 기업에서도 활발히 사용되고 있다.
회사나 업무에 대한 풍부한 경험과
전문 지식을 갖고 있는 사람, 멘토가 1 : 1로 전담해서
구성원 멘토리를 지도, 코치, 조언하면서
실력과 잠재력을 개발, 성장하는 활동이다.
많은 기업이 도입하는 '후견인 제도'가
멘토링의 전형적인 사례다.

또 대학에서도 멘토 제도를 도입하고 있다.
어느 방면에서 활발하게 활동하는 선배가
그 직업을 원하는 후배를 1 : 1로 전담해서
지도하고 코치해주고 있다.

미국 전 대통령 클린턴^{Clinton}은 그의 저서인
『Connecting』에서 멘토링을 이렇게 정의하기도 했다.

– 한 사람이 다른 사람에게 나눔으로써 영향을 끼치는

일종의 관계적인 경험이다. -

이렇게 멘토 제도는 많은 장점을 가진 것은 분명하다.

그러나 멘토 제도는 사실,
21세기가 얼마나 개인주의 시대인지를
역(逆)으로 나타내주기도 한다.
이제 직장 선후배나 학교 선후배의 인연도
하나의 평생 책임 제도로 맺어야 하는,
인연도 제도로 묶어야 하는,
그런 시대가 돼버린 것일까.

깨끗한 손들

정치 자금에 대한 수사나
정치 비리에 대한 기사가 나올 때
'마니풀리테'라는 용어가 등장한다.

정치 토론에도 등장하고
신문 기사나 시사 뉴스에 인용되는
'마니풀리테'.

이 용어는 이탈리아에서 왔다.
'마니mani'는 이탈리아어로 '손'의 복수형이다.
그러니까 '손들'이라는 뜻이고,
'풀리테pulite'는 '청결한'이라는 형용사다.
그러니까 '마니풀리테'는
'깨끗한 손들'이라는 뜻이다.

전 세계적인 시사 용어인 마니풀리테는
'부정 부패 없는'이라는 뜻으로 사용되고 있다.

그렇다면 왜 '부정 부패 없는 정치'에
깨끗한 손들이라는 용어인
'마니풀리테'가 쓰이게 됐을까?

'마니풀리테'는
정치 권력에 대한 부패를 수사하며
이탈리아 정치 개혁을 이끌었던 밀라노 검찰을 지칭하는 말이었다.
밀라노 검찰을 지칭하는 말인
'마니풀리테'에는 그 유래가 있다.

1990년대 초, 이탈리아의 한 시립 양로원 원장이
비리 혐의로 구속이 됐다.
구속된 양로원 원장은 당시
이탈리아 총리였던 크락시의 친구였는데
밀라노 검찰은 양로원 원장을 조사하면서
정치 권력과 거미줄처럼 연결되어 있다는 것을 포착하게 됐다.
그리고 연립여당에 대한 전면적인 수사를 실시하게 됐다.

당시 수사를 이끌었던 대표적인 인물로는
피에트로 검사를 들 수 있는데
그는 연립여당 정치인에 대한 수사를 진행하면서
각종 이권 사업과 관련된 국회의원들과 장관, 시장들을
모조리 구속했다.

그때 이탈리아 국민은 밀라노 검찰에 지지를 보내며

깨끗한 손들, '마니풀리테'라고 부르게 됐다.

그 당시 최고 권력자였던 이탈리아 총리인 크락시는
수사망이 좁혀오자 망명을 해버렸는데
결국 40년 동안 권력을 유지하며 온갖 부패를 일삼았던
기민당-사회당 연립정권은 붕괴되고 말았다.
'마니풀리테'라 불리는 밀라노 검찰은
이탈리아 정치권의 검은 돈에 대한 수사를 통해서
이탈리아의 정치 개혁을 이끌게 된 것이다.

이탈리아 신문에는
제2의 마니풀리테가 필요하다…
이런 기사들이 종종 눈에 띈다고 한다.

부정 부패 없는 깨끗한 정치를 뜻하는 마니풀리테.
이 용어는 비단 이탈리아만이 아닌
세계인이 바라는 희망사항이 아닐까.

인기영합정책

세계적으로 선거를 앞두고 항상
언론에 떠오르는 단어가 있다.
'포퓰리즘Populism'이다.

Populism이란,
popular파퓰러와 ism이즘의 합성어다.
한마디로 해석하자면
'인기영합정책'이라고 할 수 있다.
대표적인 예로 아르헨티나의 에비타 페론이 있다.
그래서 포퓰리즘을 다른 말로 '페로니즘'이라고도 한다.

1945년 민중혁명으로 대통령에 오른 후안 페론과
그의 부인 에바 페론은
국민이 만들어준 대통령이고
그들은 국민의 뜻을 가장 중시했다.
그들은 노동자의 복지 향상, 임금 인상 등으로
아르헨티나의 영웅으로 추대됐다.
하지만 결국 아르헨티나는

고임금과 복지비 부담으로 엄청난 부채를 지게 됐고,
경제는 파탄의 길을 걸어야 했다.

포퓰리즘이 위험한 것은
국가의 미래를 위험하게 할 우려가 있는 정책이라고 해도
현재의 국민에게는 이익이 된다는 점이다.
그래서 미래를 내다볼 수 없는 인간의 한계가
나라의 미래를 위험하게 만드는 데에
포퓰리즘의 위험성이 있다.

포퓰리즘이라는 말이 처음 나오게 된 것은
1890년 미국에서 시작됐다.
그 당시 미국의 양대 정당인
공화당과 민주당에 대항하기 위해 생겨난 당이 인민당이었는데
인민당은 농민과 노조의 지지를 얻기 위해서
경제적 합리성을 도외시한 정책을 표방하고 나섰다.
그때부터 포퓰리즘이라는 말이 나왔다.

선거에서 표를 의식해서
경제 논리에 반해 선심성 정책을 펴는 것.
이것이 포퓰리즘의 대표적인 경우에 속할 것이다.
그러니까 실현 가능성이나 필요성에 관계없이
대중의 입맛에 맞는 인기를 얻기 위한 정책을 내놓는 경우를 말한다.

선거 때마다 포퓰리즘이 어느 정도 작용하고 있는지,

꼼꼼하게 따져봐야 한다.
국민이 똑똑해야 나라가 산다.

맛있는 것만 쏙 골라먹는 사람들

홈쇼핑이 인기를 끌게 되면서
신경제 용어들이 등장했다.
'체리 피커Cherry Picker'라는 말도 그중 하나다.

체리 피커라는 말은
'맛있는 체리만 골라 먹는 사람'을 일컫는 말이다.
카드로 물건을 구매하지는 않으면서
각종 할인이나 무료 서비스만 꼬박꼬박 챙겨가는 회원을
카드사에서는 '체리 피커'라고 부른다.
그러니까 '얌체 회원' 정도로 볼 수 있겠다.

이런 고객은 카드사에만 있는 게 아니라 쇼핑몰에도 있다.
고가의 옷을 주문해 모임 장소에 입고 다녀온 뒤
반품을 요구하는 사람,
집들이를 앞둔 신혼부부가
고가의 가구를 구입했다가 집들이가 끝나면 반품하는 사람,
경품을 노리고 무더기 주문을 한 뒤
당첨되지 않은 상품은 반품하는 사람 등…

체리 피커들의 반품 사례는 아주 다양하다.
기업의 입장에서는 '울며 겨자 먹기'로
반품을 해주는 실정이라고 한다.

기업의 입장에서 '고객 제일 주의'를 실천하기에는
참 얄미운 고객이 체리 피커들인데
기업들은 이들을 차별적으로 관리하는
'디마케팅Demarketing'에 힘쓴다.

신용 카드사는 서비스를 대폭 줄이고 있고,
홈쇼핑 업체들은 블랙 리스트를 만들어
공동 대처하는 방안도 강구한다.

"고객이라고 다 같은 고객은 아니다.",
"회사에 손해를 끼치는 고객은 과감히 배제하겠다."는 생각인데
매출보다 수익이 중요해진
경영 흐름을 보여주는 현상이다.

신포도는 싫다!
체리를 다오!

달콤한 체리만 골라먹는 체리 피커,
불황을 이기는 지혜일까,
이 시대의 진상일까.

똑똑한 군중

군중의 사회 참여도를 말할 때,
'스마트몹'이라는 용어를 심심찮게 볼 수 있다.

'똑똑한'을 뜻하는 '스마트smart'와
'군중'을 뜻하는 '몹mob'의 합성어인 스마트몹.
이 용어는 2002년 10월,
테크놀러지 전문가인 미국의 H. 라인골드가 출간한 책
『스마트몹Smart Mobs』에서 처음 소개됐다.
'우매한 군중'이나 '고독한 군중'과 대비되는
똑똑한 '참여 군중'이 스마트몹이다.

산업화 이후에
대량 생산과 대량 소비의 대상으로 전락해버린 군중.
하지만 이제 그들은
휴대전화나 메신저, 인터넷, 이메일 등의 네트워크 기기로
무장해서 똑똑하고 능동적인 주체로 거듭나고 있다.
스마트몹들은
기업의 마케팅 대상에 머물지 않고

기업의 마케팅 활동에 직접적으로 참여한다.

그들은 휴대전화, PDA, 인터넷, 메신저 등
첨단 기술을 바탕으로 긴밀한 네트워크를 이루고 있다.
그래서 자신들에게 필요한 제품 아이디어를 제시하는가 하면,
원하지 않는 제품에 대해서는
가차없이 혹독한 평가를 내린다.
경우에 따라서는
온라인과 모바일을 통한 불매 운동도 불사한다.
반면 이들의 입맛을 맞춘 상품은
엄청난 속도로 확산되는 특성을 가진다.

우리나라에서는 국내 1위 온라인 게임회사가
스마트몹의 불매운동으로 골머리를 앓은 적이 있다.

또 같은 제품을 쓰는 소비자들이 모여서
커뮤니티를 형성하기도 한다.
이런 스마트몹의 출현 때문에
기업의 마케팅 현장은 더욱 복잡하고 바빠졌다.
제품 기획 단계부터 고객들을 참여시켜야 하는 것은 물론이고,
스마트몹의 트렌드를 잡아내기 위해서
촉수를 곤두세워야 하는 것이다.

모 휴대전화 회사는 신제품 개발 과정에서 이미
스마트몹들을 참여시키고 있고,

온라인상에 떠도는 소비자들의 불만을 매일 수집해서
대응책을 만드는 기업들도 늘어나고 있다.

똑똑한 군중의 힘, 그 화끈한 맛을 보여주는 스마트몹!
그들이 원하는 것은 단 하나,
기본에 충실한 기업의 정직한 상품일 뿐!

중장년층을 잡아라

여러 분야의 소비 계층을 말하는 용어 중에
'머츄리얼리즘'이 있다.

기존의 소비 시장은 주로 젊은 세대가 주도했다.
그러다 보니 젊은 소비 시장에서 중년층들은
만족을 느끼지 못하게 됐다.
늘 바쁘게 앞만 보며 달려온 세대.
이제 자식들도 앞가림은 하고 생활의 안정도 찾았다.

"그런데 나는 어디 있지?"
이런 회의를 느껴가는 중장년층들은
자신의 삶을 적극적으로 가꾸기 위한 상품을 찾게 됐다.
이런 소비 패턴을 지칭하는 말이
'머츄리얼리즘'이다.

'성숙하다'라는 뜻의 'Mature'와
'realism'의 합성어인 머츄리얼리즘은
소비 코드를 말하는 조어라고 할 수 있다.

'머츄리얼리즘'의 바람은
공연 시장에서부터 시작됐다.
영화 〈실미도〉와 〈태극기 휘날리며〉를 시작으로
뮤지컬 〈맘마미아〉, 〈와이키키 브라더스〉와 같은 뮤지컬도
중장년층 덕에 성공을 이뤘다.
이러한 현상에 따라서 〈7080 콘서트〉가 기획됐고,
중장년층을 위한 가요 프로그램이나 콘서트도
높은 시청률을 자랑하게 됐다.
트로트 광풍도 중장년층의 힘이 한 몫 단단히 했다.

문화에 중심에는 늘 10대나 20대가 자리하고 있었지만,
이젠 하나의 문화 메이커로서
중장년층의 움직임이 시작되고 있는 것이다.

생활의 안정을 누리면서 삶의 질에 관심이 높아져 가게 된
'4564세대'는
이른바 '와인 세대'로도 불리는데
'머츄리얼리즘'은
자신의 품격과 관심에 맞는 상품 소비를 위해서라면
프리미엄급 제품이나 전문가용 제품도 서슴없이 구매한다.
또 여가를 즐기고 취미를 개발한다.

이제 업계에서도 그들이 황금 타깃이 되어가고 있다.
머츄리얼리즘 세대의 입맛을 맞추려는 시장의 움직임은
각 곳에서 일어나고 있는데

화장품, 의상, 구두, 제빵, 식당 등에도
머츄리얼리즘의 바람은 불고 있다.

머츄리얼리즘 세대는
함께 영화를 보러 가고,
젊은이들이 북적대는 레스토랑에서 동창들을 만난다.
이제 4564세대는
젊은 층의 뒤에 있는 '서브 타깃'이 아니라
또 하나의 강력한 '메인 타깃'이 된 것이다.

제2의 인생을 위한 머츄리얼리즘,
문득 노사연의 노래 가사가 생각난다.
늙어가는 것이 아니라 익어가는 거라는…

세 마녀의 날

증권가 소식을 접할 때, 자주 듣는 용어 중에
'트리플 위칭 데이^{Triple Witching Day}'가 있다.

트리플 위칭 데이는 어떤 날을 말하는 것일까?

트리플 위칭 데이를 그대로 번역하면
'세 마녀의 날' 정도로 해석이 될 것이다.

증권 시장에는 현물 시장과 파생 시장이 있다.
또 파생 시장에는 선물 시장과 옵션 시장이 있다.
이 선물과 옵션은
매월 두 번째 목요일이 만기일인데
선물 만기는 3월, 6월, 9월, 12월… 이렇게 1년에 네 번 있고,
옵션 만기는 매달 두 번째 목요일이다.

트리플 위칭 데이는
증권 시장에서
지수선물, 지수옵션, 개별옵션 등

세 가지 주식 상품의 만기가 동시에 겹치는 날을 뜻한다.
말 그대로 '세 명의 마녀'들이 널뛰기를 하면서
현물 시장을 어지럽히게 되는 것이다.

대체적으로 트리플 위칭 데이에는
투자 심리가 위축되면서 약세장이 펼쳐지기 쉽다.
하지만 트리플 위칭 데이라고 해서
무조건 지수나 주가가 떨어진다는 등식은 성립하지 않는다.

그래서 가끔 경제 뉴스에는
이런 보도가 나오곤 한다.

- 트리플 위칭 데이인 11일, '세 마녀의 심술'은
우려만큼 큰 영향을 미치지 않았다. -

선물, 옵션, 종목옵션이 동시에 만기일이 되는
3월, 6월, 9월, 12월의 두 번째 목요일…
그날이 바로 '트리플 위칭 데이'인데…
증권 시장에는 이렇게
세 마녀가 오는 날에 대한
정해진 날짜의 예고가 있다.

하지만 우리 삶에 오는
트리플 위칭 데이는 예고도 없을 것이다.
그래서 인생 선배들은

미리미리 우산을 준비하고 대비해야 한다고 조언한다.
우리 모두에게
세 가지 마녀가 아닌 천사만 다가오는,
그런 날들이기를 바라고 싶다.

편리하게, 빨리, 재미있게

백화점 등의 식품 코너에
'밀 솔루션meal solution'이라는 용어가 종종 등장한다.

밀 솔루션이란 한마디로
'끼니를 해결할 수 있는 간단한 음식'을 말한다.
더욱 편리하게easier!
더욱 빨리faster!
더욱 재미있게more fun!
이 세 가지를 고려한 식품이다.

어느 시리얼 회사에서는
시럽을 친 와플 제품을 시장에 발매했고,
어느 식품 회사에서는
치킨 너겟에 소스를 친 제품을 내놨다.
굴지의 과자 회사에서는
쿠키와 캔디를 짝 맞춘 제품을 선보이기도 했다.

식품 시장의 2대 특징을 들자면

첫째, 편리한 즉석 스낵,

둘째, 소량 포장했거나 이동성이 있는 끼니 해결식,

밀 솔루션 제품이 강세를 보이고 있다는 점이다.

우리나라에서도 전문 요리사들이

가정 식사용으로 조리한 끼니 해결 식품,

밀 솔루션 판매량이 크게 늘어나고 있다.

밀 솔루션은 한마디로

꼭 식당에 가지 않아도 식사가 해결되는

슈퍼에서 사기만 해도

식사가 바로 해결되는 음식을 말한다.

편의점이나 슈퍼마켓의 조리 완제품 코너에 가면

이런 음식이 아주 많아졌다.

식당 메뉴에 비해

품질이나 맛에서 뒤떨어지지 않은 제품들이

속속 나오고 있는 것이다.

이동식 고영양, 간편 끼니 해결식인

밀 솔루션.

한 시도 한 자리에 발을 붙일 수 없는 조바심의 사회,

혼자 먹는 것을 처리하는 솔로들의 사회,

그리고 빠른 것이 최고 가치인

속도 추구 사회의 한 단면인 듯하다.

아름다운 후원자

신문 문화 면에서 종종 보는 용어가 있다.
'메세나Mecenat'가 그것이다.

메세나의 뜻은
문화 예술이나 스포츠 등에 대한 원조,
그리고 사회적, 인도적 입장에서
공익 사업에 지원하는 기업들의 지원 활동을 말한다.
문화 예술 보호 운동에 헌신했던
로마의 대신 가이우스 마에케나스의 이름에서 연유했다.

마에케나스는 아우구스투스 황제의 총신이었다.
그는 당대의 대*시인 베르길리우스, 호라티우스 등을
극진히 보호해서 로마의 예술 부흥에 크게 기여했다.

마에케나스의 프랑스식 이름인
메세나를 처음 사용한 것은
1967년 미국에서 기업예술후원회가 발족되면서부터다.

메세나는 기업의 자선과 사회 공헌이라고 볼 수 있다.
하지만 기업들은
기업 이미지나 브랜드 이미지를 구축하는 마케팅 활동으로도
활용하고 있다.

성공적인 해외 문화 메세나의 대표적인 사례로는
'GAN영화재단'의 영화 산업 지원 활동을 들 수 있다.
프랑스의 보험그룹인 GAN은
1987년 칸느영화제를 기념으로 영화재단을 공식 발족했다.
그래서 영화광인 젊은 소비계층에게
친숙한 기업으로 다가설 수 있게 됐다.

또 카네기재단, 록펠러재단 등을 비롯해서
메세나의 천국이라 불리는 미국의 경우,
철저한 기업 중심의 메세나 활동을 활발하게 펼치고 있다.

그런가 하면 벨기에, 오스트리아, 체코, 프랑스, 독일, 아일랜드 등
유럽의 기업들도 메세나 활동을 활발하게 하고 있다.

우리나라도 1994년,
한국 기업 메세나 협의회가 발족했다.
그러나 선진국에 비해 문화 예술 분야 지원금이
아직도 많이 부족한 실정이라고 한다.

백범 김구 선생이 이런 글을 남겼다.

- 문화는 아름다운 것이다.

또한 문화는 소유하는 자의 것이 아닌

향유하는 모든 사람의 즐거움이다. -

기업과 문화 예술의 만남,

그 아름다운 결실이 더 많아졌으면 한다.

이랬다 저랬다 허둥대는

신문 경제 면이나 경제 칼럼에서
'샤워실의 바보$^{fool\ in\ shower}$'라는 말이 인용된다.
특히 요즘 경제 면에서 종종 보는 용어다.

샤워실의 바보라는 경제 용어는
어디서 온 것일까?

통화론자의 대부^{代父}로 불리는 미국 경제학자인 밀턴 프리드먼은
통화 정책을 구사하는 정부를
샤워실의 바보에 비유했다.
욕실에서 엄마가 하는 행동을 가만 보고 있으려니
바로 그 상황이라는 생각이 들었던 것이다.

샤워꼭지를 틀면 대부분 처음에는 찬물이 나온다.
그런데 샤워실의 바보는 물이 너무 차서
샤워꼭지를 뜨거운 물이 나오도록 확 돌린다.
그러다 다시 뜨거운 물이 나오면 찬물을 틀고,
그렇게 온몸에 비누 거품을 잔뜩 묻혀놓고

물의 온도를 적당하게 조절하지 못해서
수도꼭지를 왼쪽 오른쪽으로 번갈아 돌려대는 바보,
샤워꼭지의 조작과 실제 그 온도의 물이 나오는 사이에 존재하는
시차를 무시한 채 순간순간 대응하는 바보는
비단 샤워실에만 있는 게 아니다.

프리드먼은 경제 관리들을 겨냥해서 이런 표현을 썼다.
"샤워실의 바보들."이라고…

그후 통화론자라고 불리는 많은 경제학자는
밀턴 프리드먼이 말한 '샤워실의 바보'라는 말을
인용하기 시작했다.

즉 정부가 통화량과 금리를 통해
경제를 안정적으로 유지하려는 노력 자체가
오히려 경제를 불안정하게 만든다는 것이다.

샤워실의 바보는 경제에만 있는 게 아니다.
우리 사회의 여러 방면에 걸쳐서
무슨 문제가 생기면 얼른 정책을 바꾸고
다시 그 정책이 맞지 않으면 또 얼른 다른 방안을 수립하는
샤워실의 바보.
특히 부동산 문제와 교육 문제에 있어서는
우리 사회가
샤워실의 바보라는 화살을 피할 수 없을 것이다.

어떤 문제에 대한 큰 흐름과 방향성에 대한

정확하고 확고한 소신과 철학,

이 시대에 가장 필요한 덕목은 아닐지.

다른 사람의 다른 생각도 인정하라

우리 사회에 '톨레랑스'가 없다는 한탄이 많이 나온다.
그리고 뉴스나 토론회 등에서
톨레랑스라는 단어가 자주 인용된다.
논술 고사나 면접 고사에서도 많이 물어보는 말이다.

톨레랑스라는 단어는
『파리의 택시 운전사』를 쓴 홍세화 씨가
우리나라에 널리 알린 단어다.
'참다', '견디다'라는 라틴어에서 온 '톨레랑스'는
16세기 초에 처음 등장했다.
그후 5세기 동안 이 말의 정의는 끊임없이 확대돼 왔다.
처음에 톨레랑스는 종교에 대한 군주의 태도를 가리켰지만
오늘날에는 남의 생각과 행동에 대한
개인적인 정신 자세를 가리키는 의미로 변화돼 왔다.

홍세화 씨는 책에서 이렇게 말했다.

- 프랑스 사회는 톨레랑스가 있는 사회입니다.

한국 사회가 정이 흐르는 사회라면
프랑스 사회는 톨레랑스가 흐르는 사회입니다. -

'톨레랑스'는 간단히 말해
'다른 사람은 나와 생각이 다를 수 있음을 인정'하는 것이다.
홍세화 씨는 '프랑스적인 톨레랑스'의 예로
드골 대통령과 사르트르의 일화를 들었다.

알제리 독립운동이 한창일 때 사르트르는
스스로 알제리 독립자금 전달책으로 나섰다.
당시 프랑스의 대표적인 지성이
알제리인의 독립지원금이 들어 있는
돈 가방의 전달책임자를 자원했던 것이다.
프랑스 경찰의 감시를 피해서
그의 책임 아래 국외로 빼돌린 자금은
알제리인의 무기 구입에 필요한 돈이기도 했다.
그의 행위는 그야말로 반역 행위였다.

당연히 사르트르를 법적으로 제재해야 한다는 소리가
드골 측근들의 입에서 나왔다.
그런데 이에 대해 드골은 이렇게 간단히 대꾸했다.

"그냥 놔두게. 그도 프랑스야!"

이 일화는 드골 대통령이 비범하다는 얘기가 아니다.

사르트르가 건드리면 큰일 나는 지식인이기 때문도 아니었다.
드골의 이런 생각은
프랑스인의 보통의 사고방식이기 때문이었다.

어릴 때부터 개성을 배우고,
서로 다른 가치관의 공존과 차이의 중요성을 교육받으면서 자란
프랑스인이라면 누구나 가진 톨레랑스.
톨레랑스의 힘이 프랑스를
개성과 독창성이 지배하는 문화강대국으로 일구어 놨다고 해도
과언이 아닐 것이다.

강요나 강제가 아니라
토론과 설득의 문화가 자리 잡는 톨레랑스.
내 것만 옳은 것이 아니라 그의 생각도 옳다고 인정하는 톨레랑스,
나만 맞고 그는 무조건 틀린 것이 아니라
그는 나와 '다름'을 인정하는 톨레랑스.
이제 먼 남의 나라만이 아닌
우리의 문화가 됐으면 한다.

최첨단 21세기형 떠돌이들

시사나 경제에 등장하는 용어 중에
'디지털노마드족族'이 있다.

프랑스 사회학자 자크 아탈리는 이렇게 말했다.

- 21세기는 디지털 장비로 무장하고 지구를 떠도는
디지털노마드digital nomad의 시대다. -

미디어 이론가인 마셜 맥루헌은
이미 수십 년 전에 이렇게 예견하기도 했다.

- 사람들은 빠르게 움직이고 돌아다니면서
전자제품을 이용하는 노마드Nomad가 될 것이다. -

여기서 '노마드'란
'유목민'을 뜻하는 라틴어에서 파생된 단어다.
과거 집시족이나 몽고의 유목민처럼 자유로운
최첨단 21세기형 떠돌이들을 말한다.

'디지털노마드족'의 예를 한 번 들어볼까?

K씨는 따로 사무실이 없다.
자동차와 무선 인터넷이 가능한 곳이면
어디서든 업무를 처리할 수 있기 때문이다.
그는 무선 인터넷이 가능한 노트북과
휴대전화가 장착된 PDA, 손가락만 한 크기의 외장형 하드디스크,
LCD프로젝트, MP3 등…
각종 전자제품으로 무장하고 있다.
이것만 있으면 언제 어디서나 필요한 정보를
외부와 주고받을 수 있는 것이다.

물류 업체와 명품 업계 컨설팅을 하는 그는
디지털 장비를 이용해서
미국과 유럽, 일본 업자들과 수시로 연락한다.
또 친구는 대부분 인터넷을 통해 만난 동호 회원이다.

K씨처럼 노트북과 휴대전화, PDA 등
각종 디지털 장비를 이용해서
언제 어디서든 외부와 접촉하며 이동하고
일정한 직장과 주소에 얽매이지 않는
디지털노마드족.
이들은 주로 컴퓨터와 컨설팅, 미디어와 투자 분야에서
최첨단에 선 사람들이다.

21세기형 떠돌이 '디지털노마드족'은
코로나 이후에는 더 확산될 것이 분명하다.
사람들은 재택근무에 익숙해져 가고
도심의 건물은 비어갈 것이라고 예견하고 있다.
이제 어느 한 계층을 칭하는 용어가 아니라
모두가 디지털노마드족으로 살아야 하는 시대인 듯하다.

노 로고, 노 디자인

한때 '노노스^{NONOS}족'의 용어가 자주 오르내렸다.
노노스족은 어떤 사람들을 말하는 것일까?

예전에는 명품의 브랜드가 잘 나타난 제품을
애용하는 명품족이 많았다.
'보보스족'들이 그들이다.

보보스족이란
'부르주아 보헤미안'의 줄임말이다.
보헤미안의 자유로운 정신, 문화적 반역성과
부르주아 자본가들의 물질적 야망을 함께 지닌
새로운 문화 권력으로 정의되고 있다.

그런데 명품족의 추세가 바뀌고 있다.
명품은 명품이되 어떤 명품인지 알 수 없는 명품을
애용하는 경향을 보이고 있는 것이다.
여기서 새로 생겨난 용어가
노노스족이다.

노노스란

'노 로고No Logo', '노 디자인No Design'의 줄임말이다.

겉으로 과시하지 않고 드러나지 않게

명품을 즐기는 사람들을 일컫는 말이다.

'노노스족'이라는 용어는

프랑스의 한 패션 정보 회사가 처음 사용했다.

보보스족이 가고 노노스족으로

바뀌고 있다는 예견을 내놓은 것이다.

노노스족을 겨냥해서 업체에서도

브랜드보다는 디자인, 소재에 더 신경을 쓰는

실용성에 무게를 두고 있다.

노노스족의 취향은 패션만이 아니라

다양한 분야로 확산되고 있다.

가구 인테리어 업체에서도

자사 로고를 따로 새기지 않고,

간판 없는 레스토랑도 명품 식당으로 통하고 있다.

그런가 하면 '맞춤 서비스'를 원하는 '맞춤족',

한정 수량 판매, 특별 판매되는 특정한 품목만을 고집하는

'리미티드에디션Limited-edition족'도 있다.

극단적인 소비를 하는 사람들을 일컫는

'익세스$^{X's}$족' 그러니까
'extreme' 극단적이고 exaggerate,
과장된 신흥부자들의 소비를 빗대어 나온 조어도 있다.

소비 계층은 나날이 다양해지고 있다.
명품 화장품 샘플만을 소비하는 샘플족도 있고
이른바 짝퉁을 애용하는 짝퉁족도 있다.

그러나 소비자들이 원하는 것은 똑같이 통하지 않을까.
'남들과 다른 나'의 자부심을 채워달라는 것.
내게 맞는 나만의 그것을
지금도 소비자들은 원하고 찾는다.

삶의 여유를 즐겨라

'여피Yuppie족'과 반대되는 개념으로 사용된
'슬로비Slobbie족'.
어떤 사람들을 가리키는 용어일까?

슬로비라는 용어는
"Slow But Better Working People"에서 이니셜을 따서
만들어진 용어다.
'천천히 그러나 더 훌륭하게 일하는 사람'이라는 뜻을 지녔다.

이들은 벼락부자를 꿈꾸는 것보다
내 직장과 내 가정에 충실하려고 한다.
젊은 전문직 종사자들인 여피족이
물질적 풍요를 만끽하던 신흥 부유층인 반면
슬로비족은 삶의 여유, 행복한 가정 생활,
마음의 평화에 가치는 두는 부류다.

슬로비족은
1990년 오스트리아에서 창설된

'시간 늦추기 대회'에서 유래됐다.

'시간 늦추기 대회'라는 모임의 회장인 페터 하인텔 교수는

"현대 사회의 시간 가속 현상이 생활 구석구석에 영향을 미쳐

사람들이 하고 싶은 것을 할 수 있는 시간은

더 줄어들고 있다."며

"이 운동의 모토는

농사 리듬처럼 현대 생활의 속도를 늦춰 천천히,

그리고 느긋하게 살자는 것"이라고 말했다.

'시간 늦추기 대회'의 회원들, 일명 슬로비족이 벌였던

'시간 늦추기 운동'은

그후 다른 유럽 국가로 조용히 확산돼 갔다.

그리고 21세기에는

하나의 트렌드로 자리 잡았다.

우리나라도 예외는 아니다.

물질보다 마음을, 출세보다 가정을,

명예보다 인간을 소중히 여기는 슬로비족의

'느리게 살기' 운동은

'슬로우 푸드' 운동, 그러니까 '느림 건강법'으로 이어졌다.

된장, 간장, 고추장은 물론이고,

곰탕, 삼계탕, 묵 등 우리 전통음식이

훌륭한 슬로우 푸드라는 것을 알리고

식생활에서도 패스트푸드를 밀어냈다.

내 직장, 내 가정에 충실하면서
느리게 가는 것에 행복의 가치를 두는 슬로비족이
주변에도 보면 늘어간다.

화려한 성공을 추구하는 여피족과
느리고 편안한 생활을 추구하는 슬로비족.
어떤 쪽에 끌리는지…

더불어 살아가는 능력

IQ나 EQ가 아닌
'NQ'가 필요한 시대라고 한다.
NQ는 어떤 지수를 말하는 것일까?

지능지수를 IQ라고 하고,
정서지수를 EQ라고 한다.
CQ라는 말도 나왔다.
'CQ'란 '카리스마 지수'를 뜻한다.
카리스마가 많을수록
사회 생활에서 성공할 확률이 높다는 것이다.

또 'VQ'라고 해서 '비쥬얼 지수'라는 말도 나왔다.
외모를 잘 꾸미는 지수를 말한다.

그런가 하면 NQ라는 개념이 부각됐다.
NQ는 'Network Quotient'라고 해서
'공존 지수'를 말한다.

공존 지수란

'함께 사는 사람들과의 관계를

얼마나 잘 운영할 수 있는가' 하는 능력을 재는 지수다.

공존지수가 높을수록

사회에서 다른 사람과 소통하기 쉽고,

소통으로 얻은 것을 자원으로 삼아서

더 성공하기 쉽다는 개념이다.

공존 지수는 패거리 개념과는 다른 것이다.

내가 속한 집단은 잘되고 다른 집단은 소외한다는

'패거리' 문화가 아니라

서로 잘 살도록 도와야 한다는 이타적 개념에 가깝다.

특히 NQ는

요즘 아이들에게 더욱 필요한 능력으로 보고 있다.

아이의 공존 지수를 높이기 위해서는

다른 곳에 사는 아이들, 다른 환경에 있는 아이들도

자주 만나게 하고,

좋은 어른도 자주 만나게 해야 한다고 한다.

또 책이나 문화를 통해서

사회를 바라보는 시각도 키워주면

사람을 바라보는 눈도 함께 커진다고 한다.

아이들에게 가장 키워줘야 하는 것은

공감 능력인 시대가 된 것이다.

지능 지수와 감성 지수에서 카리스마 지수,

그리고 요즘은 공존 지수까지…

한 사람이 갖춰야 하는 덕목들이 많아지고 있다.

그중에서도 공존 지수,

더불어 살아갈 수 있는 능력이야말로

이 시대에 가장 필요한 삶의 덕목이 아닐까.

어른도 아니고 아이도 아니고

얼마 전 시사 주간 『타임』지에서는
떠오르는 새로운 유형의 세대를
'트윅스터^{Twixter}'라고 불렀다.

청소년기를 한참 지났지만
그렇다고 온전한 성인이라고도 할 수 없는 중간 지대의 세대들.
나이상으로는 어른이 됐지만,
어른다움을 찾을 수 없는 새로운 유형의 세대를
트윅스터라고 부른다.

트윅스터는
'사이'를 뜻하는 'between'의 고어인
"betwixt'에서 나온 말이다.
그러니까 어른과 어린이의 사이에 끼어 있는
어른도 아니고 아이도 아닌 새로운 종족을 말한다.

트윅스터는 가정을 꾸리지 않고 부모에게 얹혀 살고,
직장을 갖지 않거나

갖더라도 금세 이리저리 옮겨 다닌다.
그들은 분명 나이상으로 보면 성인이지만
말투와 옷차림, 노는 방식은 10대와 다름없다.
트웍스터 세대는
미국 취업난의 영향으로 등장하기 시작했다.

트웍스터 세대가 미국에만 있는 것은 아니다.
우리나라에도 그와 비슷한 종족이 있다.
'캥거루족'이라고 부른다.
어머니 품속에서 산다는 뜻에서 나온 용어다.

대학을 졸업하고 나서 취직할 나이가 됐는데도
취직하지 않고 부모님에게 얹혀 사는 부류가 그들이다.

또 취직했는데도 봉급이 적어서 독립을 못하거나
정신적인 문제로 지나치게 부모님께 얹혀 살고 싶어하는 사람들도
캥거루족에 속한다.

우리 주변에도 보면
직장에 다니면서도 부모님께 용돈을 받는 사람도 있고,
결혼하고 나서도 부모님에게
의지하며 살아가는 사람들도 있다.

어른이면서 10대의 생활 방식으로 살아가는
미국의 트웍스터,

어른이면서 아직도 부모님 도움을 받으며 살아가는
우리나라의 캥거루족.
'철들고 싶어 하지 않는' 철부지 어른 종족들이
세계 곳곳에 출몰 중이다.

직장인인가, 학생인가?

"'샐러던트'들이 거리에 넘쳐난다."
가끔 이런 내용을 기사에서 보게 된다.

샐러던트는
'샐러리맨Salaried man'과 '학생Student'의 합성어로
학생처럼 끊임없이 공부하는 직장인을 일컫는 말이다.

외국어 학원이나
각종 자격증 시험을 대비한 고시학원 등에도
직장인들이 절대 다수를 차지하고 있다고 한다.
'평생 교육'과 비슷한 개념으로 볼 수도 있지만
평생 교육은 지속적인 자기 개발을 위한 학습을
목적으로 하고 있는 반면,
'샐러던트'는
경쟁 사회에서 낙오되지 않기 위한 목적이 더 크다고 볼 수 있다.
이런 현상은
기업의 구조 조정이 본격화되면서 생긴 현상이다.

샐러던트들은 퇴근하자마자 곧장 학원으로 가고
점심시간에는 물론이고
출근 전에도 학원에 가서 공부를 한다.

직장은 어느 정도의 영어 구사 능력은 기본이라고 하고,
자격증 한두 개 쯤은 필수라고 요구한다.
이제 공부는 학창 시절 때나 하는 것이라며
여전히 술자리만 기웃거린다면
대단히 용감한 직장인인 셈이다.

'몸 값'은 스스로 만들어 가는 것이라며
열심히 주경야독하는 샐러던트들.
샐러리맨인 동시에 스튜던트인 샐러던트는
30대에 이미 명예퇴직을 강요받는
샐러리맨들의 현주소인지도 모른다.

입시 전쟁에 시달려야 하는 학생들,
취업 전쟁에 피가 마르는 대학생들,
생존을 위해 몸부림쳐야 하는 직장인들…
이렇게 우리가 사는 일은
언제나 올라가야 할 산이 버티고 있는
도전의 연속인 듯하다.

소비자의 호기심을 괴롭히는

광고 중에서
유난히 소비자의 호기심을 자극하는 광고가 있다.
'티저^{teaser} 광고'다.

티저는
'괴롭히다'는 뜻을 가진 'tease'에서 비롯된 말이다.
즉 티저 광고는
상품의 정체를 일시적으로 숨겨서 궁금하게 만듦으로써
상품에 대한 기대와 인지도를 넓혀 가는 광고 방식을 말한다.

티저 광고의 문법은
철저한 가림과 드러냄의 방식에 있다.
광고의 초기 단계에는
상품과 관련된 기본적인 정보마저도 제시되지 않는다.
다만 완성된 상품이 이미 존재하고 있으며
곧 그 정체가 밝혀질 것이라는 메시지만
간접적으로 전달될 뿐이다.
그러다가 그 베일을 벗고

상품의 정체가 제시되는 후속 광고가 뒤를 잇게 된다.

티저 광고의 유래는
1981년 프랑스의 아브니어 정당의 정치 광고에서 비롯됐다.
이 정당은 81년 8월 말, 파리 시내 곳곳에
"9월 2일 윗부분을 벗겠다."는 글귀와 함께
비키니 차림의 젊은 여성의 사진이 담긴 포스터를 내걸었다.
그리고 9월 2일이 되자 윗부분을 벗어 던진 사진과 함께
"9월 4일 아랫부분도 벗겠다."는 글이 적힌 포스터를 붙여서
파리 시민들의 호기심을 한껏 자극했다.
아브니어 정당은 드디어 4일, 비록 뒤돌아 서 있긴 했지만
실오라기 하나 걸치지 않은 여성의 사진과 더불어
정당의 지지를 호소하는 글을 담은 포스터를 붙였다.
그 동안 그 광고 내용을 정말 지킬 것인지
궁금해 하던 시민들의 눈길을 한참 동안 붙들어 놨다.
그때부터 티저 광고는 크게 인기를 끌었다.

알고 싶은 욕망이 강한 현대인들의 호기심,
그것을 자극하는 장시간의 괴롭힘,
그후에 시원하게 드러나는 정체,
이런 심리를 이용한 티저 광고.

하지만 호기심을 너무 악용하거나 남용할 경우에는
자칫 광고주와 소비자에게 모두 피해를 입힐 수 있을 것이다.
광고 역시 가장 먼저 '인간'을 먼저 생각하는

휴머니즘이 있을 때
성공을 거두지 않을까.

궁핍으로부터의 자유

경제 면에 자주 오르는 말 중에
'한국형 뉴딜정책'이 눈에 띈다.
뉴딜 정책에 대해 알아본다.

1929년 10월 24일,
뉴욕 주식 시장의 주가 대폭락을 계기로 시작된 경제 불황은
미국 전역에 파급됐다.
그것이 연쇄적으로 세계 대공황으로 확대됐다.
물가는 계속 폭락하고,
국민 총생산은 56%로 떨어지고 파산자가 속출했다.
실업자도 날로 늘어나 1,300만 명에 이르렀다.

1932년의 대통령 선거는
이런 심각한 불황 속에서 시행됐다.
그때 민주당 후보인 루스벨트는
'잊혀진 사람들을 위한 뉴딜'을 약속하면서
공화당의 후버를 누르고 대통령에 당선됐다.

당선 후 1933년 3월,
루스벨트는 특별의회를 소집해서
6월 16일까지의 100일 동안
'백일의회百日議會'라고 불리는
적극적인 불황대책 의회를 갖게 된다.
그리고 정부 제안의 중요 법안으로
뉴딜정책을 입법화했다.

루스벨트는 뉴딜의 방향 전환을 이렇게 분명히 밝혔다.

- 부유한 사람들을 더욱 부유하게 하는 것이 아니라
가난한 사람들을 풍요하게 하는 것이야말로 진보의 기준이다. -

결국 이 뉴딜 정책으로 미국은
기적적인 경기 회복을 이뤄냈고
2차 세계대전의 종결을 이끌어내기도 했다.

루스벨트는 또 1941년 1월 6일,
미국 의회에서 아주 유명한 연설을 했다.
그는 사람이 가져야 할 '네 가지 자유'를
이렇게 말한 것이다.

- 언론과 표현의 자유,
신앙의 자유,
궁핍으로부터의 자유,

공포로부터의 자유 –

그가 말한 이 네 가지 자유는 그 이후
인간 존중의 가장 적절한 표현이라는 평을 받았다.

소아마비로 보행이 곤란했던 루즈벨트 대통령.
그는 '궁핍으로부터의 자유'를 내걸고
경제 회복을 이뤄냈던 전설적인 인물이다.
그를 떠올리면
지도자의 역량이
한 나라의 운명을 얼마나 좌우하는가를
깊이 느끼게 된다.

사람이 지구에 남기는 흔적

녹색연합에서 '발자국 지수'를 발표한 바 있다.
발자국 지수는 무엇을 의미하며
우리의 발자국 지수는 얼마나 될까?

발자국 지수는
캐나다의 경제학자인 마티스 웨커네이걸과
윌리엄 리스가 개발한 개념이다.

발자국 지수 또는 생태 발자국지수는
인간이 소비하는 에너지, 식량과 주택, 폐기물 처리 등
일상생활을 유지하는 데 필요한 모든 것을
토지로 환산한 지표를 말한다.
그래서 헥타르$^{ha.}$나 평^{坪}과 같이
토지를 측량하는 단위로 나타낸다.

사람이 지구에 얼마나 많은 흔적을 남기고,
영향을 미치는지를 확인하는 지표다.
발자국 지수가 높을수록

사람이 자연에 미치는 영향이 큰 것이다.

그러므로 발자국 지수는

'생태 파괴 지수'라고도 볼 수 있다.

하나 뿐인 지구가 감당해낼 수 있는 생태 발자국 지수는

1인당 1.8헥타르, 그러니까 약 5천여 평 정도다.

그런데 녹색연합에서 조사한 결과에 따르면

우리나라 사람의 평균 발자국 지수는

1인당 4.05헥타르, 1만2천여 평으로 나타났다.

이것을 지구의 수로 환산하면

지구가 두 개 필요하다는 결론이 나온다.

우리나라의 발자국 지수는

선진국들보다는 비교적 낮은 지수를 보였지만,

대부분의 나라보다 두 배 가량 높은 것이었다.

한편 미국 사람의 생태 발자국 지수는 9.7헥타르로,

세계에서 가장 높은 것으로 나타났다.

미국 사람의 일상생활이 유지되기 위해서는

지구가 다섯 개나 필요한 셈이다.

발자국 지수를 줄이기 위해서는

물을 소중히 사용하고

쓰레기를 만들지 않는 것이 최선이다.

우리는 공간의 사용을 최소한으로 줄이며 살아온 민족이다.

서양 사람들은 자고 나도 침대는 고스란히 공간을 점유하지만
우리는 자고 나면 이부자리를 개어서 공간을 환원했다.
서양에서는 의자가 공간을 차지하는데
우리는 앉았던 방석을 치워서 공간을 절약한다.
병풍도 쓰고 나면 접고, 부채도 부치고 나면 접어 버린다.
개고 접고 싸고 포개서 공간을 재생산하는 공간 경제는
우리가 으뜸이었다.

그런데 어쩌다가 지구가 두 개나 필요한 공간 점유율을
자랑하게 됐을까?
발 디딜 곳이 없어지는 지구…
지구에서
우리 공간을 조금씩이라도 줄여야 한다.
그것이 우리 모두가 이 지구에서 오래오래 살아갈 수 있는
유일한 방법인지도 모른다.

역사의 진실과 거짓

역사의 진실과 거짓을 말할 때,
자주 인용되는 사건이 있다.
'드레퓌스 사건'이다.

1894년 9월, 프랑스 군부는 중요한 군사 기밀이
독일 대사관을 통해 빠져나가고 있다는 것을 알게 된다.
단서는 단 하나!
정보 유출에 사용된 문건에서 발견된 암호명 'D'!

그런데 유태계 장교 중에
암호와 이름의 첫 글자가 같은 인물이 있었다.
알프레드 드레퓌스였다.
프랑스 정부는 그의 이름 첫 글자가 암호와 일치한다는 이유로
간첩으로 그를 지목했다.

보불전쟁에서 패배한 프랑스 군부는
패전의 책임을 면하기 위해서 희생양이 필요했던 것이다.
유태계 장교 드레퓌스는 그런 희생양에 적합한 인물이었다.

결국 드레퓌스는
비공개 군법회의에서 반역죄로 종신형을 선고받고
강제로 불명예 전역된다.
그리고 프랑스령인 기아나의 악마섬으로 유배당하고 말았다.

그로부터 2년 뒤
피카르라는 프랑스군 고위 장교가 우연한 기회에
진짜 간첩을 적발하게 되는데
이에 따라 그는 드레퓌스의 무죄를 주장했다.
하지만 바른 말을 한 피카르는 한직으로 좌천당하고
그의 무죄 주장도 묵살되고 말았다.

이 내용은
1898년 소설가 에밀 졸라가 "나는 고발한다."라는 내용으로
대통령에 대한 공개장을 내게 됐는데
그것을 통해 드레퓌스 사건의 진상과 군부의 음모를 폭로하고
드레퓌스 사건의 재심을 요구하게 된다.

그 일로 프랑스는 일대 논쟁의 소용돌이에 휩싸인다.
정치가 클레망소, 작가 아나톨 프랑스 등이
에밀 졸라 측에 가담했고,
끈질긴 재심 요구 끝에 군부는 결국
1906년에 드레퓌스에게 무죄 판결을 내리게 된다.

드레퓌스 사건은 비단 프랑스에서뿐 아니라

당시 유럽 전역을 들끓게 했다.
그후 공작 정치를 통해서 진실을 은폐, 호도하고
개인을 억압하는 행태,
또는 그런 행태에 맞서 싸운
양심적인 지식인들의 승리를 통칭하는
고유 명칭으로 자리 잡았다.

형량을 놓고 흥정하다

신문에 종종 이런 용어가 등장한다.

– 미국식 '플리 바겐plea bargain'도 합법화했다. –

아예 특집 기사 시리즈로 플리 바겐 시리즈를
연재했던 신문도 있다.

플리바겐에서
'plea'는 '탄원, 청원' 등의 뜻과
'피고의 답변', '소송' 등의 뜻을 가진 단어다.
플리 바겐은 유죄를 인정하는 대신
상을 통해서 형량을 경감하거나 조정하는 제도를 말한다.
보통 플리 바겐으로 부르지만
형량에 대해 흥정하는 것을 '플리 길티plea guilty'라고도 하고,
'플리 바기닝Plea Bargaining'이라고도 한다.
이는 뇌물공여죄나 마약범죄 등과 같이 자백이 필수적이거나
당사자의 제보가 결정적인 단서로 작용하는 범죄 수사 과정에
적용되는 제도인데 주로 미국에서 많이 행해지고 있다.

톰 크루즈 주연의 영화
〈어 퓨 굿맨A Few GoodMan〉에서 보면
미 국방성 소속 검사가 군 변호사에게
"피고인의 유죄를 인정하라… 그럼 구형량을 낮춰주겠다."
이렇게 흥정하는 장면이 나온다.
그것이 '플리 바겐'의 한 예다.

'플리 바겐'이 등장하게 된 배경에는
날로 지능화되어 가는 조직범죄나 마약범죄가 있었다.
또 뇌물수수 등 공직자 부정 부패가 늘어나면서
수사에 협조한 공범자에게는 그 대가로
형의 감면 혜택을 주는 방식으로 쓰이게 된 것이다.

예를 들어 현금으로만 이뤄지는 뇌물 거래의 경우는
계좌 추적 방식으로도 단서를 잡아낼 수 없다.
이때 공범자의 제보를 받아서
증거를 확보하는 수밖에 없는 것이다.

이런 유형의 사건을 수사할 때
우리나라에서도 이 '플리 바겐' 제도가 활용되고 있다.
하지만 피의자의 약점을 잡아서 진술을 확보한다는 점에서
비인간적이고 반인권적인 수사기법이라는 비판도 높다.
대법원도 플리 바겐에 의한 진술은
증거로 채택되기 힘들다는 판례를 제시한 바 있다.
허위 자백이 무고한 피해자를 발생시킬 가능성이 있기 때문이다.

하지만 미국에서 처리되는

조직범죄, 마약관련사건 재판에는

플리 바겐 제도가 어떤 형태로든 활용된다고 봐도 좋을 정도다.

가장 대표적인 예로

1990년대 중반 적발된 마피아단 '감비노' 패밀리 사건이 있다.

조직 내 거물급인사의 배신 덕분에

감비노 패밀리의 핵심 인사들이

줄줄이 체포, 기소될 수 있었던

플리 바겐의 대표적인 예다.

작을수록 좋다!

21세기의 중요한 키워드 중에서
'기술'에 속한 키워드, key-technology는 역시
'나노nano 기술'이 아닐까?
20세기가 마이크로의 시대였다면
21세기는 '나노'의 시대다.

1998년 4월 미국 국회에서 연설한
Neal Lane 박사는 이런 말을 했다.

- 만일 내가 미래의 과학과 공학에서
대변혁을 가져올 분야에 대하여 질문받는다면
나는 '나노' 과학과 공학을 꼽겠다. -

여기서 '나노'라는 단어는
난쟁이를 뜻하는 그리스어 '나노스nanos'에서 유래했다.
1나노 초ns는 10억 분의 1초를 뜻하고,
1나노미터nm는 10억 분의 1미터로서
사람 머리카락 굵기의 10만 분의 1,

대략 원자 서너 개의 크기에 해당한다고 보면 된다.

'마이크로'는, 그리스어로 '작다'는 뜻을 가졌고
100만 분의 1을 가리키는 말이다.
그리고 '나노'는 그리스어로 '난쟁이'라는 뜻을 가졌고
10억분의 1을 가리키는 말이니까
'나노'가 어느 정도로 작은지 짐작이 될 것이다.
사람의 육안으로는 도저히 볼 수 없고
전자현미경으로나 볼 수 있는 아주 작은,
분자나 원자 수준이라고 보면 된다.

나노 기술은 1981년, 스위스 IBM연구소에서
주사형 현미경을 개발하면서부터 본격적으로 등장하게 됐다.
선진국에서는 이미 1990년대부터
국가적인 연구 과제로 삼고 있었다.

우리나라에서도 2002년,
'나노기술개발촉진법'까지 제정하고
나노 기술의 발전을 꾀해 왔다.

작고 작으면서도, 솜털처럼 가벼운 나노 기술은
지구에서 우주로 가는 '우주 엘리베이터',
개미도 짊어질 수 있을 만큼 작은 '나노 컴퓨터',
근육에 내장하는 '슈퍼 전투복' 등…
신기하지만 머지않은 미래에 만날 수 있을,

미래 과학에 동원되고 있다.

작을수록 아름다운 세상,
'미니' 시대에 우리는 살고 있다.

똑똑한 먼지

먼지는 먼지인데 똑똑한 먼지라니!
그게 무엇일까?
과학 신문을 장식하는 것 중에는
'스마트 더스트 Smart dust', '영리한 먼지'라는 용어가 눈에 띈다.

스마트 더스트는
미국의 경제지 『포춘』이
세계를 바꿀 10대 기술 가운데 하나로 선정한 미래기술로써
1990년대 후반,
미국 캘리포니아대학교 버클리캠퍼스에서 처음 제시했다.

미국 국방성의 지원을 받아서 크리스 피스터가 개발한
스마트 더스트는
센서의 크기가 눈에 보이지 않을 정도로 작다.
마치 먼지처럼 흩뿌릴 수 있는 센서라는 뜻에서
스마트 더스트라는 이름이 붙었다.
그러니까 먼지처럼 작지만
센서 기능이 뛰어난 자율 로봇을 말하는 것이다.

스마트 더스트를 뿌려놓으면
이들은 네트워크를 만들어
어디서든 모든 정보를 수집한다.

2004년에 개발된 가장 작은 똑똑한 먼지는
크기가 1밀리미터 정도였는데
그후 크기가 훨씬 줄어들고,
기능도 훨씬 뛰어난 똑똑한 먼지들이
세상에 출몰해 왔다.

우리가 입는 옷이나 필요한 장소에 뿌리면
각종 생화학 공격을 미리 막을 수 있다고 한다.
사무실에서 근무자의 옷에 스마트 더스트를 부착하면
실내 온도를 측정해 건물의 냉난방 장치로 신호를 보내
온도를 조절할 수도 있다.
손가락에 스마트 더스트를 붙이면
컴퓨터 자판 대신 손가락의 움직임만으로도
컴퓨터를 작동할 수 있다.
아기들의 기저귀에 스마트 더스트가 붙어 있으면
아기의 위치와 상태를 감시하여
위험한 상황일 때 경보가 울리게 된다.

이제 스마트 더스트라고 불리는
눈에 보이지 않는 인조 먼지가
우리 일상생활을 뒤덮을 날도 멀지 않았다.

〈상식〉

상식적으로 꼭 알아둬야 하는 것들,
알아두면 대화가 즐거워지고
독서가 행복해진다.
그리고 논술에 강해지고
유식해지는 정보

저 태양까지 날고 싶어요

논설이나 문학 작품, 뉴스에서
많이 인용되는 인용구 중에
'이카루스의 날개'가 있다.

이카루스의 날개는 신화 속에 나오는 얘기다.
그리스식으로는 '이카로스Icaros'인데
로마 신화로 넘어가면서 '이카루스Icarus'가 됐다.
이카루스의 날개에 대한 신화는 이런 내용을 가지고 있다.

아버지 '다이달로스'와 아들 '이카루스'는
크레타섬의 미노스왕에 의해 높은 탑에 갇혔다.
그 이유는 다이달로스가 미궁을 만들었기 때문이다.
미노스왕은
미궁의 구조를 자기 혼자만 알기를 원했기 때문에
미궁을 만든 다이달로스를 가둬버렸다.

하지만 천하의 재주꾼 다이달로스는
조그만 구멍을 통해 들어오는 새의 깃털과

벌집을 이루는 밀랍을 보고 탈출 방법을 알아낸다.

다이달로스는 새의 깃털을 주워 모아서 밀랍으로 이어 붙이고

큰 날개를 만든다.

그리고 그 날개를 달고는

훨훨 날아서 그 미궁을 빠져나오게 된다.

다이달로스는 아들인 이카루스에게도 나는 방법을 알려주면서

이렇게 주의를 준다.

"바다와 태양의 중간을 날아야 한다.

너무 높이 날아오르지 말아라.

너무 높이 날면 태양의 열기에

네 날개의 밀랍이 녹아서 떨어지고 만다.

그러나 너무 낮게 날지도 마라.

너무 낮게 날면 파도가 날개를 적실 거야."

하지만 이카루스는 아버지의 충고를 잊고

태양을 향해 높이 오르다가

밀랍이 녹아 바다에 추락하고 만 것이다.

이카루스가 빠진 이 바다는 후일

그의 이름을 따서 '이카리아해海'로 불리게 된다.

이카루스의 날개는 흔히

인간 욕망의 무모함을 경계하는 데 인용된다.

더 높이 날아오르려는 꿈… 굉장히 매혹적이다.

그러나 동시에 치명적이다.

밀랍으로 만든 날개를 달고
태양 가까이 날고 싶었던 이카루스의 꿈,
우리가 꾸는 꿈은 아닐까?

작은 솔방울 아이

동심의 세계로 돌아갈 때면
떠오르는 동화 속 주인공 중에 '피노키오'가 있다.
피노키오라는 이름에는 어떤 의미가 스며 있다고 한다.

『피노키오』는
이탈리아의 작가 C. 콜로디가 1883년에 발표한 작품이다.
이 동화의 정식 명칭은『피노키오의 모험』이다.
작품 속에서 제페토 할아버지가
장작을 깎아서 작은 인형을 하나 만들고는
그에게 피노키오라고 이름을 붙여준다.
그는 만들어지자마자 개구쟁이, 장난꾸러기가 된다.
마지막에는 고래에게 먹힌 제페토를 구출하고
착한 사람이 된다는 흥미 있고 교훈적인 동화다.

특히 "거짓말하면 코가 길어진다."는 설정을 해서
이 동화를 읽는 아이들이
자꾸 자기 코를 만지게 하는,
거짓말하지 말자는 교훈을 재밌게 표현한,

귀여운 발상이 돋보이는 작품이다.

그런데 제페토 할아버지는
왜 나무를 깎아 만든 그 작은 인형에게
피노키오라는 이름을 붙여준 것일까?

그 이름에는 이런 뜻이 있다.
피노키오^{pinocchio} 중에서 '피노^{pino}'는
이탈리어 'pinolo'인데
영어의 '파인 넛^{pine nut}'이라는 뜻이 된다.
그러니까 '소나무 열매', 즉 솔방울을 의미한다.
그리고 '키오^{cchio}'는
'작다', '귀엽다'는 뜻을 더하는 접미사다.
정리하면 'pinocchio'는
'작은 솔방울^{little pine nut}'이라는 뜻이다.

그러니까
'별 쓸모없는 소나무 장작더미로 만들어진 귀여운 아이'
이런 의미다.

이렇게 동화나 소설의 명작 속에는
작가가 직접 깊은 의미를 부여해서 만든,
아주 새로운 이름이 등장하기도 한다.
예를 들면 '신데렐라'는
'재투성이 소녀'라는 뜻을 지닌 것처럼 말이다.

동심으로 돌아가고 싶어질 때,
어린 시절 읽었던 동화가 생각날 때,
그럴 때는
작은 솔방울 아이,
거짓말하면 코가 길어지는 그 아이,
피노키오가 그리워진다.

실화인가, 허구인가

다큐멘터리나 탐정 소설,
시사 상식이나 논설에 자주 인용되는 곳이 있다.
'버뮤다 삼각지대'다.
버뮤다 삼각지대에는 어떤 미스터리가 있다.

'마의 삼각지대'라고 불리는 버뮤다 삼각지대는
플로리다주 마이애미와 버뮤다섬,
그리고 서인도제도의 푸에르토리코섬을 잇는
삼각형 모양의 해역을 말한다.
이 해역은 원인 모를 실종 사고들이
100여 건도 넘게 기록되고 있다.
비행기뿐 아니라 고기잡이배나 유조선, 여객선 등이
수없이 행방불명되는 것이다.

이곳에서 갑자기 사라진 항공기는
대부분 사라지기 직전까지도
정상적인 교신을 주고받는다고 한다.
그러다가 바다가 이상하게 보인다는 등

심상찮은 교신을 보낸 직후에 사라지고 만다는 것이다.

마의 삼각지대, 그 원인에 대해서도 여러 가지 설이 있다.
마의 삼각해역에는 사차원 세계로 들어가는 입구가 있어서
거기로 들어가면 다시는 못 온다는 설,
외계인이 지구 문명에 대한 자료를 수집하기 위해서
비행기나 배 따위를 납치해 간다는 설,
태고에 있던 아틀란티스대륙의 훌륭한 기계가
해저에서 강력한 에너지를 발산해서 배를 빨아들인다는 설
등이 있다.
게다가 반중력장치를 이용한 사악한 사람들의 납치 등…
판타지 소설에나 나올 만한 이야기들도 있다.

그런데 몇몇 사람은
'그냥 이 지역의 교통량이 매우 많기 때문에
난파당하는 숫자도 더 많은 것일 뿐이다.'…
이런 주장을 펴기도 한다.

그렇다면 이 괴현상이 세상에 널리 알려진 것은
왜, 언제부터였을까?

1964년, 빈센트 가디스가 대중 잡지인
『아고시Argosy』의 1964년 2월호에
「죽음의 버뮤다 삼각지대」라는 기사를 쓰게 된다.
이 기사를 참조한 찰스 베리츠는

1974년, 베스트 셀러인 『버뮤다 삼각지대』를 쓰게 됐다.
그렇게 해서 버뮤다 삼각지대는 세상에 널리 알려지게 됐고,
신문과 TV 프로그램에서 버뮤다 삼각지대를 다루게 되면서
유명해지게 된 것이다.

그후 버뮤다 삼각지대 미스터리가
허구라는 주장이 강력해졌다.
단순히 관광 상품일 뿐이고
이야기를 부풀려 사람을 끌어 모으려는 수법이라고
말하는 사람이 많아진 것이다.

버뮤다 삼각지대 미스터리,
상업적인 매스 미디어의 산물일까.
상상력의 결과물일까.
그것 또한 미스터리다.

당신은 묵비권을 갖고 있습니다

영화를 보면
경찰이 범인이라고 생각한 사람을 체포할 때,
꼭 말하는 원칙이 있다.
'미란다 원칙'이다.

다음은 필라델피아 경찰의 미란다 카드 전면의 내용이다.
경찰은 범인으로 지목된 사람을 연행할 때,
이 미란다 카드에 들어 있는 내용을 읽어주고 연행해야 한다.

- 당신은 묵비권을 갖고 있어 아무 말을 하지 않아도 됩니다.
- 당신이 말한 것은 법정에서 당신에게 불리하게 사용될 수
있습니다.
- 당신은 우리가 질문하기 전에 당신이 원하는 변호사와 상의할
권리가 있고, 우리가 질문하는 동안 변호사를 배석시킬 권리도
갖고 있습니다.
- 만약 당신이 변호사를 선임할 경제적 능력이 없지만 그래도
변호사를 원한다면 우리가 질문을 시작하기 전에 공익 변호사가
선임될 것입니다.

– 당신은 우리에게 진술을 하더라도 언제나 원할 때에 중단한
권리가 있습니다. 등…

이런 미란다 원칙이 나오게 된 배경이 있다.
1963년 3월, 미국 애리조나주 피닉스 시경찰은
당시 21세였던 멕시코계 미국인 어네스토 미란다를
납치, 강간 혐의로 체포했다.
미란다는 변호사도 선임하지 않은 상태에서
범행을 인정하는 구두 자백과 범행 자백 자술서를 제출했다.
그런데 재판이 시작되자 미란다는 자백을 번복하고,
진술서를 증거로 인정하는 것에 이의를 제기했다.
하지만 애리조나 주법원과 주대법원은 유죄를 선고했다.

미란다는 최후 수단으로 연방대법원에 상고를 청원했다.
상고청원서에서 미란다는 미국 수정헌법 제5조에 보장된
'불리한 증언을 하지 않아도 될 권리'와
제6조에 보장된 '변호사의 조력을 받을 권리'를 침해당했다고
주장했다.
1966년, 연방대법원은
5대 4의 표결로 미란다에게 무죄를 선고했다.
그 이유는 '그가 진술거부권, 변호인선임권 등의 권리를
고지받지 못했기 때문'이라는 것이었다.

이 판결은 그 당시에 '미란다 판결'이라고 불리며
거센 비난을 받았다.

미란다 판결 이후 대부분의 주정부 경찰들은
미란다 경고문을 만들었다.
그리고 수사관들이 피의자를 체포하거나 신문할 때,
이 경고문을 미리 읽어 주도록 했다.

미란다 원칙은 1997년 1월에 우리나라에 도입됐다.
우리나라 헌법과 형사소송법에는
'체포 또는 구속의 이유'를 알려주도록 규정하고 있다.

영화나 드라마 속에서 형사가 범인을 연행할 때,
어떤 카드를 내보이며 말하는 미란다 원칙,
그런데 가끔 영화 속에서 캐릭터 강하고 성격 급한 형사들은
이 원칙을 욕설을 섞으며 급히 말해서
관객의 웃음을 자아내기도 한다.

루비콘강가에서의 선택

어떤 일에 대한 선택이 이제 불가능할 때,
우리는 이 말을 인용한다.
"주사위는 던져졌다!"

주사위는 던져졌다!
이 말은 기원전 49년 1월 12일 아침,
카이사르가 루비콘강을 건너며 외쳤던 말로 알려져 있다.

카이사르가 외친 "주사위는 던져졌다."를 원어로 하면
'Iacta alea est^{약타 알레아 에스트}'다.
여기서 'iacta^{약타}'는 '던지다'의 뜻이고,
'alea^{알레아}'는 '주사위',
'est^{에스트}'는 영어의 be동사로 보면 된다.
영어로는 'the die is cast'라고 번역되고 있다.

카이사르가 한 그 말은
번역이 잘못된 것이라고 주장하는 사람도 있다.
카이사르가 존경하던 그리스 시인 메난드로스의 시의 한 구절을

그리스어로 말했고,
그것이 훗날 오역된 것이라는 주장이다.

하지만 많은 역사서에서
카이사르는 "주사위는 던져졌다!"고 외쳤다고 쓰고 있다.

카이사르가 '갈리아' 사령관으로 나가 있을 때,
폼페이우스는 로마 귀족들과 손을 잡고
카이사르를 타도할 계획을 세우고 있었다.
카이사르는 그들에게 당하지 않으려면 자기가 선수를 쳐야 했다.
임기가 끝나자 카이사르는 자신의 군대를 이끌고
로마로 진격했다.

갈리아와 로마의 경계에 루비콘강이 있었다.
만약 무기를 지닌 채로 루비콘강을 건너게 되면
로마에 반역을 한다는 의미였다.
루비콘강 앞에 다다른 카이사르는
착잡한 심경으로 강을 보며 이렇게 말했다.
"이 강을 건너면 인간 세계가 비참해지고
건너지 않으면 내가 파멸한다."…
그러다가 망설임을 떨쳐버린 그가 큰소리로 외쳤다.

"나아가자, 신들이 기다리는 곳으로.
우리의 명예를 더럽힌 적이 기다리는 곳으로.
주사위는 이미 던져졌다!"

이때가 기원전 49년 1월 12일,
카이사르가 50세 6개월 되던 날 아침이었다.
결국 루비콘강을 넘어간 카이사르는 승리해서 정권을 잡게 된다.
그후 카이사르가 한 그 말, "주사위는 던져졌다!"는
명구가 돼서 많은 사람이 인용하고 있다.

지금 이 순간 "이미 주사위는 던져졌다!"
이렇게 외치고 싶은 일은 무엇인지?
그 던져진 주사위가
푸른 희망의 땅에 놓이기를…

달빛 아래서 가장 아름다운 당신

여자의 얼굴은 달빛 아래서 가장 예뻐 보인다.

희미하게 보이면서 단점이 가려지기 때문이다.

또 챙이 큰 모자를 쓰면 모자가 햇빛을 차단하고

얼굴이 역광선을 받아 예뻐 보인다.

그리고 40미터 정도 거리를 두고 보면

0.3 정도의 시력밖에 되지 않아 나쁜 점이 좋은 모습에 가려

예뻐 보인다.

이런 것을 심리학에서는 '게슈탈트 법칙'이라고 한다.

'게슈탈트'라는 말은

'형태'나 '모양'을 의미하는 독일어의 명사에서 유래했다.

게슈탈트 이론은

독일 심리학자 막스 베르트하이머Max Wertheimer가

주장했다.

1910년 여름, 기차 여행을 하는 동안 영감을 얻어서

게슈탈트 이론을 주장하게 됐다.

그는 기차의 불투명한 벽과 창문 프레임이

부분적으로 자신의 시야를 가리고 있는데도

바깥 경치를 볼 수 있다는 사실을 깨달았고
이런 결론을 내렸다.

"눈이 단순하게 모든 영상 자극을 받아들이고
뇌는 이런 감각을
일관된 이미지로 정리한다."

그후 심리학자들은
베르트하이머의 연구를 더욱 심화했다.
사람이 영상을 인식하는 것은
감각적인 요소와 형태를
다양한 그룹으로 조직한 결과라고 결론지었다.

그러면서 '게슈탈트' 심리학자들은
우리가 영상을 인식하는 게슈탈트의 요인을 이렇게 분류했다.

- 거리가 가까운 것끼리 짝지어지는 '근접 요인',
- 크기와 모양이 비슷한 것끼리 모이는 '유사 요인',
- 일정한 방향을 가진 것끼리 묶인다는 '방향 요인',
- 비슷한 배열이 하나의 묶음을 이룬다는 '공동 운명 요인' 등…

형태나 조형을 통해 심리를 파악하는 '형태 심리학'인
게슈탈트 이론은
자연과학이나 다른 사회과학에도 많은 영향을 미쳤다.
미술이나 영화, 음악 등

예술 감상에 대한 연구에도
게슈탈트 이론은 여지없이 적용된다.
그런가 하면 게슈탈트 이론은
심리 치료에도 많이 쓰이고 있다.

가장 친근하게 느껴지는 거리감,
가장 예뻐 보이는 형태,
가장 행복해 보이는 영상 인식 등…
알게 모르게 우리는
게슈탈트 이론 속에 둘러싸여
지내고 있다.

클레오파트라의 코가 조금만 낮았더라면

흔히 미인을 비유할 때
'클레오파트라'의 이름을 떠올리기 쉽다.

투쟁과 타협의 시대를 살다 간 여인 클레오파트라는
기원전 69년, 이집트 왕가의 2남 4녀 중 셋째로 태어났다.
이름의 뜻은 '민족의 영광'이라는 뜻이다.

아버지인 프톨레마이오스 12세는
방탕만을 일삼다가 결국 왕위에서 쫓겨나고,
당시 열여덟 살이던 클레오파트라가
열 살인 남동생 프톨레마이오스 13세와 함께
왕위에 올랐다.
클레오파트라의 꿈은 이집트의 영광을 되찾는 일이었다.

당시 전쟁에서 패배한 폼페이우스군이
이집트 수도로 와서 이집트왕에게 도움을 요청하게 된다.
하지만 이집트왕은 폼페이우스를 살해하고,
그후 이집트로 들어온 카이사르에게

폼페이우스의 머리를 바친다.

바로 그때

카이사르와 클레오파트라의 운명적인 만남이 있게 된 것이다.

클레오파트라는 카이사르와의 사이에

아들 케사리온을 낳고 2년 동안 부부로 지냈다.

그러다가 2년 뒤인 기원전 44년 카이사르는

브루투스 일당에게 살해당하고 말았다.

그후 클레오파트라는

카이사르 진영의 2인자였던 안토니우스와 재혼하고,

세 아이를 낳았다.

그 일은 이집트와 로마의 전쟁으로 비화됐고,

클레오파트라와 안토니우스군은 옥타비아누스군에 참패한다.

이듬해 클레오파트라와 안토니우스는 자살했고,

이집트가 로마의 속국이 되면서

클레오파트라는 이집트의 마지막 왕으로 역사에 남게 됐다.

39년의 격정에 찬 개인사가 끝난 것이다.

『팡세』를 저술한 파스칼은 이렇게 썼다.

"클레오파트라의 코가 조금만 낮았더라면

지구의 얼굴은 변했을 것이다."

다시 말해 클레오파트라가 조금 덜 아름다웠더라면

전쟁이 일어나지 않았을 것이고,

세계의 역사는 달라졌을 것이라는 얘기다.
하지만 클레오파트라의 아름다움이 과연
외모에만 있었을까?

클레오파트라를 다룬 영화가 참 많다.
비비안 리, 소피아 로렌, 엘리자베스 테일러 등이
클레오파트라를 연기하면서
우리 뇌리에 클레오파트라의 미모는
고혹적인 매력을 가진 여인으로 각인됐다.

그런데 클레오파트라의 모습을 확인할 기회가 있었다.
영국의 브리티시 박물관에서
2000년 11월 1일부터 2002년 10월 5일까지 진행됐던
〈클레오파트라 특별전〉이 그것이다.
이 전시회에서는 조각과 꽃병, 보석, 그림 등
클레오파트라와 관련된 것들이 모여 있었다.
그중에서도 가장 눈에 띄는 것은
검정 대리석으로 제작된 조각상인데
작품에 나온 클레오파트라는
우리가 상상했던 모습과는 많이 달랐다.
엄숙하고 평범한 얼굴에 150센티미터 남짓한 작은 키,
뚱뚱한 몸매와 엉망인 치아는
어떻게 경국지색의 미인으로 회자돼 왔을까,
의문을 갖게 했다.
코도 뾰족한 매부리 모양을 하고 있었고

날카로운 눈꼬리와 살이 통통하게 붙은 목덜미는,
그동안 상상해온 클레오파트라의 아름다움에 대한 신화를
여지없이 무너트리고 말았다.

고고학 전문가인 수전 워커 박사는
"클레오파트라의 신화는 대부분 난센스"라고 강조하고 있다.
클레오파트라는 다만 뛰어난 지력과 "유혹의 기술"을 가졌고,
지성과 교양과 유머가 탁월했다.
클레오파트라는 문학 전반에 대한 학식이 풍부했다.
그리고 대수와 기하, 천문학과 의학 수업도 받았고,
그림과 노래, 악기, 승마에 능했다.
특히 클레오파트라는 외국어에 능통해서
그 어떤 나라의 말도 통역사 도움이 필요 없었다.

미모를 이용해 남자들을 유혹한 요부로
클레오파트라를 평가하는 것은 지나치다.
오히려 야심만만하고 탁월했던 정치가로 기억해야 할 것이다.

그러므로 '클레오파트라의 코'에 대한 파스칼의 비유는
"클레오파트라가 가진 지성과 매력"으로
바꿔야 옳은 것인지도 모른다.

국민의, 국민에 의한, 국민을 위한

정치인들이 가장 인용을 잘하는 말,
그리고 전 세계 모든 나라의 모든 국민이
가장 원하는 정치의 이상은 바로 이 말 속에 다 들어 있다.
'국민의, 국민에 의한, 국민을 위한 정치.'

미국 제16대 대통령인 아브라함 링컨은
미국 남북전쟁이 한창이던 1863년 11월 19일,
전쟁의 전환점이 된 혈전지인 게티스버그를 방문했다.
남북전쟁에서 쓰러진 용사들을 모시는 국립묘지가 만들어졌고,
그 봉헌식이 거행된 것이다.
두 시간 동안 열변을 토한 다른 연설자의 열변이 끝나고
링컨이 단상에 올라갔다.
그리고 겨우 2분 정도의 불후의 명연설을 하게 됐다.
그것이 그 유명한 '게티스버그 연설'이다.

원문으로 총 266 단어의 짧은 이 연설문은
미국사의 기념비적인 텍스트의 하나로 전해지게 된다.
그리고 미국의 초등학교 학생들은

그 전문을 암기해야만 하게 되었다.
특히 마지막 구절은 너무나 유명하다.

- 살아남은 우리는 이에 그 결의를 굳게 해야 할 것이다.
그들 죽은 자들로 하여금 헛된 죽음이 되지 않도록 한다는 것을.
이 국민은 신神 아래 새로이 자유를 가꿔낸다는 것을.
그리고 저 국민의, 국민에 의한, 국민을 위한 정치를
지상에서 절멸시키지 않는다는 것을… -

그때부터 '국민의, 국민에 의한, 국민을 위한 정치'라는 말은
사람들 입에 오르내리게 됐다.
사실 이 말은 당시의 설교가인
파커가 같은 말을 사용했다.
그리고 그 말의 기원은
그보다 훨씬 더 옛날로 거슬러 가야 한다.

14세기 영국에 위클리프라는 종교개혁의 선구자가 있었다.
그는 성서의 영역을 처음으로 완성한 사람으로 유명하다.
1384년, 출판된 그의 영어판 『구약성서』의 서문에 나와 있다.

그러니까 링컨의 그 말의 원조는 바로
영국의 위클리프가 성서의 서문에 쓴 말이고,
그후 설교가인 파커가 사용하게 됐고,
또 그후 링컨이 연설에 인용한 것이다.

링컨의 게티스버그 연설은 그밖에도 많은 일화를 갖고 있다.
먼저, 링컨에 앞서 두 시간 연설했던 웅변가
에드워드 에버렛^{Edward Everett}이 이렇게 탄식했다.

- 나는 두 시간 연설했고 당신은 2분간 연설했습니다.
그러나 내 두 시간 연설이 당신의 2분 연설처럼
묘지 봉헌식의 의미를 그렇게 잘 포착할 수 있었다면
얼마나 좋았겠습니까? -

또 링컨이 게티스버그로 가는 열차 안에서
편지 봉투 겉면에 서둘러 쓴 것이 이 연설문이라는 이야기도
널리 퍼져 있다.

단 2분간의 연설이지만, 너무나 명연설이 된 링컨의 연설!
명연설은 길이에 있는 게 아니라
그 내용의 호소력에 있다는 것을 증명해주고 있다.

알콜임을 입증함!

술을 마시다 보면
술병에 '몇 도'라는, 도수 표시가 되어 있기도 하고,
'PROOF'라는 표시가 되어 있기도 하다.
그렇다면 도수와 PROOF의 차이는 무엇일까?

술의 농도를 나타내는 단위는 주로
'도', '퍼센트', 그리고 'PROOF'… 이 세 가지가 쓰인다.
그중에서 '도'와 '퍼센트'는 같은 의미다.
25도짜리 소주는 알콜 농도 25퍼센트짜리 소주를 말한다.
그러니까 이 소주의 용량이 100밀리리터라면
그중에 25밀리리터가 알콜이고, 75밀리리터는 물이라는 뜻이다.

그렇다면 'PROOF'라고 표시돼 있는 것은
어떤 단위를 뜻할까?

PROOF는 '증명'이라는 뜻을 가진 단어다.
이 '증명'이라는 단어를 술의 단위로 쓴 것은
19세기 이전의 영국에서부터였다.

부피나 질량을 정확히 잴 도구가 없었던 그 당시
영국인은 물과 알콜 혼합액에 화약을 터뜨릴 때,
알콜 농도가 어느 수준을 넘어서야만
불이 붙는다는 사실을 알았다.
그래서 불길이 일어나면
"알콜이라는 것이 입증됐다."는 뜻으로
"Proof!"라고 외쳤다.
불이 붙는 알콜의 농도는 57.1퍼센트였는데
그래서 57.1퍼센트의 알콜이 100 PROOF로 규정된 것이다.

그런데 이것이 미국으로 건너가면서 달라졌다.
미국인들은 복잡한 숫자 대신에
단순히 퍼센트 농도의 두 배를 'PROOF'로 정해버렸다.
그러니까 미국에서는
'50퍼센트 알콜'이 '100 PROOF'가 된 것이다.

그후 프랑스인은
헷갈리는 PROOF를 아예 무시하고
와인에 바로 퍼센트 농도를 표기하면서
이를 세계에 확산시켰다.
하지만 아직도 독주 메이커 상당수는
여전히 'PROOF' 표기를 고집하고 있다.
그러므로 누군가 '영국산 80 PROOF' 위스키를 마셨다면
우리식으로 46도짜리 위스키를,
'미국산 80 PROOF'라면 40도 짜리 위스키를 마신 셈이다.

"술은 피곤할 때 정신의 오아시스,

위선의 옷을 벗어버리게 하는 난로, 숭고한 정신의 혈액이다!"

이런 주장도 있던데 이건 물론 애주가들의 주장이다.

"술은 고혈압에 나쁘고, 위장에 나쁘고, 간에 해롭고,

신경에 안 좋고, 과음하면 중풍에 걸리기 쉽고,

기억력을 없게 하며, 금전과 시간을 낭비하게 하는 것.

이것이 술이다!"

이것은 아마도 애주가 남편을 둔 아내들의 항변일 텐데…

내가 판결을 내리자면

좋은 사람과 한두 잔 가볍게 하는 술은, 정신의 오아시스,

하지만 "마시고 죽자!" 이렇게 마시는 술은, 몸과 마음의 독!

이렇게 판결을 내려드린다. 땅, 땅, 땅!

내 손 안에는 무기가 없습니다

오늘 우리는 또 몇 번의 '악수'를 나눠야 할까?
그런데 이 악수에도 분명히 지켜야 할 에티켓이 있다.

각 나라에서 건네는 인사말은 다 다르다.
중국에서는 "위장에 별 탈 없어?"라고 인사하고
이스라엘에 가면 "평화!"라고 인사한다.
우리나라에서는 "식사하셨습니까?"
이것이 인사말일 때가 많다.
이렇게 인사말도 다르고 인사법도 다 다른 세상이지만
가장 보편적인 인사법이 있다.
'악수'다.

악수의 인사법은 처음에 어떻게 생겨나게 됐을까?
옛날에는 낯선 사람끼리 만나면 우선은 적敵이라고 의심했다.
그래서 얼른 몸에 지닌 칼에 손을 댔다.
물론 상대도 마찬가지였다.
두 사람은 서로 경계하면서 얼굴을 마주본 채
상대에게 천천히 다가섰다.

그러다가 서로 싸울 뜻이 없음을 알게 되면
칼을 거두고 무기를 쓰는 오른손을 내밀어서
적의가 없다는 뜻을 나타내 보였다.
이것이 바로 악수의 기원이다.
여성에게는 악수하는 습관이 없었던 걸 보면
이 악수의 기원은 설득력이 있다.

한편 키스는 사람이 만들어낸 아주 소중한 제스처다.
사람은 어떻게 키스를 처음 시작하게 됐을까?

키스는 말레이시아 남해의 어느 민족 사이에서
코를 맞대는 풍습에서 유래됐다는 설이 있다.
그리고 에스키모인이 연인에 대한 애정 표현 수단으로
코를 비비며 애무한 데서 왔다는 설이 있다.

'키스한 자리는 행운의 자리다.'
이런 서양 의식에서 시작했다는 설도 있고,
전쟁터나 싸움에서 부상당한 기사들의 상처를 빨아준 데서
유래했다고 보는 설도 있다.

포옹은 서양에서는 아주 보편적인 인사법이다.
포옹과 함께 볼에 입을 맞추는 제스처는
라틴계나 슬라브계 민족의 전통적 인사법이었다.
또 이탈리아에서는 포옹을
'아브라치오Abraccio'라고 한다.

이 제스처는 오래전부터 성별과 나이에 상관없이
사랑과 우정을 표현하는 데 사용됐다.

그밖에도 인사 제스처는 아주 다양하다.
에스키모족은 서로의 뺨을 치는 것이 반갑다는 뜻이고
티베트인은 자신의 귀를 잡아당기며
혓바닥을 길게 내밀어 친근감을 표시한다.
폴리네시아인은 서로 코를 비벼대는 인사법을 가지고 있다.

그런데 악수는 누가 먼저 청하는 게 예의일까?
악수는 여성이 남성에게, 윗사람이 아랫사람에게,
선배가 후배에게, 기혼자가 미혼자에게,
상급자가 하급자에게 먼저 청하는 것이 예의를 갖춘 방법이다.

악수할 때의 시선은 상대방의 눈을 보는 게 좋다.
우리는 상대의 눈을 똑바로 쳐다보면
무례하다, 도전적이다, 이렇게 생각하지만
서구에서는 눈빛이 마주치는 것을 정직한 것으로 이해한다.

또 손은 팔꿈치 높이만큼 올려서
잠시 상대방의 손을 꼭 잡았다 놓는 것이 기본적인 예의다.
너무 세게 잡거나 상하로 지나치게 흔드는 것도
처음 만나서 인사할 때 에티켓에 어긋난다.

우리나라에서는 악수를 하면서 절을 하는 경우도 많다.

좋은 악수 매너가 아니다.
악수는 악수, 인사는 인사!
외국인과 악수할 때는 허리를 당당하게 세우고
상호 대등하게 악수를 나누도록 하는 게 좋다.

그렇다면 악수해야 하는 상황은 어떤 경우일까?
소개를 받았을 때, 작별 인사를 할 때,
사무실에 손님이 왔거나 사무실을 방문했을 때,
사무실에서 아는 사람을 만났을 때 등 수없이 많다.

하지만 악수를 피해도 실례가 되지 않는 상황도 있다.
손이 더러울 때, 감기나 다른 병에 걸렸을 때는
양해를 구하고 악수하지 않아도 된다.

오늘 하루 동안은 어떤 손과 어떤 악수를 나누게 될까?
정직한 손과 기쁜 인사를 나누게 되는
그런 날이었으면 좋겠다.

가장 높이, 가장 멀리 나는 새

봉황은 이 세상에 존재하는 새일까?
불사조는 이 세상에 존재하는 새일까?
사실 봉황도, 불사조도 이 세상에 존재하는 새는 아니다.

그런데 골퍼들의 최고 꿈을 상징하는 용어가 있다.
'알바트로스'.
골프 용어에서 알바트로스는
기준 타수보다 3타 적게 홀아웃되는 상황으로
PAR5 홀에서 두 번 만에 홀인하는 경우다.
알바트로스는 홀인원보다 어렵다고 알려져 있다.
기적에 가까운 일인 것이다.

수많은 골퍼의 가슴을 환상에 젖게 하는 알바트로스.
이 세상에서 가장 높이 난다는 환상의 새, 알바트로스는
과연 이 세상에 실재하는 새일까?

어떤 독수리보다 더 높이,
어떤 갈매기보다 멀리 나는 새, 알바트로스.

동양에서는 '신천옹信天翁'이라고 불리운다.
이름만 봐도 이 새의 비행 솜씨를 짐작할 수 있다.

알바트로스는 그렇게, 이 세상에 실재하는 진짜 새다.

알바트로스가 하늘을 나는 새 중에
'왕자' 자리를 차지하게 된 것은 결코 우연이 아니었다.

알바트로스는 알에서 깨어나자마자 바닷물에서 떠다닌다.
당연히 비행법을 채 익히지 못한 알바트로스의 새끼들은
흉악한 표범상어들의 표적이 되고 만다.
그래서 태어나는 바로 그 순간부터 알바트로스는
상어의 공격에서 벗어나려고 필사의 날갯짓을 해야 한다.
그런데 알바트로스 새끼들의 대부분은
파도 위에서 퍼덕이다가 비행에 성공하지 못하고
상어의 먹이로, 짧은 생을 마감하고 만다.
날갯짓에 성공해 하늘로 비행하는 새끼 알바트로스…
이 최초의 목숨을 건 비행에 성공한 알바트로스들만이
생명을 허락받게 된다.
그러니까 날지 못하는 알바트로스는
생존의 자격이 박탈당하게 되는 것이다.

마치 새끼를 낳자마자 천 길 낭떠러지로 굴러 떨어트려
거기에서 죽지 않고 기어오르는 녀석만 기른다는
전설 속의 사자들 얘기를 떠올리게 한다.

그러고 보면 잔인한 표범상어들은
알바트로스의 적敵이 아니라
그들의 비행 훈련을 시키는
최고의 과외 교사들인 셈이다.
표범상어가 있는 한 알바트로스는 튼튼한 날개의 유산을
대대로 물려받을 수가 있고,
가장 멀리, 가장 빠르게 하늘을 장악하는
하늘의 왕자가 될 수 있기 때문이다.

두 날개를 쫙 펴면
푸른 하늘을 가득 채운 것 같은 알바트로스.
그 알바트로스의 위상은 결국
목숨을 건 비행 연습에 있었다.

궁합이 잘 맞는 음식, 궁합이 안 맞는 음식

'음식 궁합'이라는 말을 많이 한다.
음식에도 궁합이 있어서 함께 먹으면 영양가도 더 좋아지고
소화도 더 잘되는 음식이 있는가 하면,
그 반대로 함께 먹으면 독이 되는 음식도 있다는 것이다.

음식 궁합이 맞지 않는 음식으로는
어떤 것들이 있을까?

우선 게장과 꿀은 같이 먹으면 안 좋다.
술과 홍시, 술과 호도도 같이 먹으면 좋지 않다.
간과 수정과도 서로 맞지 않고,
김과 기름, 시금치와 근대, 미역과 파,
바지락과 우엉도 서로 안 맞는 음식이다.
매실과 로얄제리도 상극이고
오이와 당근, 오이와 무,
토마토에 설탕을 넣으면 영양소가 파괴된다.
홍차와 꿀도 좋지 않다.
씨앗류, 땅콩 등과 감자, 고구마, 밤 같은 전분 식품도

함께 먹으면 부작용을 일으키기 쉬운 관계들이다.
이렇게 음식 궁합이 맞지 않는 식품들을 '상극 관계'라고 한다.

한편 송나라 때 시인 소식은 동파거사로 불렸다.
그가 즐겨 먹은 돼지고기와 배추 요리를 '동파육'
또는 '동파채'라고 했다.
그렇게 돼지고기나 배추는
음식 궁합이 굉장히 잘 맞는다.
이런 관계를 '상생 관계'라고 한다.

생굴과 새우도 돼지고기에는 아주 어울리는 식품이다.
배추 생잎에 돼지고기 한 점을 얹고
생굴을 올려놓아 보쌈 해 먹거나
돼지고기를 새우젓에 찍어 먹으면
'상생 관계'로 맛도 좋고 소화도 잘되고 건강식이 된다.

돼지고기는 상추나 청포묵과도 궁합이 잘 맞는다.
청포묵에 돼지고기, 미나리를 넣고 초장을 쳐서
'탕평채'라는 시원 상큼한 음식을 만들어 먹으면
봄 타는 춘곤증, 여름 타는 주하병을 이겨낼 수 있다.
춘곤증에는 냉이, 부추도 좋다.
그러나 국수와 냉이는 함께 먹으면 가슴이 답답해진다.
봄을 타는 데는 아욱이 별미다.
의학책 『본초강목』에는 이렇게 쓰여 있다.

- 아욱을 먹는 데는 마늘을 쓴다. 마늘이 없으면 먹지 말라. -

이렇게 말할 정도로 아욱과 마늘은 찰떡궁합이라고 한다.

음식 궁합이 잘 맞는 식품으로는
쑥과 쌀도 있다. 쑥떡이 그래서 좋고,
쑥갓과 조개, 딸기와 우유, 인삼과 대추, 인삼과 닭도 좋다.
그러므로 삼계탕은 가장 잘 어우러지게 배합한 음식이다.

돼지고기와 표고버섯, 복어와 미나리, 미꾸라지와 산초,
굴과 레몬, 미역과 두부, 시금치와 참깨도 음식 궁합이
잘 맞는 식품이다.
그런가 하면 생선회와 생강, 소주와 오이, 소고기와 배,
시금치와 참깨, 아욱과 새우, 우거지와 선지,
콩과 식초, 커피와 치즈가 서로에게 아주 잘 맞는 음식이다.

육체는 영혼을 담는 그릇이다.
정신을 잘 다듬기 위해서도 잘 먹는 게 중요하다.
특히 제철 음식은 보약보다 한 수 위의 건강식이다.

눈으로 만든 집

흔히, 눈^雪으로 만든 에스키모의 집을
'이글루^{igloo}'라고 한다.
이글루는
에스키모의 언어로 '집'이라는 뜻이다.

에스키모인은 눈으로 만든 집 외에도
목재나 석재, 잔디를 사용한 집이나
짐승 가죽으로 만든 천막에 살았다.
이글루라는 말은 원래 모든 주거 형태를 총칭하는 말이었다.

하지만 그곳을 방문한 사람들은
눈으로 만든 집을 가장 신기하게 생각했고,
얼음집이 널리 알려지게 되면서
이글루는 곧 '얼음으로 만든 집'의 의미가 강하게 인식됐다.

북극의 여름은 0도 내외이고
겨울은 무려 영하 50도까지 떨어진다고 한다.
거기다 거센 바람까지 불면 체감온도는 엄청나게 내려간다.

그들에게는 바람만이라도 피할 수 있는 집이 필요했다.
그런데 에스키모인이 사는 북극연안에
쉽게 구할 수 있는 것은 눈밖에 없었다.
그 눈을 이용해서 그들은 이글루를 지었던 것이다.

그러면 눈으로 만든 집 이글루는 어떻게 짓는 것일까?
우선 고래의 뼈로 만든 긴 칼로 단단한 눈을
블록 모양으로 잘라낸다.
그리고 이것을 쌓아올려 벽체로 하고,
그 위에 돔 형태의 지붕을 만든다.
또 이음새와 틈은 눈을 밀어 넣어 막는다.
그런가 하면 눈을 잘라낸 우묵한 자리가 그대로
그 집의 바닥이 된다.

눈으로 만든 집 이글루의 형태는 반원의 모양을 하게 된다.
주로 남쪽에 출입구를 낸다.
그리고 그 앞에 작은 이글루를 더 만들어
창고나 개집으로 사용하기도 한다.
집의 내부에는 작은 가지로 엮은 깔개를 깔고,
그 위에 짐승의 가죽을 까는데
이곳이 거실이 되기도 하고, 침대가 되기도 한다.

에스키모인은 이글루에 물을 뿌려서 난방한다.
물이 얼면서 많은 양의 열을 방출하기 때문이다.

이글루는 원래 거주지가 아니라
사냥을 나왔을 때 쓰는 임시 거처였다.
하지만 최근에는 관광 목적 외에는
사용하는 경우가 드물다고 한다.

눈과 얼음으로 만든 집, 이글루.
낭만의 환상일까, 고행의 현실일까?

위선과 거짓의 눈물

거짓과 위선으로 가득 찬 사람을 빗댈 때,
우리는 언뜻 악어를 떠올린다.
'악어의 눈물'은 그렇게 가식과 위선을 의미한다.

그런데 악어는 정말 눈물을 흘리는 것일까?
그렇다면 악어는 왜 눈물을 흘릴까?

눈물은 눈을 건조하지 않게 보호하고
박테리아나 유해한 화학물질을 막아준다.
그래서 눈물을 흘린다는 것은 굉장히 중요한 기능이다.

악어 역시 눈물을 흘린다.
그런데 악어는
먹이를 잡아먹을 때면 꼭 눈물을 흘린다.
마치 잡아먹히는 동물이 불쌍해서 흘리는 눈물처럼 보이는
악어의 눈물,
과연 먹이의 죽음을 애도하는 눈물일까?

악어가 눈물을 흘리는 것은
슬픔과는 전혀 상관이 없다.
눈물이 입안에 수분을 보충해서
먹이를 삼키기 좋게 해주기 때문에
그러니까 오직 소화를 위해 눈물을 흘릴 뿐이다.

그래서 악어의 눈물은
'거짓 눈물'을 의미하게 된 것이다.

악어의 눈물에 대한 또 다른 유래도 있다.
악어는 늪이나 강 밖으로 나오면
일광욕을 자주 즐긴다.
악어는 일광욕을 즐길 때,
입을 크게 쫙 벌리고 일광욕을 즐긴다.
그렇게 턱뼈를 벌리고 있으면 악어의 눈물샘이 자극돼서
눈물이 나오게 된다.
겉으로 보기엔 악어가 우는 것처럼 보이지만
이 경우에도 악어의 눈물은
감정과는 상관없는 눈물이다.
그러므로 이 눈물 또한 거짓 눈물이다.

그런데 몇 해 전,
악어가 정말 슬퍼서 눈물 흘릴 일이 생기고야 말았다.
미국 연구자들은
호수에 유입된 농약 때문에

악어가 생식장애를 일으키는 것을 발견했다.
환경오염 때문에 생식장애를 일으키는 악어들,
그들이 흘리는 눈물은
진짜 눈물이고 진짜 슬픔일 것이다.

어쨌거나 악어의 눈물은
겉으로는 눈물을 흘리면서
속으로는 자기 이익을 챙기는 사람,
겉과 속이 다른 사람이나
위선과 가식이 넘치는 행동을 지칭할 때,
자주 인용된다.

하루 하나 상식

영원히 녹지 않는 눈

킬리만자로의 만년설이나
히말라야산맥의 만년설은
많은 문학 속에서 표현되고 있다.
그렇다면 '만년설萬年雪'은 과연 영원히 녹지 않는 것일까?

'히말라야'는
고대 산스크리트어의 '눈雪'을 뜻하는 '히마hima'와
'거처'를 뜻하는 '알라야alaya'
이렇게 두 개의 낱말이 결합된 복합어다.
히말라야산맥은 '눈의 거처', '눈의 집'이라는 뜻에 맞게
만년설로 유명하다.

만년설은 문자 그대로
'만 년 동안 녹지 않는 눈'이라는 뜻이다.
여기서 만 년이라는 것은
'오랜 시간' 또는 '끝이 없이 긴 시간'을 상징하는 단어다.

날씨가 따뜻해지면 사라지는 보통의 눈과는 달리

언제나 하얀 융단처럼 산을 덮고 있는 눈.
수많은 세월을 녹지도 않은 채
언제나 똑같은 모습을 하고 있다는 점에서
고지대의 눈을 가리켜 만년설이라고 한다.

그렇다면 정말 만년설은
1만 년 동안이나 녹지 않는 것일까?

만년설은 사실
지표면과 가까운 아랫부분부터 조금씩 녹고 있다.
다만 우리가 보는 보통의 눈과는 다른 점이 있다.
햇빛에 녹는 것이 아니고,
지구의 지열 때문에 녹는 것이다.

만년설은 윗부분부터 녹는 것이 아니라
아랫부분부터, 그러니까 쌓인 지 오래된 눈부터
조금씩 조금씩 물과 함께 녹아버린다.
결국 낡은 눈은 생명을 다하고
새로운 눈이 보급되는 것이다.
그리고 보면 만년설은
온 우주의 생명법칙을 충실히 따르고 있는 셈이다.

그런데 만년설이 위태롭다는 기사들을 많이 보게 된다.
북반구의 기온이
탄산가스 증가에 따른 온실효과 때문에

계속해서 올라가고 있다는 것이다.
이런 상황이 더욱 심해지면 만년설이 녹는 속도도
자연히 빨리질 수밖에 없을 것이다.

온 우주의 생명법칙을 고스란히 따르는 만년설이
없어지고
우리의 자손에게는 만년설이 그저
전설로만 전해질지도 모른다.
만년설이 '1년설'이 되면
지구는 어떻게 되는 걸까?

우린 함께 해야 해요

나무들을 가만히 보게 되면
이런 생각이 들 때가 있다.
저렇게 마주 서서 오랜 세월을 같이 있으면
서로 사랑하게 될 것 같다는 생각…

그런데 정말 가까이 자라는 두 나무가
맞닿은 채로 오랜 세월이 지나면 서로 합쳐져
한 나무가 되는 현상이 있다고 한다.

두 나무의 나뭇가지가 서로 이어지면 연리지連理枝,
두 나무의 줄기가 서로 이어지면 연리목連理木이다.
줄기가 이어진 연리목은 우리 눈에 가끔 띄지만
가지가 붙은 연리지는 참 희귀하다.
가지는 다른 나무와 맞닿을 기회가 적기 때문이다.
가지와 가지가 서로 맞닿는다고 해도
바람이 훼방을 놓기 때문에 좀처럼
가지와 가지가 서로 몸을 섞는 것이 쉽지는 않다.

한편 땅속의 뿌리는
연리 현상이 줄기나 가지보다
훨씬 더 흔하게 일어난다고 한다.
베어버리고 남아 있는 나무 등걸이
몇 년이 지나도 죽지 않고 그대로 살아 있는 경우를
흔히 보게 되는데
옆의 나무와 뿌리가 연결돼서
그 양분을 공급받기 때문이다.

나무와 나무가 서로 오래오래 몸을 맞닿으면
하나의 몸이 되는 과정
그 과정은 이렇게 진행된다.

가까이 심겨진 두 나무의 줄기나 가지는
자라는 동안 지름이 차츰 굵어져서 서로 맞닿게 된다.
맞닿은 부분의 껍질이 압력을 견디지 못해서 파괴되거나
안쪽으로 밀려나고 나면
그때 비로소 나무의 맨살이
옆의 나무의 맨살과 그대로 맞부딪치게 되는 것이다.
둘 사이에는 그렇게 사랑의 스킨십이 이뤄지게 되고,
생물학적인 결합을 준비하게 된다.

먼저 지름생장의 근원인 '부름켜'가 조금씩 이어지고 나면
다음은 양분을 공급하는 유세포柔細胞가 서로를 섞어버린다.
그리고 마지막으로

나머지의 보통 세포들이 공동으로 살아갈 공간을 잡아간다.
두 몸이 한 몸이 되는 연리의 대장정은 그렇게 막을 내리게 된다.
두 나무 세포의 이어짐은 적어도 10년이 넘게 걸린다고 한다.

그렇게 그들은 두 나무가 아닌 한 나무가 돼서
양분과 수분을 서로 주고받는 건 물론이고,
한쪽 나무를 잘라버려도
광합성을 하는 다른 나무의 양분 공급을 받아서
살아갈 수가 있다.

'연리'는
같은 종種의 나무에서만 일어나는 현상이다.
신기한 것은
같은 나무가 아니면서도 서로 의좋게 붙어 있는 나무도 있다.
충남 당진군 고대면 당진포 3리의 소나무와 상수리나무,
그리고 경기도 양평군 단월면 향소1리의 음나무와 느티나무 등…
곳곳에서 흔히 볼 수 있다고 한다.

사랑은 그렇게
둘이 모여 하나가 되는 것이라는 사실을
나무들은 오늘도 온몸으로 증명하고 있다.

지구의 푸른 예언자

가끔 영화에서 보면
어떤 큰일이 일어나기 전에
갑자기 식물이 말라 죽고… 이런 걸 비춰주면서
위기를 고조시킨다.

사람 중에도
앞날을 예언하는 예언자가 있는 것처럼
식물 중에도 앞날의 재난을 예고해주는 식물이 있다.

지구상에 환경오염이 얼마나 됐고
그것 때문에 어떤 재난이 닥칠지
미리 예언해주는 식물을
과학 용어로 '지표식물'이라고 한다.

지표식물은
눈으로 확인할 수 있는 특이한 피해 증상을 온몸에 나타내
환경오염 여부를 인간에게 미리 경고해준다.

그런데 나라마다 그 식물예언자들이 다 다르다.
미국에는 '알팔파'라는 꽃이
지구의 위험을 알려주는 예언자다.

네덜란드에는 '글라디올러스'가 그 역할을 한다.

그리고 일본은 '나팔꽃'이
환경오염을 알려주는 지표식물이고
우리나라는 '들깻잎'이 지표식물이다.
들깻잎에 갈색 반점이 짙게 많이 생기면
오염이 심각하다는 일종의 경고다.

그런가 하면 새나 토끼 등도 위험을 예고해준다.
유럽 탄광에서는 종종
석탄과 함께 생성되는 탄산가스로 인한 질식사고가 발생하기 때문에
탄광 안에 카나리아를 기른다.
카나리아는 탄산가스 농도가 조금만 올라가도
먼저 반응을 나타내는데
일정량의 탄산가스가 공기 중에 축적되면 그만 죽고 만다.

「토끼와 잠수함」의 얘기처럼
토끼는
공기 중의 산소 농도가 조금만 낮아져도 쉽게 죽어버린다.
그렇기 때문에 초기의 잠수함에서는
토끼를 사육해서

잠수함 내 공기의 오염 여부를 미리 알도록 했다.

지구 오염을 미리미리 알려주는 지표생물
그들은 자기 몸을 희생하며
이 지구의 환경오염의 심각성을 알려주는
지구의 푸른 예언자들이다.

다섯 마리 새

화투놀이가 지나쳐서 노름으로 발전하면 안 되겠지만
재미와 놀이로 하면 치매 예방 차원에서도 좋다고 한다.
인터넷 게임으로도 즐길 수 있는 고스톱,
그런데 화투장에 그려진 새들은 어떤 새들인지
궁금할 때가 있다.
그리고 왜 '고도리'라는 말이 나오게 됐는지 궁금해진다.

고도리라는 말은 일본말이다.
그러니까 잘못 쓰이고 있는 용어다.
우리말로 고도리를 번역하면
'고'가 숫자 5를 뜻하고
'도리'는 새를 뜻한다.
따라서 고도리는 다섯 마리의 새라는 뜻이다.

화투장 중에 있는 새를 세어 보면
모두 다섯 마리의 새가 나온다.
매화가 그려진 2에 새가 한 마리 나오고
흑싸리가 그려진 4에 새가 한 마리 나온다.

공산인 8월에도 새가 세 마리 나온다.
그래서 이 석 장을 모두 먹으면 새가 다섯 마리가 되고
흔히 '고도리를 했다.'고 한다.

그럼 다섯 마리의 새는 무슨 새일까?

2에 나오는 매화나무 가지에 앉아 있는 새는
휘파람새다.
울음소리가 휘파람 소리 같다고 해서
휘파람새라는 이름이 붙은 참 예쁜 새다.

흑싸리나무 가지 사이에 있는 새는
우리나라에 많이 서식하는 종달새다.

나머지 세 마리가 한꺼번에 날아가는
8월 공산의 새는 무슨 새일까?
어떤 곳을 향해 날아가는 것처럼 보이는 그 새는
기러기다.

참고로 화투에 그려진 동식물을 보면 다음과 같다.
1월 - 솔. 소나무에 두루미
2월 - 매조. 매화에 휘파람새
3월 - 사꾸라. 벚꽃에 막^幕
4월 - 흑싸리. 등나무에 종달새
5월 - 초. 창포에 다리

6월 - 목단. 모란에 나비

7월 - 홍싸리. 싸리나무에 멧돼지

8월 - 공산. 억새에 기러기

9월 - 국진. 국화에 술잔

10월 - 풍. 단풍에 사슴

11월 - 똥, 오동. 오동나무에 봉황

12월 - 비. 버들에 제비 또는 소야도풍小野道風에 개구리

화투는 포르투갈에서 생겨서
일본을 거쳐 우리나라에 들어왔다는 설이 있다.

화투놀이가 한때는 노름의 용어처럼 쓰였다.
그러나 이제는 인터넷 게임으로도 즐기고
가족끼리 즐기는 놀이이기도 하다.
그나저나 화투장에는 참 아름다운 새들이 산다.

치명적인 매혹

영화를 보다 보면
'팜므 파탈femme fatale'형 여자 주인공이 많이 나온다.
영화 용어에 자주 등장하는 팜므 파탈.
이 용어는 언제부터 사용되기 시작했을까?
그리고 정확한 뜻은 무엇일까?

팜므 파탈은 프랑스어다.
그중에서 'femme'는 '여인'을 뜻하고,
'fatale'은 '치명적'이라는 뜻의 형용사다.
이 말을 우리말로 번역하자면
'운명의 여인' 정도로 번역할 수 있을까.

팜므 파탈이라는 용어가 처음 나오게 된 것은
50년대 후반, 프랑스의 영화 평론지
『까이에 뒤 시네마Cahiers du Cinema』의 평론가들이
쓰기 시작하면서부터다.
평론가들은 40년대 초에서 60년대 초까지 미국에서 만들어지던
B급 범죄 스릴러 영화들을

'필름 느와르film noir'라는 용어로 인위적으로 분류했다.
그러면서 '필름 느와르' 속에 나오는 여자 주인공을
악녀나 요부, 치명적인 여인, 운명의 여인이라는 뜻으로
'팜므 파탈'이라는 용어로 분류했다.

필름 느와르라고 분류되는 영화들은
갱스터 영화들보다 훨씬 복잡한 이야기 구조를 가지고 있다.
그리고 반전이 거듭된다.
여기에서 중요한 역할을 하는 것이 바로
'운명의 여인'이다.
이 운명의 여인은 피할 수 없는 성적 매력으로
주인공을 유혹한다.
여자 주인공 때문에 주인공은
사건의 혼돈 속으로 더 휘말리게 된다.

팜므 파탈형 여자 주인공은
주로 타락한 악녀로 묘사된다.
결국 남성에게 편입되거나
그들에게 제거되는 운명을 갖게 된다.

여성을 타락한 존재로 묘사하기 때문에
페미니즘 계열의 평론가들에게 종종 공격받기도 한다.
하지만 단순히 '악녀'라기보다는
뭔가 강한 매력을 지닌,
'운명의 여인'이라는 표현이 더 어울린다.

팜므 파탈은 스릴러물이나 액션물에서도 자주 등장한다.
〈원초적 본능〉의 샤론 스톤,
〈LA 컨피덴셜〉의 킴 베이싱어 등이
팜므 파탈의 전형적인 예가 될 수 있을 것이다.

끌려들 수밖에 없는 강인한 매력을 가진,
그러나 치명적인 위험 요소를 가진 여인, 팜므 파탈.
팜므 파탈에게 매혹당하지 않고는 배길 수 없는 영화 한 편
보고 싶어진다.

가장 아름다운 비율

기가 막힌 비율을 갖춘 조각품을 보면 이런 말을 한다.
"'황금 비율'이다!"

그리고 눈, 코, 입의 구조가 아름다운 사람을 봐도 이렇게 외친다.
"황금 비율이네!"

그렇다면 황금 비율은 어떤 것을 말하며
황금 비율의 예는 어떤 것들이 있을까?

파리의 개선문, 그리스의 파르테논 신전,
피라미드, 석굴암의 불상, 밀로의 비너스 상…
이 모든 것이 아름답기로 소문난 조각이고 건축물들이다.
그 아름다움은 바로 '균형미'가 조화를 이루는 데서 나온다.

인간이 보기에 가장 아름다운 비율이라고 해서
이집트에서는 이 비율을 '성스러운 비율'이라고도 했다.

이렇게 황금 비율은

균형과 조화의 아름다움을 나타내는 것이다.
'황금비'라는 이름이 생겨난 것은
19세기 초 독일 수학자 옴에 의해서다.

황금 비율에 해당하는 수는 약 '5 대 8'이고,
비율로는 약 '1 대 1.618'이라고 한다.
직사각형은 두 변의 비가 황금 분할을 이룰 때
가장 아름답다.

우리가 쉽게 볼 수 있는 것으로
황금 비율을 가진 물체로는
교과서, 엽서, 성냥갑, 액자, 창문 등이 있다.
특히 신용카드의 가로와 세로 비율은
각 8.6센티미터와 5.35센티미터로
정확한 황금 비율에 의해 제작됐다고 한다.

황금 분할이 우리 인체 속에서도 반영됐다는 사실이 신기하다.
황금 비율은 아름다운 몸의 기준이 되고 있다.
손가락 뼈 사이에서, 얼굴 윤곽에서도 황금 비율은 발견된다.

〈다빈치 코드〉에서도 인체의 황금 비율이 나온다.

- 자연이 만들어낸 인체의 중심은 배꼽이다.
등을 대고 누워서 사지를 뻗은 다음
컴퍼스 중심을 배꼽에 맞추고 원을 그리면

두 팔의 손가락 끝과 두 발의 발가락 끝이 원에 닿으며
정사각형이 되기도 한다.
사람 키의 발바닥에서 정수리까지의 거리는 두 팔을 가로 벌린
너비와 같기 때문이다.-

황금 분할은 동물이나 식물에서도 흔히 발견된다.
계란의 가로, 세로의 비가 황금 비율이고,
소라 껍질이나 조개 껍질의 줄 간의 비율에서도
황금비는 발견된다.

그런가 하면 식물들의 잎차례, 가지치기, 꽃잎 개수 등에서도
황금비는 적용되고 있다.
신기한 것은 심장 박동 수에서부터 주식 흐름까지
황금 비율은 적용되고
피아노의 건반에도 역시 황금 비율이 적용된다고 한다.

그러고 보면 황금 비율은
우리가 사는 우주의 원리, 그 자체다.
아름다움을 추구하는 것은
어쩌면 우주가 지닌 본성이라고 할 수 있다.

상자 속에 남은 단 하나, 희망

어떤 상황이 닥쳐도 희망을 놓치지 않고 사는 것,
우리가 사는 인생의 법칙과도 같은 것이다.
이 희망을 논할 때, 자주 거론되는 것이 있다.
'판도라의 상자'다.

프로메테우스가 신의 불을 훔쳐다가 인간에게 준 뒤
인간은 행복하게 됐지만 그 때문에 거만해지기 시작했다.
그러자 제우스는 분노해서
대장장이 헤파이스토스에게
"흙으로 여신을 닮은 처녀를 빚으라."고 명령한다.
그리고 여러 신에게 명령한다.
그 처녀에게 자신의 가장 고귀한 것을 선물하라고.

그러자 미의 여신 아프로디테는
아름다움과 함께 교태와 욕망을 줬고,
아테나는 방직 기술을 가르쳐준다.
헤르메스는 재치와 마음을 숨기는 법,
설득력 있는 말솜씨를 선사했다.

이렇게 해서 '모든 선물을 받은 여인'이라는 뜻의
'판도라'가 탄생하게 된다.

제우스는 그 판도라에게 상자를 하나 준다.
그러면서 절대로 열어 보지 말라고 경고하고
프로메테우스의 아우인 에피메테우스에게 보낸다.

프로메테우스는 카프카스로 형벌을 받으러 끌려가기 전에
동생에게 당부를 한다.
제우스가 주는 선물은 받지 말라고.
하지만 에피메테우스는 판도라의 미모에 반해서
형의 당부를 저버리고 아내로 맞이하게 된다.

판도라는 에피메테우스와 평화로운 나날을 보낸다.
그러다가 문득 제우스가 준 상자가 궁금해지기 시작한다.
제우스의 경고가 떠올랐지만
인간의 호기심은 어쩔 수가 없었다.
판도라는 결국 상자를 열고 만다.
그 순간 상자 속에서 인간 세계의 모든 악이 튀어나온다.
슬픔과 질병, 가난과 전쟁, 증오와 시기 등…
이런 끔찍한 악들이 쏟아져 나오자
놀란 판도라가 황급히 뚜껑을 닫았다.
그때 희망만 빠져 나오지 못하고
상자 속에 남아 있게 됐다.

그때부터 인간은 그 이전에는 겪지 않았던 고통을 영영
떨쳐 버릴 수 없게 됐다고 한다.
하지만 어떤 어려움 속에서도 희망을 간직하며 살게 된 것이다.

또 한 가지, 판도라의 상자 이야기로 전해지는 것이 있다.
사실 상자에는
죄악도 불행도 질병도 없고 오직 행복들만이 가득하지만
그 효력을 발휘하기 위해서는 상자 안에 있어야 한다.
그러나 판도라가 상자를 열자 온갖 행복이 상자에서 빠져나가
세상 곳곳에 숨어버렸다.
그 덕에 인간들은 행복을 찾기 위해 세상을 헤매며
고생하게 되었다는 것이다.
하지만 희망은 상자 안에 남아 있었기 때문에
인간에게는 항상 희망이 존재한다는 설이다.

그렇게 판도라의 상자는
인간의 호기심과 함께 희망의 유래를 일컫는
상징적인 의미로 전해지고 있다.

된다고 하면 되고, 안 된다고 하면 안 되고

신문이나 책을 읽다 보면
'피그말리온' 효과와
'스티그마' 효과에 대해 언급한 부분이
자주 눈에 띈다.

피그말리온 효과의 어원 역시
그리스 신화에서 온 것이다.

지중해에 피그말리온이라는
젊은 조각가가 살고 있었다.
볼품없는 외모를 지녔던 그는
사랑에 대해서는 체념하고 조각에만 정열을 바쳤다.

그런데 자신이 심혈을 기울여 조각하던
아름다운 여인을 사랑하게 됐다.
조각의 여인을 사랑하게 된 그는
매일 꽃을 꺾어 여인상 앞에 바쳤다.
그런 어느 날

섬에서 자신의 소원을 비는 축제가 벌어졌을 때
피그말리온은 신에게
그 여인상을 사랑하게 됐으니 아내가 되게 해달라고
간절히 빌었다.
기도를 마치고 집에 돌아온 피그말리온은
여인상의 손등에 입을 맞췄는데 놀라운 일이 일어났다.
손에서 온기가 느껴지기 시작한 것이다.
놀란 피그말리온이 여인상의 몸을 어루만지자
따스한 체온이 느껴지며
사람으로 변해가기 시작했다.

거기서 피그말리온 효과라는 말이 나왔다.
무슨 일이든 기대한 만큼 이뤄진다.
그 효과를 말하는 것이다.

피그말리온 효과는 교육학에서도 많이 쓰인다.
"잘한다, 잘한다."라고 칭찬하면
용기를 얻어서 더 잘하게 되는 효과를 말한다.

반대의 뜻으로 스티그마 효과도 있다.
스티그마는 '오명, 치욕, 오점' 이런 뜻을 가진 단어다.
스티그마 효과는 '피그말리온' 효과와 반대로
부정적인 인식과 예측이 결국
부정적인 것을 만든다는 말이다.
그러니까 "안 돼, 안 돼." 이러면 안 되는 게 바로

스티그마 효과인 것이다.

안 된다고 생각하면 안 되는 스티그마,
된다고 생각하면 그대로 되는 피그말리온.
안 되는 것도 되는 것도
다 마음먹기에 달렸다.

가장 위대한 발견

인류의 가장 위대한 발견은
영(0), '제로'라는
말을 한다.

우리가 사용하는 아라비아 숫자들과 '0'이라는 기호,
어디서 어떻게 발견됐을까?

1, 2, 3, 4, 5, 6, 7, 8, 9…
이 아홉 개의 숫자와
'0'이라는 기호는
1400년에서 1500년 전에
인도에서 만들어진 것이다.
간혹 '로마 숫자'라고 잘못 부르기도 하지만
로마 숫자는 따로 남아 있다.
또 '아라비아 숫자'라고 알려져 있지만
사실 인도에서 발견된 것이다.

1부터 9까지의 숫자와 0이라는 기호가 만들어지게 되면서

그 어떤 큰 숫자도 아주 간단하게
또 쉽게 만들어낼 수가 있게 됐다.
이 숫자가 유럽에 알려진 후
셈이나 수의 기록이 아주 편리하게 됐다.
그후 유럽의 수학이 급속히 발달하게 된 것이다.

하지만 안타깝게도
이 숫자를 발명한 사람의 이름도, 시대도
정확히는 알려지지 않고 있다.
1에서 9까지 아홉 개의 숫자와
0을 써서 10이 될 때마다
한자리씩 올라가는 것을 생각해낸 일은
인류의 역사상 매우 대단한 발명이었다.

특히 0이라는 숫자 덕분에 인도 사람들은
덧셈, 뺄셈, 곱셈, 나눗셈은 물론
이자 계산이라든가 제곱근, 세제곱근을 구하는 복잡한 셈까지도
거뜬히 할 수 있었다.

이집트나 그리스, 로마 사람들이
수 천 년이라는 긴 세월에도 할 수 없었던
고도의 산수, 대수 계산에
인도 사람들이 익숙해진 것은
바로 0이라는 숫자의 발명 때문이었다.

인도에서 발명된 숫자는 곧 아라비아로 전해졌고
그후 유럽으로 전해졌다.
유럽의 시점에서 보면
'아라비아에서 건너온 숫자'이기 때문에
유럽 사람들은 '아라비아 숫자'라고 불렀고
'아라비아 숫자'가 됐다.
그러나 정확하게 말하면 '인도-아라비아 숫자'라고 하는 것이
맞는 표현일 것이다.

아주 보잘것없게 느껴지는 '0'이라는 숫자.
숫자 0은 혼자 있을 때는 별 볼 일 없는 수 같아 보인다.
하지만 다른 수의 옆자리에 있으면
중요한 역할을 하면서 빛을 낸다.
'0'이라는 숫자 하나가 이룩해낸
숫자의 혁명은 정말 위대했다.

위대한 이름, 어머니

자유의 상징으로
뉴욕 항구에 높이 서 있는 '자유의 여신상'.
세상을 밝히는 자유의 상징으로
이 여신은 오른손에 횃불을 쳐들고 있다.

자유의 여신상은
프랑스 국민이 미국 독립 100주년을 기념해서 기증한 것이다.
바르톨디Bartholdi라는 조각가가
20년 동안의 각고 끝에 만들었다.

프랑스 정부의 기부금 모금이 지지부진하자
바르톨디는 경비를 충당하기 위해 재산을 저당 잡혔고
그 바람에 살림이 많이 어려워졌다고 한다.

'자유의 여인상'은 두꺼운 동鋼을 늘여서 만든
연판제延板製 동상이다.
1884년 프랑스에서 완성해서 해체하고는 미국으로 옮겨졌고,
1886년 10월 28일,

미국 대통령 클리블랜드의 주재로 헌정식을 하게 됐다.

대좌석 위에 세워진 이 여신은 오른손에 횃불을 쳐들고,
왼손에는 독립선언서를 들고 있다.
무게가 무려 225톤, 횃불까지의 높이가 약 46미터,
대좌 높이만 해도 약 47.5미터다.

내부에는 엘리베이터가 설치돼서
머리 부분 가까이까지 오를 수 있다.
이 자유의 여인상은 세계유산목록에 등록돼 있다.

프랑스가 미국에게 자유의 여신상을 선물한 이유는
그건 그 당시 역사 상황에서 찾아볼 수 있다.
그때는 프랑스와 영국이 사이가 좋지 않았고
그래서 프랑스가 미국이 영국으로부터 독립할 수 있도록
도와준 배경을 가지고 있다.

그런데 이 자유의 여인상은 누구를 모델로 만든 것일까?
바르톨디는 여신상을 만드는 데
'자유'를 나타낼 모습과 특징을 어떻게 하면 좋을까,
구상하면서 그 모델을 찾았다.
어떤 사람은 훌륭한 사상가를 묘사해야 한다고 했고
어떤 사람은 위대한 영웅의 모습을 추천하기도 했다.

그런데 바르톨디는

여러 가지로 궁리하다가 이렇게 결정한다.

"우리 어머니를 모델로 하자."

저 유명한 '자유의 여인상'의 모델은 결국
우리의 어머니인 셈이다.

둥근 테이블에 앉으면 회의가 즐겁다?

'원탁의 기사'는
문학 작품만이 아니라 만화나 게임에도 등장한다.

국제적인 대★회의를 흔히 '원탁 회의'라고 한다.
이 말은 글자 그대로
큰 원형 테이블에 둘러싸여 하는 회의다.
둥근 테이블에 앉아서 하는 회의는
공평성과 친밀감을 갖고 있어서 환영을 받고 있다.

원탁 회의는 어디서 유래가 된 것일까?
그 어원은 중세 영국의 아서왕 전설에서 나온 것이다.

6세기경, 영국에 군림했던 전설적인 군주, 아서왕.
그는 영국만이 아니라 스칸디나비아, 프랑스를 정복하고
로마를 격파해서 세계의 지배자가 된다.
아서왕의 주변에는 늘 훌륭한 기사들이 모여 있는데
왕은 그들의 신분 고하를 따지지 않고 차별 없이 대우했다.
그리고 자리 다툼이 일어나지 않도록

대리석으로 된 원형 테이블을 만들어서 둘러앉게 했다.
원형으로 된 테이블은 앞뒤가 없기 때문에
계급의 고하를 따지지 못했기 때문이다.

아서왕 전설에 나오는 '원탁'은
카멜리아드왕 레오데그란스가
그의 딸인 기니비아와 아서가 결혼할 때
선물로 100명의 기사와 함께
아서에게 넘겨준 것으로 기록돼 있다.

원탁 주위에는 150명의 기사가 둘러앉을 수 있는데
원탁의 기사단에는 용사가 많아서
화려한 무용담과 사랑 이야기로 꽃피웠다고 한다.
또 원탁의 석상에서
여러 가지 문제가 공정하게 토의됐다고 한다.
바로 거기서
원탁의 기사가 유래된 것이다.

아서왕의 전설은
12세기, 13세기까지 유럽 각국에서 성행했고,
그후에도 많은 문인이 이 소재를 다뤄왔다.

회의할 때에는
네모난 탁자에 앉지 말고 둥근 탁자에 앉으라.
그러면 회의 결과가 아주 좋을 것이다!

눈 깜짝할 사이

우리는 세월 참 빨리 간다는 표현을 하면서
'찰나剎那'와 '순식간에'라는 표현을 자주 쓴다.
그렇다면 찰나는 어떤 시간의 단위일까?

찰나라고 하는 것은 불교 용어다.
흔히 '눈 깜짝할 사이'라는 표현에 해당되는 용어다.
찰나를 시간의 단위로 환산하면
1찰나는 75분의 1초,
그러니까 약 0.013초를 말한다.
시간 단위 중에서 가장 짧은 단위로 보면 된다.

『대비바사론』에는 찰나에 대한 얘기가 나온다.
칼로 명주실을 끊었더니
명주실이 끊어지는 시간이 '64찰나'였다는 기록이 있다.
또 손가락을 한 번 튀기는 사이가 '65찰나'라고 하니까
찰나가 얼마나 짧은 순간인지 짐작이 된다.

찰나 다음으로 짧은 시간의 단위 중에는

'탄지彈指'라는 것과 '순식瞬息'이라는 것도 있다.

탄지는 찰나의 10배가 되는 수다.

그런가 하면 순식은

탄지의 10배가 되는 수라고 한다.

시간적으로 따지면

'순식간'이 '찰나'의 100배가 되는 시간이라고 보면 된다.

그런데 불교에서는 '찰나'의 시간을 절대

'부스러기 시간'으로만 보지는 않았다.

"0.1초 내로 와" 이렇게 말할 수는 있지만,

"0.1찰나 내로 와." 이런 소리는 할 수가 없는 것처럼

'찰나'는 시간의 의미로 따지기는 심오한,

어떤 철학의 순간이기도 하다.

가장 짧은 시간의 단위인 '찰나'는

가장 긴 시간의 단위인 '영겁'의 의미도

될 수 있다는 얘기다.

우리는 지금

'찰나'의 순간을 살면서

'영겁'의 시간을 누리고 있는 셈이다.

내 얼굴을 그려줘요

미술을 하는 사람들은
가장 기본적인 석고 소묘를 할 때,
아그리파Agrippa 석고상을 놓고 그린다.

아그리파는 누구일까?
왜 많은 사람이
아그리파 석고를 그리는 것일까?

아그리파는
로마 제국의 장군이며 정치가였다.
그는 젊은 시절부터 아우구스투스와 친교를 맺었고,
카이사르가 죽은 후에는
아우구스투스의 정계 진출을 도왔다.
그는 아우구스투스의 오른팔로
군사적, 외교적 성공에 크게 공헌한 사람이다.

특히 BC 36년, 안토니우스와 클레오파트라에 대항한
악티움해전의 공은 절대적이었다.

아그리파는

BC 21년, 아우구스투스의 딸 율리아와 결혼했다.

그후 아름다운 로마를 건설하는 데 앞장서서

판테온, 그러니까 원형 신전 등을 신설하기도 했다.

또 로마 제국을 널리 측량하고 지리서地理書를 만들어서

세계지도 작성의 기초를 닦았던, 로마의 대단한 위인이다.

석고 소묘에서는

이 로마의 위인인 아그리파의 데생을

가장 기초적으로 많이 사용한다.

로마에는 많은 위인이 있고

그리스에도 많은 위인이 있지만

유독 아그리파를 모델로 하는 이유는 뭘까?

그것은 아그리파의 얼굴이

데생의 기본인 선 처리와 명암 처리 관계에서

가장 단순하면서도 명암의 질감을 명확하게

나타낼 수 있기 때문이다.

아그리파가 기초 소묘 단계라면

그 다음의 진행단계는

줄리앙이나 아리아스 또는 비너스를

데생하게 된다.

그중에서 아그리파는

머리결의 선 연습과 얼굴의 면을 살리는 명암 처리에 있어서 대표적인 단순함이 있다.
그래서 기초 석고 소묘로 많이 사용된다고 한다.

그런데 석고상에 눈썹이 없는 이유가 뭘까?
대부분의 석고상에는
모발은 섬세하게 표현돼 있는데
이상하게도 눈썹은 없다.
눈썹이 없는 이유는 그리기 힘들어서일까,
그리기 귀찮아서일까?

가을이지만 여름 같은

신문 경제 면을 보다 보면
주식의 동향을 전하거나 환율 등의 경제 상황을 전할 때,
'인디언 썸머'라는 용어가 자주 등장한다.
인디언 썸머는 어떤 용어일까?

- 최근 금융시장의 방향성과 관련한 논란에
인디언 썸머론이 담겨 있다. -
이런 구절도 종종 보이고,
- 최근의 국채 시장 동향은 일시적인 인디안 썸머 현상이다.-
이런 구절도 접하게 된다.

경제에 있어서 인디언 썸머는
불황인데도 잠깐 경기가 좋아지는 현상,
그래서 이제 불황이 끝났나 보다고 여기는 현상을 말한다.

그렇다면 인디언 썸머는 어떤 계절인 것일까?
영화 제목에도 〈인디언 썸머〉가 있다.
늦가을에서 초겨울로 접어들 무렵 잠시 며칠 동안 나타나는,

봄날 또는 초여름 같은 화창한 날씨를 인디언 썸머라고 한다.
다시 여름으로 돌아갈 듯한 허무한 착각.
자연스런 방향성을 역류하는 잠깐씩의 흐름들은 모두
인디언 썸머적인 현상들이다.

인디언 썸머는
주로 10월부터 11월에 나타난다.
계절은 완연한 가을인데
서늘하면서도 청명하고 낮에는 햇살도 찬란하고,
마치 봄이나 여름같은 날들을
미국이나 캐나다에서는
인디언 썸머라고 부르는 것이다.

원래 인디언 썸머의 날씨는
맑게 갠 날씨이지만 옅은 안개가 끼기도 하고,
밤에는 기온이 꽤 내려간다.
이 기간이 되면
서리가 내리는 저온 현상도 일어난다.

그래서 이 기간을 들어서 유럽에서는
'늙은 아낙네의 여름'이라고 부르기도 하고,
'물총새의 날'이라고 한다.

인생에도 인디언 썸머는 있다.
차가운 불행의 날 중에

잠깐 비치는 햇살의 날 말이다.

그래서 희망에 속는다는 말을 하나 보다.

목마 안에 사람이 들어있었다니

'외부에서 들어온 요인에 의해 내부가 무너지는 것'을
가리키는 용어인 '트로이의 목마'.
트로이의 목마에 관련된 전쟁이 바로
트로이전쟁이다.

트로이전쟁에 얽힌 흥미로운 이야기는
호메로스의 「일리아스와 오디세이아」에 의해 후세에 전해졌다.
그후 트로이전쟁과 관련된 수많은 예술 작품이 탄생하게 됐다.

서사시 속에 등장하는 트로이전쟁에 대한 내용은 이런 것이다.
결혼식에 초대받지 못한 질투의 여신이
'가장 아름다운 여신께'라고 쓰인 황금사과를 놓고 간다.
'가장 아름다운 여신'이라는 말에
헤라와 아프로디테, 아테나가
가장 아름다운 여신이 자기라고 주장하면서 싸움이 벌어진다.
그러다가 한 목동에게 결판을 내달라고 부탁한다.

아프로디테는 그 목동 파리스에게

"가장 아름다운 여자와 결혼 시켜줄게."라고 약속한다.
그 말을 듣고 목동은 아프로디테의 손을 들어준다.

아프로디테가 약속한 그 여자는
그리스왕의 아내 헬레네였다.
그리고 목동 파리스는
옛날에 잃어버린 트로이의 왕자였다.

그래도 약속은 약속!
아프로디테는 어쩔 수 없이 그 여자와 파리스가
사랑하게 만들어준다.
아내를 빼앗긴 메넬라오스는
형 아가멤논과 함께 트로이 원정길에 나섰고
트로이전쟁이 시작된다.

그리스군의 아킬레우스와 오디세우스,
트로이군의 헥토르와 아이네아스 등
숱한 영웅들과 신들이 얽혀
10년 동안이나 계속된 트로이전쟁!
결국 오디세우스의 계책으로 그리스군의 승리로 끝나게 된다.
그리스군은 거대한 목마를 남기고 철수하는 위장 전술을 폈다.
여기에 속아 넘어간 트로이군은 목마를 성안으로 들여놓고
승리의 기쁨에 취한다.

그런데 새벽이 되자 목마 안에 숨어 있던

오디세우스 등이 빠져나와 성문을 열어 주고
그리스군이 쳐들어와 트로이성은 함락되고 만다.
여기서 '트로이의 목마'의 용어가 탄생하게 된 것이다.

트로이전쟁은 신화 속의 일만이 아닌
실제로 있었던 역사라는 것이 밝혀졌다.
독일의 하인리히 슐리만은
트로이가 실제로 존재했다는 것을 굳게 믿고 발굴 작업에 나섰다.
그 결과 트로이의 유적이 발굴됐다.
그 발굴을 통해서
대략 기원전 1200년, 지금으로부터 약 3200년 전의 일이었고,
트로이는 실재했던 도시였다는 점,
트로이전쟁 역시 실제 일어났던 일로 밝혀지게 된 것이다.

전설 같지만 실재하는 현실도 있고,
현실 같지만 알고 보면 전설인 것도 있다.

황금의 땅

10월 12일은 아메리카 대륙의 국가들에게는
'신대륙 발견 기념일'이라고 해서
이를 축하하는 대대적인 행사가 벌어지는 축제의 날이다.
콜럼버스가 꿈꿨던 황금의 땅,
'엘도라도 El Dorado'는 과연 어떤 곳일까?

아메리카 인디언들에게는 전설이 있었다.
그들은 구아타비타호라고 하는 호수 근처에
황금 지붕이 늘어서 있는 마노아라는 거리가 있어서
이곳에는 온몸에 금가루를 칠한 추장이 살고 있다고 생각했다.
아메리카 인디언들은 1년에 한 번씩
뗏목에 황금 보물을 싣고,
그들이 섬기는 구아타비타호에 보물을 던지고,
호수의 물로 추장 몸의 금가루를 씻어내는 풍습이 있었다.

16세기에 페루와 멕시코를 정복한 스페인 사람들은
이 신비스러운 이야기를 듣고
추장을 엘도라도,

그러니까 '금가루를 칠한 사람', '황금인간'이라고 불렀다.
엘도라도는 에스파냐어에서
'엘'은 정관사, '도라도'는 '황금의'라는 뜻이다.

아메리카 정복에 나선 에스파냐의 모험가들은
아마존강과 오리노코강의 중간쯤에
이 황금향이 있다고 믿었다.
콜럼버스도 이 황금나라에 끌려 신세계를 찾아 떠났고,
월터 롤리도 같은 이유에서 탐험했다.

그러면서 '엘도라도', '금가루를 칠한 사람'이라는 용어는
'황금의 도시', '황금의 땅'이라는 뜻을 갖게 됐다.

16세기에서 18세기에 이 황금의 땅을 찾아서
많은 탐험가가 남아메리카로 건너갔지만 모두가 허사였다.
1492년 콜럼버스 역시
엘도라도를 꿈꾸며 스페인 팔로스항을 출발해서
61일간의 항해 끝에 한 섬에 도착하게 된다.
그것이 바로 신대륙 발견으로 이어지게 된 것이다.

그러나 아메리카 대륙의 나라들에게는 신대륙 발견이겠지만
그곳에 살던 인디오의 후예들에게는
비자도 없이 들어온 불법 침략의 의미였을 것이다.
10월 12일은 그렇게
아메리카 인디오의 후예들에게는

그들의 땅과 종족이 산산조각 나고
수탈당한 역사의 시작이었기 때문에
이를 반성하는 기념의 날이기도 하다.

서로 다른 두 세계의 '만남'은
한쪽은 기쁨, 한쪽은 슬픔,
양쪽에게 너무도 다른 결과를 낳고 말았다.

음악은 수학이다

악기를 연주하다 보면
'왜 악보가 하필이면 오선일까?'라는 궁금증이 든다.
여덟 개도 아니고 여섯 개도 아닌
오선지가 된 이유는 무엇일까?

음악은 피타고라스의 이론에 의해 만들어진
아주 수학적인 학문이다.
거기에 감정이 더해져서
우리가 지금 듣는 아름다운 것으로 발전해나간 것이다.

그리스의 철학자이자 위대한 수학자로 알려진
피타고라스는
음악학의 시조라 불렸다.
그는 수학적인 기초 아래에서 음악을 설명한 최초의 인물이다.
만물의 근원을 수로 생각한 그는
음악도 수학에 뿌리를 두고 있다고 생각했다.

피타고라스가 처음으로 음표를 만들었던 동기는

거리를 지나다가 대장장이가 쇠붙이를 때리는 소리를 듣고
만들었다고 전해지고 있다.
쇠붙이를 첫 번째 때렸을 때와 두 번째 때렸을 때
소리가 다른 걸 느끼고 집에서 실험했다.
물병 몇 개를 준비한 후 각각 물의 양을 따로 채운 후에
막대기로 쳐서 물의 양에 따라
소리가 달라진다는 것을 발견하고
이를 종이에 적을 수 있게 음표를 만든 것이다.

그렇게 만들어진 음표를 적을 때,
원래는 악보에 선이 없었다.
고대 그리스 악보를 보면
문자와 기호만으로 음의 고저와 길이를 표시했다.

그러다가 가로선이 등장한 것은 10세기경이다.
음의 높낮이를 쉽게 이해하기 위해
한두 개의 선을 그은 것이 그 시작이다.

그후 음계가 복잡해지면서
선이 일곱 개, 여덟 개까지 늘어나기도 했다.
너무 많아지니까 오히려 불편해지기 시작했다.
그래서 17세기 이태리 오페라에서
선을 다섯 개로 통일하게 됐다.
음계는 '도레미파솔라시도' 여덟 개니까
네 개의 선으로 표시할 수도 있었지만,

그냥 느낌이 좋다는 이유로 오선이 채택된 것이다.

그후 음악계 전반에 오선지가 널리 퍼졌고
베토벤, 모차르트 역시 오선지 위에 명곡을 남겼다.

수학과 음악은 전혀 어울리지 않아 보이지만,
또 떼려야 뗄 수 없는 사이이기도 하다.
적과의 동침이라고나 할까.

아름다운 연출의 힘

광고나 영화 쪽에서 자주 쓰이는 용어 중에서
'미장센mise-en-scene'이라는 말이 있다.
그 용어는 일반 생활에서도 자주 쓰인다.

미장센은 프랑스어로
'연출하다'라는 뜻을 가지고 있다.
원래 그리스 시대에 연극이 발달하면서부터
사용되기 시작한 용어다.
원래는 연극에서 무대의 막이 올랐을 때,
관객들이 받는 이미지나 느낌, 그 자체를
말하던 용어였다.
즉 무대에서의 등장인물 배치나 동작, 도구, 조명 등에 관한
종합적인 설계를 말했다.

그러다가 현대 사회로 와서 영화가 발달하면서
미장센의 의미는 좀 더 포괄적이고 넓어지게 됐다.
미장센이란
'스크린에서 보이는 이미지들'이라고 보면 된다.

감독이 그 영화에서 표현하고자 하는 것들이
미장센으로 나타나게 되는 것이다.

미장센의 요소로는
화면을 구성하는 구도나
화면을 채우고 있는 아이템들이 있다.
예를 들어서 화면에 꽃병이 비춰진다면
그 꽃병의 모양이나 빛깔,
꽃의 종류나 꽃의 수 등이
화면의 이미지를 다르게 만들어준다.
그것들이 모두 미장센의 요소가 되는 셈이다.

미장센이 발달하다 보니
따로 미장센을 연구해서
전문적으로 만드는 사람들이 필요하게 됐다.
그래서 만들어진 직업이 바로 연출가다.

흔히 영화평을 보다 보면
'미장센을 잘 살린 영화'라는 평을 보거나
'미장센을 강조한 영화'라는 평도 보게 된다.
그것은 곧 영화의 스토리보다는
연출력을 강조한 영화라는 얘기다.
그러니까 예술적인 느낌을 살린 영화,
영상과 음향, 구도나 색채 등에서
짙은 예술적인 향기를 느끼게 하는 영화라고 보면 된다.

영화 감독만 미장센을 살릴 수 있는 게 아니다.

우리도 스스로 생활의 연출자가 돼서

생의 멋진 미장센을 살려낼 수 있다.

먹자니 뜨겁고 버리자니 아깝고

언론에서 '뜨거운 감자'라는 말을
'쟁점'이나 '핫 이슈'의 뜻으로 종종 쓴다.
하지만 그것은 뜨거운 감자와는 좀 다른 의미다.
'뜨거운 감자'란
정치적이나 사회적으로 중요한 일이지만,
현실적으로 다루기 어려운 미묘한 문제를 일컫는 용어다.
영어의 '핫 포테이토^{hot potato}'를 직역한 것이다.

감자는 미국인들의 식단에서
빼놓을 수 없는 식품 가운데 하나이지만,
오븐에서 갓 구운 뜨거운 감자를
자칫 손으로 얼른 집거나 하게 되면 손을 데기 십상이다.
설상가상으로 겉은 식은 것처럼 보이더라도
속은 뜨거운 기운이 남아 있는 감자를
한 입 덥석 베어 물기라도 하면 너무 뜨거워 뱉을 수도 없고
그냥 삼킬 수도 없는 곤란한 처지에 빠지고 만다.
뜨거운 감자라는 말은 여기에서 유래했다.

삼킬 수도 뱉을 수도 없는 감자와 마찬가지로
정치적, 사회적으로 무척 중요한 문제여서 해결은 해야 하는데
사안이 민감해서 이러지도 저러지도 못하는,
미묘한 문제를 가리키는 용어다.

뜨거운 감자라는 말을 처음 쓰게 된 것은
베트남전쟁 때다.
엄청나게 물량을 공세했는데도 베트남전쟁은
미국의 의도대로 진행되지 않았다.
그리고 자국 내 반전시위는 더 심해져 갔다.
이런 상황에서 베트남전을 지칭해서 이런 보도가 있었다.
- 베트남전은 미국의 입장에서는 뜨거운 감자다. -
그때부터 진퇴양난의 민감한 사안을
'뜨거운 감자'라고 일컫게 됐다.

한자문화권 국가에서는 이와 비슷한 뜻으로
'계륵'이라는 말을 쓰기도 한다.
이 말은 『삼국지』에 나오는 비유다.
『삼국지』에서 조조가 한중 땅을 놓고 유비와 싸울 때,
곤경에 처하게 된다.
이때 후퇴해서 한중 땅을 포기할 것인지
아니면 전쟁을 계속할 것인지를 두고 한탄한다.
"한중 땅이 마치 계륵(닭갈비)과 같구나!"
먹음직한 살은 없지만, 그대로 버리기는 아깝다는 의미다.

버리기도 아깝고 그렇다고 해서 먹기도 어려운 '뜨거운 감자'.
뜨거운 감자를 입에 물었을 때,
얼른 뱉어버리는 편인지, 그래도 뜨거운 것을 꾹 참고 드시는
편인지…
사회만이 아니라 개인에게도 언제나
'뜨거운 감자'는 존재한다.

그에게 유혹당하지 않을 수 없다!

카사노바의 계절, 카사노바 심리 등…
남자들의 고독과 바람기를 언급할 때면 늘 등장하는 이름,
'카사노바'.
그는 누구인가?

카사노바는
전설 속의 인물이 아니라 실제의 인물이다.
1725년 4월 2일, 이탈리아의 베네치아에서
희극 배우인 아버지와 구두 수선공의 딸인 어머니 사이에서
맏이로 태어났다.
화학, 의학, 역사, 철학, 문학에 정통했고
점성술, 연금술, 마술에도 솜씨를 지녔다고 한다.

그뿐 아니라 라틴어, 그리스어, 프랑스어, 히브리어에 능통했고
영어와 스페인어도 조금은 한 것으로 전해진다.
그런가 하면 무용, 펜싱, 승마, 카드놀이에 솜씨가 빼어났고
기억력이 비상했다고 한다.

그는 추문으로 투옥됐다가 1756년 탈옥한 이후부터는
생애의 3분의 2를 여행하며 지냈다.
그가 생전에 가진 직업만 해도
법학박사, 철학자, 사제, 바이올리니스트, 연극배우,
도박꾼, 사업가, 외교관 등 수십 가지가 넘는다.

카사노바의 열 권짜리 자서전 『나의 인생 이야기』
첫머리의 대목은 '나는 느낀다. 그러므로 존재한다.' 였다.
그에게 쾌락은 그렇게 인생의 중요한 요소였다.

세계의 역사 속에는 수많은 바람둥이가 있지만,
카사노바가 유독 바람둥이의 대명사로 불리는 것은
그가 그의 행각을 다 기록했기 때문이다.
카사노바는 그의 자서전에서
"자유인으로서 내 의지대로 살아 왔다."고 말했다.

그 책에는 요리에 관한 언급도 참 많이 나온다.
『카사노바의 열정과 함께하는 쾌락의 요리』라는 책에서 보면
카사노바의 인생을
사랑과 요리, 두 가지 키워드로 설명하고 있다.

어쨌든 카사노바는
바람둥이나 호색가들을 지칭하는 대명사가 됐다.
수많은 여자가 카사노바에게 유혹당할 수밖에 없었던 이유는
그가 남긴 회고록의 이 대목을 보면 알 수 있다.

- 나는 여성을 위해 태어났다.

나는 여성들로부터 사랑받고자 최선을 다했다. -

여성들이 호감을 갖지 않을 수 없는 대목이다.

카사노바를 꿈꾸지만 현실에 충실한,

진정한 자유주의자들,

그들이 그래도 가장 멋있다.

예술 작품에 숨 막히도록 매혹되다

〈스탕달 신드롬〉이라는 영화 제목도 있다.
유명한 소설인『적과 흑』의 작가 스탕달.
그의 이름을 딴 '스탕달 신드롬^{Stendhal Syndrome}'은 과연 무엇일까?

공포 영화의 거장 다리오 아르젠토^{Dario Argento}가 만든 영화
〈스탕달 신드롬〉을 보면
주인공 안나마리가 미술관에서 명화를 감상하다가
기절하는 장면이 나온다.
이런 현상을 스탕달 신드롬이라고 한다.

다시 말하면 스탕달 신드롬이란
역사적인 걸작 미술품을 감상할 때 순간적으로 느끼는
정서적 압박감이라고 할 수 있다.

그렇다면 왜 거기에
『적과 흑』의 작가 스탕달의 이름이 들어갔을까?
스탕달은 그의 일기에
미켈란젤로의 작품을 관람한 후

격렬한 흥분과 두려움을 느꼈다고 말했다.

거기서 스탕달 신드롬이 유래된 것이다.

1871년, 스탕달은 산타크로체 교회에 진열된

미술 작품을 관람한 후

전시관 계단을 내려오는 도중에 심장이 뛰고 무릎에 힘이 빠지는

특이한 경험을 했다고 한다.

전 세계에서 고전 미술품을 가장 많이 보유한 피렌체.

그곳에서 많은 관광객이 집단적으로

그런 증상에 시달렸다고 한다.

그런 보고서가 입수되자

심리학자들은 이런 현상을 최초로 경험한 스탕달의 이름을 따서

스탕달 신드롬이라고 이름을 붙였다.

어떤 사람은 훌륭한 조각상을 보고 모방 충동을 일으켜

그 조각상과 같은 자세를 취하기도 하고,

또 어떤 사람은 그림 앞에서 불안과 평화를 동시에 느끼기도 하고…

스탕달 신드롬은 나타나는 증상도 다양하다.

또 문학 작품이나 유명한 사람의 전기傳記를 읽고

그런 증세를 일으키는 사람도 있다고 한다.

주로 감수성이 예민한 사람들에게 나타나는 증상이다.

미술 작품을 보고 난 후 그 아름다운 충격에 사로잡혀

1개월 이상이나 치료를 받아야 했던 감수성 예민한 스탕달.

그는 또 오페라광으로도 잘 알려져 있다.

아르바이트로 돈을 벌면서 신발이 다 해지도록

유럽의 많은 오페라하우스를 찾아다녔던 것으로도 유명하다.

그는 이런 말도 남겼다.

"오페라를 보기 위해서라면

여러 날을 감옥에서 보낼 수 있을 것 같다."

미술 작품 하나에

심장이 찢어질 것 같은 충격을 느낀 경험,

오페라 하나를 보기 위해서라면

감옥에 가도 좋을 것 같다는 생각을 한 경험이 있는지…

가끔 예술 작품이 주는 매력은

연인보다 훨씬 높은 강도로 심장을 친다.

닥치면 해낸다

한 달의 여유가 있는 방학 숙제를
개학이 코앞으로 다가와서야 서둘러 한다.
상사가 시킨 일은
제출 일자가 코앞에 다가와서야 서둘러 처리한다.
작가들도 원고 마감일이 다가와야 원고가 되고,
기자들도 기사 마감일이 닥쳐야 기사가 써진다…
이 모든 것은 도대체 무슨 원리인 것일까?

영국 역사학자 C. N. 파킨슨이
바로 이런 현대인의 습관을 파헤치고
신랄하게 풍자해 제창한 것이 '파킨슨의 법칙'이다.

이 법칙이 나오게 된 배경이 있다.
1935년, 영국 식민성 행정 직원은 372명이었지만,
1954년에는 1천661명으로 늘어났다.
관리할 식민지가 줄어들었는데도
식민성 직원은 오히려 다섯 배나 늘어난 모순된 현실,
바로 거기에서 파킨슨의 법칙은 태어나게 됐다.

파킨슨의 제1법칙은
공무원 수는 일의 양에 상관없이 늘어난다는 것이고
제2법칙은 지출은 수입만큼 증가한다는 것이다.
그러니까 요약하자면
일의 양과 직원의 수 사이에는 아무런 관련이 없다는 것이
그의 주장이다.

"사람은 상위 직급으로 올라가기 위해
부하의 수를 늘릴 필요가 있다.
그러므로 조직 구성원의 수는
일의 유무나 경중에 관계없이
일정한 비율로 증가한다."는 사실을
파킨슨은 수학적인 법칙으로 정리한 것이다.

1주일을 주면 1주일 만에 일을 끝내고,
2주일을 주면 역시 2주일을 다 소모하게 되는 것.
일의 양과 관계없이 자꾸 직원은 늘어나는 현상들…
이것이 직장 내에서 일어나는 불변의 법칙이다.
시험 볼 때나 일할 때의 벼락치기가 다 여기서 나오는 것이다.

그래서 이런 말도 있나 보다.
"어떤 일을 제시간에 끝마치길 원한다면
가장 바쁜 사람에게 그 일을 맡겨라!"

그리고 또 이런 격언도 생각난다.

"이 세상에서 가장 바쁜 사람은
가장 시간의 여유가 있는 사람이다."

우리 언젠가 만난 듯해요

누군가를 처음 봤는데
어디서 많이 본 듯한 느낌이 든다,
처음 간 장소인데
언젠가 와본 장소인 것처럼 느껴진다.
그럴 때 '데자뷰 현상'이 일어났다고 말한다.
그렇다면 데자뷰 현상은
어떤 현상을 말하는 것일까?

'데자뷰'는 프랑스어로 '이미'를 뜻하는 'Deja'와
'보았다'를 뜻하는 'vu'의 합성어다.
그러니까 '이미 보았다'라는 뜻을 가진 단어다.

데자뷰 현상은 최초의 일인데도
이미 본 적이 있거나 경험한 적이 있다는,
미묘한 느낌을 가리키는 용어다.
우리말로 풀이하면,
'기시감旣視感', '이미 본 느낌'이라고 할 수 있겠다.

이 현상은 1900년,
프랑스 의학자 플로랑스 아르노^{Florance Arnaud}가
처음으로 규정했다.
그후 초능력 현상에 관심을 갖고 있던
에밀 보아락^{Emile Boirac}이
처음으로 '데자뷰'라는 단어를 사용하게 됐다.

데자뷰 현상과 반대되는 현상도 있다.
'자메뷰^{jamais vu}' 현상이다.
'jamais'라는 말은 'never'에 해당하는 단어로
'절대로 한 적이 없다'는 뜻이고
'vu'라는 말은 'seen'에 해당하는 단어로
'본 적이 있는'이라는 뜻이다.
자메뷰라고 하면
'결코 본적이 없는'이라는 뜻이 된다.

이 현상은 우리말로 '미시감^{未視感}'이라고 한다.
이미 경험하고 익숙해진 사항이
전혀 새로운 경험처럼 느껴지는 경우를 말한다.

한 번도 경험하지 않았는데
언젠가 겪어본 일 같은 데자뷰 현상,
경험했던 일인데
처음 겪는 일처럼 느껴지는 자메뷰 현상.
우리는 이렇게 두 가지 현상을 다 겪으며 지낸다.

처음 본 사람인데

"어디서 많이 뵌 분 같아요."라는 인사말을 자주 건네는 분을 봤다.

그는 데자뷔 현상을 자주 겪는 분일까, 작업의 꾼일까.

안으면 당신의 가시에 찔려 아파요

'고슴도치 딜레마'는
멜로 영화에서도 많이 쓰이는 용어다.
영어로는 'hedgehog dilemma'라고 불리는
고슴도치 딜레마…
이 말은 일찍이 쇼펜하우어의 글에 이렇게 묘사되고 있다.

– 어느 추운 겨울날,
고슴도치의 무리가 서로의 체온으로
추위를 막으려고 몸을 꼭 붙이고 있었다.
하지만 서로 상대방의 가시 때문에 아픔을 느끼게 되었다.
그래서 그들은 다시 떨어져 있게 되었다.
그래도 다시금 그들은 서로 따뜻하게 할 필요성을 느껴
몸을 다시 붙이자
예의 가시에 대한 아픔을 느끼기에 이르렀다.
그로 말미암아
추위와 가시의 아픔이라고 하는
두 가지 고통을 차례차례로 되풀이한 끝에,
결국 가장 참고 견디기 좋은 알맞은 거리를

발견하게 되었다. -

쇼펜하우어의 글에 등장한 고슴도치 두 마리는
추위에 견디지 못하고 몸을 기대서 온기를 나누다가
서로의 침에 찔리고 만다.
그렇다고 서로 너무 떨어져 있으면 추워지는 딜레마.
이 고슴도치 딜레마는
'인간관계에서 적당한 거리를 두라.'는
심리학 용어가 됐다.

이렇게 인간관계를 맺을 때
상대방과 일정한 거리를 두고
자기를 방어하려는 사람들의 심리를 일컬어서
고슴도치 딜레마라고 한다.

심리학 전문가들은 이렇게 조언한다.

- 가까운 사이일수록, 설령 가족일지라도
살아가면서 일정한 거리를 유지하는 것은 반드시 필요하다.
서로 상대방의 가시에 찔리지 않으면서도
온기를 느낄 수 있는 절묘한 거리를 발견해서
그 거리를 절대적으로 유지하는 고슴도치의 지혜는
사람과 사람 사이의 관계에서도 유효하다. -

사랑하는 사이에는,

일로 맺어진 사이에는,

사회적 인연에는 각각

어느 정도 거리가 적당한 것인지,

살아갈수록 어려운 이 문제를

고슴도치 선생에게 물어보고 싶어진다.

인생은 알 수 없는 것

'인간만사人間萬事 새옹지마塞翁之馬',
이 말은 우리의 고단한 삶을 위안하는 말임이 분명하다.
그런데 새옹지마'라는 말은 어디서 온 것일까?

인간만사 새옹지마라는 말은
새옹득실塞翁得失, 새옹화복塞翁禍福,
또는 단순히 새옹마塞翁馬라고도 한다.
여기서 새옹이란
새상塞上, 그러니까 북쪽 국경에 사는 노인이라는 뜻이다.

이 이야기는
『회남자淮南子』의 「인간훈人間訓」에 나오는 이야기다.

북방 국경 근방에 점을 잘 치는 노인이 살고 있었다.
하루는 그가 기르는 말이 아무런 까닭도 없이 도망쳐
오랑캐들이 사는 국경 너머로 가버렸다.
마을 사람들이 위로하고 동정하자 노인은 이렇게 말했다.

"이것이 또 무슨 복이 될지 어떻게 알겠소?"

조금도 낙심하지 않았던 노인의 예상대로
몇 달 후 뜻밖에도 도망갔던 말이
오랑캐의 좋은 말을 한 필 끌고 돌아오게 된다.
마을 사람들이 기뻐하며 축하하자 노인은 또 이렇게 말한다.

"그것이 또 무슨 화가 될지 어떻게 알겠소?"

집에 좋은 말이 생기자
전부터 말 타기를 좋아하던 노인의 아들이
그 말을 타고 달리다가 말에서 떨어져 다리가 부러지고 말았다.
마을 사람들은 아들이 불구가 된 것에 대해 위로했다.
그러자 노인은 이번에도 태연한 표정으로 말했다.

"그것이 혹시 복이 될지 어떻게 알겠소?"

그로부터 1년이 지난 후 오랑캐들이 쳐들어왔다.
장정들이 활을 들고 싸움터에 나가 모두 전사했는데
노인의 아들만은 몸이 불편해서 전쟁에 나가지 못했기 때문에
부자가 모두 무사할 수 있었다.

이런 일화가 『회남자』에 실리자
원나라 승려 희회기熙晦機는
그의 시에 이렇게 쓴다.

- 인간만사는 새옹의 말이다.
추침헌 가운데서 빗소리를 들으며 누워 있다. -

그후 새옹지마라는 말은
'인생의 길흉화복은 변화가 많아서 어느 것이 화가 되고,
어느 것이 복이 될지 예측하기 어렵다.'는 말로
널리 쓰이게 됐다.

올라가는 날이 있으면 내려가는 날도 있고
불행한 날이 있으면 행복한 날도 있다고 전해주는 새옹지마.
그러니 지금 행복하다고 자만할 일도 아니고
지금 불행하다고 기가 죽어 지낼 일도 아니라는 교훈을
먼 옛날의 시간을 건너와 노인이 우리에게 전해주고 있다.

부부는 서로 닮아간다

부부는 서로 닮아간다는 말이 있다.
서로 사랑하는 부부는
같이 살아가는 세월이 길어질수록
모습도 비슷하게 되고
생각도, 가치관도, 취미도, 사람을 보는 관점도
닮아간다고 한다.
단, 사랑하는 부부 사이에서만
서로 닮아가는 경향을 보이고
정이 없는 부부는 서로 닮지 않는다고 한다.

그렇게 좋아하는 사람끼리는
서로 닮아가는 경향을
심리학 용어로 '싱크로니 경향'이라고 한다.

영어로는 Interlocutional Synchronism이다.
'동질성 경향'이라고 번역하면 될까.

'싱크로니 경향'은

어머니와 아직 철이 안든 유아 사이에
유아가 어머니의 동작이나 자세, 그리고 감정의 표현에
영향을 받는 경향이 있다는 것에서 비롯된 말이다.
말하는 리듬이라든지 침묵의 방법, 말의 속도,
목소리의 세기 같은 패턴도
관심 있는 사람과 닮아간다고 한다.
서로 친한 친구 사이를 보면
말하는 어투가 참 비슷하다는 것을 느끼게 되는데
그것도 '싱크로니 경향'이다.

또 자매끼리 좋아하는 남성상이 비슷하다든가
형제끼리 한 여자를 좋아하는 경향,
아들이 아버지를 닮아가는 경향,
딸이 어머니를 따라하는 경향,
친구끼리 옷 입는 스타일이 비슷해지는 경향,
좋아하는 사람끼리 좋아하는 음악이 비슷해지는 경향,
사랑하는 사람끼리 인생관이나 가치관이 닮아가는 경향…
이 모두가 '싱크로니 경향'이다.

지금 나는
어떤 사람과 어떤 점이 비슷해져 가고 있을까.
내가 좋아하는 사람은 곧,
내 모습이며 내 미래인지도 모른다.

자유롭게 살고 싶어

다람쥐 쳇바퀴 돌 듯 살아가는 도시인들이라면
누구나 꿈꾸는 생활…
'보헤미안'의 생활이 아닐까.
〈보헤미안 랩소디〉라는 노래도 있고,
'보헤미안 스타일'이 하나의 패션이 되고,
보헤미안의 생활은 문학 작품에 종종 등장한다.

보헤미안의 어원은 프랑스어 보엠^{Bohme}이다.
15세기, 체코의 보헤미아 지방에는
유랑 민족인 집시가 많이 살고 있었다.
프랑스인은 그들 집시를 '보헤미안'이라고 불렀다.

집시들은 유럽과 소아시아, 아메리카 대륙 등을
정처 없이 떠돌면서 살았는데
가는 곳마다 박해와 차별을 받았다.
이들의 생업은 주로 대장장이나 마술사, 점쟁이, 악사^{樂士}였고,
학교도 가지 않으므로 문맹^{文盲}이 많았다.

한 가족이나 몇 가족이 일군을 이루고

떠돌며 살아가던 유랑 민족,

그들 집시를 일컫던 보헤미안은

19세기 후반에 이르러서 좀 다르게 해석이 됐다.

사회의 관습에 구애되지 않는 방랑자,

자유분방한 생활을 하는 예술가나 문학가,

배우와 지식인들을 가리키는 말이 된 것이다.

보헤미안이라는 영어는

프랑스 작가인 사카레가 사용하면서 일반화됐다.

보헤미안과 대조적인 말로는 '필리스틴Philistine'이 있다.

필리스틴은

실리주의와 교양 없는 속물 근성의 대명사로 쓰인다.

그런가 하면 『월 스트리트 저널』 기자 출신인 브룩스는

부르주아와 보헤미안을 합성해서

'보보스Bobos'라는 유행어를 만들기도 했다.

부르주아의 물질적인 혜택과

보헤미안의 정신적 풍요를 동시에 누리는

미국의 상류 계급을 보보스Bobos라고 했다.

패션에서도 '보헤미안' 스타일이라고 하면

풍성하고 치렁치렁하게 늘어트린

유랑 민족의 집시 스타일을 일컫는 것이다.

얽매인 곳 없이 집시처럼 자유롭게 떠돌며 살아가는
자유인, 보헤미안.
현실에서는 이룰 수 없는 모든 이의 꿈이 아닐까.

커다란 사과

사람에게만 별명이 있는 게 아니라
도시에도 닉네임은 존재한다.
특히 '뉴욕'은 'The Big Apple'로 유명하다.
그렇다면 '뉴욕'은 왜 '사과'라는 별명을 갖게 된 것일까?

'뉴욕역사학회'에 들어오는 질문 중에
가장 빈도수가 높은 질문은 바로 이 질문이라고 한다.
"왜 뉴욕은 빅 애플인가요?"

뉴욕을 'The Big Apple'이라고 부른 것은
1909년으로 거슬러 올라가야 한다.
마틴^{Edward S. Martin}이 편집한 책 『The Wayfarer in New York』에
이 별명이 처음으로 등장한다.
미네소타와 시카고 등을 포함한 대평원 지대인 미국의 중서부지방,
그곳 주민들은 한 가지 불만이 있었다.
'뉴욕이 지나치게 여러 가지 혜택을 보고 있다.'는 불만이다.
그들은 그 불만을 이렇게 터트렸다.

"뉴욕은 미시시피계곡에 뿌리를 둔

거대한 나무에 열리는 숱한 열매 중 하나에 불과했다.

그러나 '빅 애플the Big Apple'은

미국이라는 국가의 수액을 남보다 훨씬 더 많이 빨아먹고 있다."

그후 1920년대에 와서 『New York Morning Telegraph』 신문의

스포츠 기자였던 제럴드John J. Fitz Gerald가

자신의 칼럼 제목에 이런 제목을 쓰게 된다.

「Around the Big Apple」

뉴올리언즈에서 뉴욕의 경마 규모가

대단히 크고 짭짤하다는 말에 이 표현을 사용한 것이다.

그후 이 표현은 여러 사람 입에 오르내렸다.

그뿐 아니라 1930년대와 40년대에는 재즈 음악가 사이에서

"정말 크게 성공했다."는 뜻으로 사용되기도 했다.

다른 지역에서 연주할 때에는 그냥

'잔 가지', 'the branches' 또는 'the sticks'에서 연주한다고 했고,

뉴욕에 가서 연주하는 것을

'빅 애플'에 가서 연주한다는 표현을 썼다.

이 표현은 1950년대와 60년대에는 그리 자주 사용되지 않았다.

그러다가 1970년대 '뉴욕관광국'이 관광 수입을 늘리기 위해

닉네임으로 '빅 애플'을 사용하게 됐다.

그후 뉴욕의 별명인 '빅 애플'이 전 세계에 알려지게 된 것이다.

빅 애플, 큰 사과로 불리는 도시, 뉴욕.
트렌치코트를 입고, 손에는 신문을 둘둘 말아서 든 채
햄버거를 먹으며 급히 일하러 가는
뉴요커들이 문득 떠오른다.

당신만 행복하면 난 괜찮아요

누구나 가지고 있어서 그럴까,
콤플렉스에 대한 용어가 많아진다.

그중에 여성들에게 조금씩은 다 해당되는 콤플렉스가 있는데
'웬디 콤플렉스'다.

웬디는 J. M 베리의 희곡 〈피터팬〉의
여주인공 웬디에서 이름을 딴 것으로
철부지 피터팬을 어머니처럼 돌봐주는 여자 주인공이다.
이런 웬디의 모습이 여성들에게 투영된 증상을
웬디 콤플렉스라고 한다.

웬디 콤플렉스는 일종의 모성 본능과도 같은 것이다.
그 현상은 이렇게 나타난다.
우선 남자 친구나 남편을 과잉 보호하려고 한다.
'이 남자는 뭐든 내가 도와줘야 된다.'
이렇게 생각하면서 일일이 챙겨주고 간섭하고
꿈이나 미래조차도 재단하려고 한다.

웬디 콤플렉스의 증상 중 하나는
외로움이 두려워서 남성에게 집착하는 현상을 말한다.
상대방이 떠나갈지 모른다는 불안감에 괴로워하고,
그래서 질투도 심해지고
매력을 유지하려고 억지로 애쓰게 된다.

"당신만 행복하면 난 괜찮다!"
이런 자기희생도 웬디 콤플렉스의 증상이다.
트러블을 마주했을 때 모두 자기 탓으로 돌려버리고,
연민과 자기 비하를 반복한다.

그런가 하면 상대방이 불만을 표시하면
오히려 만족을 느끼는 증상 역시
웬디 콤플렉스에 해당된다.
'이 남자는 내가 필요하다.'
이런 마음을 갖게 되기 때문에 상대방이 불만을 말하면
오히려 기뻐진다고 한다.

남자와 여자가 만나서 사랑하는 일,
참 쉽지 않은 일이다.
남자들 역시 많은 콤플렉스가 작용하고
여자들도 많은 콤플렉스를 느껴야 하는 일이다.

멋진 사랑은 콤플렉스가 하나도 없는 사랑이 아닐 것이다.
그 콤플렉스를 잘 넘어가는 지혜의 사랑일 것이다.

아름다운 사람은 오래 못 산다?

거리를 걷다 보면 눈에 띄는 미인이 참 많다.

그렇게들 예쁜데도 누구나 더 아름다워지기를 바란다.

우리나라에 '미인박명'이라는 말도 있지만

목숨이 짧아도 좋으니 아름답고 싶다는 여성들을 위해

미인박명의 뜻을 알아본다.

미인박명은 원래 '가인박명'이라고 했다.

아름다울 가佳, 사람 인人,

얇을 박薄, 목숨 명命.

'아름다운 사람은 목숨이 짧다.'는 뜻을 지니고 있다.

'여자의 용모가 너무 아름다우면 운명이 기구하다.'

'팔자가 사납다.'는 말로 쓰이는 이 말은

어디서 유래한 것일까?

중국 송나라 시대의 시인 중에 소식蘇軾이 있었다.

1036년에 태어나 1101년까지 살았던 시인 소식은

북송 후기의 '대문장가'며 학자였다.

그의 시 중에는 「가인박명」이라는 시가 있었다.

그 내용은 이렇다.

- 두 볼은 엉긴 우유와 같고
머리는 옻칠을 한 것처럼 새까맣고,
눈빛이 발에 들어오니 주옥과 같이 빛난다.
흰 비단으로 선녀의 옷을 지으니,
입술연지는 천연의 바탕을 더럽힌다 하여
바르지 않았네.
오나라 사투리의 애교 있는 소리는
어린 아이를 띠었는데,
무한한 사이의 근심 다 알 수 없네.
예로부터 아름다운 여인 운명 박함이 많으니
문을 닫고 봄이 다하니 버들 꽃 떨어지네. -

바로 이 시에서
'가인박명'이라는 말이 탄생하게 됐고
'미인박명'이라는 말로 더 많이 쓰이게 되었다.

그런데 정말 미인은 운명이 기구한 것일까?
세계적으로 미인은 운명이 기구하거나
일찍 세상을 버리는 예들이 많이 발견되고 있다.

하지만 "운명이 사나워도 좋다! 미인만 되어다오!"
아무리 운명이 바뀌어도 좋고, 내실이 없어도 좋으니
미인이 되고 싶어 한다.

아름다워지고 싶은 바람은 여성만의 것이 아니다.
남성도 아름다워지고 싶은 본능으로
즐거운 분주함에 싸여 지낸다.

검은 슬픔

영화 장르 중에 '느와르'라는 것이 있다.
느와르라고 하는 것은
18세기에서 19세기에
프랑스에 유입된 영국의 고딕 소설을
'로망 느아르 roman noir'라고 부른 데서 유래했다.

느와르는 불어로 '검은색'이라는 뜻이다.
그래서 범죄 조직을 다룬 영화를
'필름 느와르'라고 부르게 된 것이다.
일명 '다크 필름 dark film'이라고도 한다.

느와르 필름 중에서 할리우드 영화를 예로 들자면
〈대부〉나 〈원스 오픈 어 타임 인 어메리카〉 등이 유명하다.
느와르, 검은색이라는 뜻에서 느낄 수 있는 것처럼
음울하고 슬픈 내용이 주를 이룬다.

'필름 느와르'라고 지칭되는 영화들은
대부분 미국 영화들이다.

그런데도 불어를 사용하는 이유는 무엇일까?

그 이유는 미국 영화들을
프랑스의 비평가들이 재평가하면서
그런 이름을 붙여줬기 때문이다.
그중에서 '홍콩 느와르'는
말 그대로 홍콩의 암흑가나 주먹세계와 조직세계를 다룬
영화를 말한다.
'느와르'라는 말이 우리에게 널리 사용되게 된 계기는
홍콩 느와르에서 출발했다.
80년대 중반, 오우삼 감독과 주윤발 주연의
〈영웅본색〉이나 〈첩혈쌍웅〉 등의 영화들이
우리나라에 선보이면서 '느와르'라는 말을 많이 쓰게 된 것이다.

그런데 '홍콩 느와르'라는 장르는
다른 나라에서는 통하지 않고
우리나라에서만 통하는 장르라고 한다.

음울하고 어두운 느와르 한 편
오늘 같은 날 콜라 한 잔 들고 앉아 감상하고 싶어진다.

나쁜 화폐가 좋은 화폐를 몰아낸다

경제 용어 중에 낯익은 법칙이 하나 있다.
'그레샴의 법칙'이다.

그레샴의 법칙은
16세기 영국의 재정가인 그레샴이 주장한 법칙이다.
그 내용은
'Bad money drives out good money.'
나쁜 화폐가 좋은 화폐를 몰아낸다,
즉 '악화가 양화를 구축한다.'는 뜻으로
그레샴이 엘리자베스 여왕에게 진언한 편지 속에 나온 말이다.

그리고 그레샴의 법칙이라는 이름은
1858년, H. D. 맥클로우드가 붙인 것이다.

'악화가 양화를 구축한다.'는 그레샴 법칙이 나온
역사적인 배경이 있다.
16세기 경, 영국 정부는 화폐가 모자라자
새 화폐를 대량으로 발행하게 됐다.

그 당시 화폐는 금본위제의 금화였다.
새 화폐의 금 함유량은
예전 화폐의 금 함유량에 훨씬 미달됐다.
그러자 사람들은 옛날 화폐를 장롱 속에 쌓아놓고
새로운 화폐만 돌리기 시작했다.
이것이 악화, 그러니까 금 함유량이 적은 신화폐가
양화, 금이 많은 구화폐를 몰아낸다는 말을 낳게 한 것이다.

한 사회 내에서 귀금속으로서의 가치가 서로 다른 화폐가
동일한 화폐가치로서 유통되는 경우,
귀금속 가치가 작은 화폐는
가치가 큰 화폐를 유통으로부터 배제한다는 뜻이다.
예를 들어 금화와 은화가 똑같은 가치로 쓰일 경우
사람들은 금화를 쓰지 않고 은화를 쓰게 된다.
이 원리는 주화와 지폐 사이에도 적용돼서
결국은 주화 대신 지폐가 널리 사용되는 원인을 제공했다.

오늘날처럼 신용화폐가 중심을 이룬 시대에
그레샴의 법칙은 낡은 주장처럼 보인다.
하지만 지금도 '악화가 양화를 구축한다.'는 그레샴의 법칙은
아주 많은 분야에서 쓰이고 있다.
'나쁜 것이 좋은 것을 몰아낸다.'는 의미로
여러 가지 사회 현상에
그레샴의 법칙을 적용하기도 한다.

나쁜 것이 좋은 것보다 전염성이 빠른 사회 현상들,
어떤 것들이 있을까?
그레샴의 법칙에 반대되는,
좋은 것이 나쁜 것을 몰아내는 현상만
가득한 사회를 꿈꿔보게 된다.

산에 오르면 환상이 보인다

앞에서 뭔가 아릿하게 떠오르는 환영,
내 머리 주변으로 무지개가 어리는 듯한 아름다운 환상을
'브로켄Brocken' 현상이라고 한다.

비행기를 타고 가다가 어쩌다 창 너머를 보면
아주 가끔 브로켄을 만나게 된다.
비행기 뒤편에 태양이 있을 때,
그 빛을 받아서 항공기 그늘이 구름에 비치는 현상이다.
그때 비행기 그림자 주위에 마치 무지개처럼 예쁜
고리가 보일 때가 있다.
'브로켄 현상'이라고 부른다.

브로켄이라는 이름은,
독일의 중부지방 하르츠Harz산맥에 있는 산의 이름이다.
브로켄Brocken산에서 자주
이런 현상을 볼 수 있다고 해서 붙여진 이름이다.
이것은 전문 용어로
대기광학에서는 'glory'라고 하고

'광륜光輪이나 후광後光으로 표기하지만,
대개는 '브로켄 현상', '브로켄의 요괴妖怪' 혹은
'브로켄의 환영幻影'으로 불리고 있다.

브로켄 현상이 생기게 된 유래가 있다.
옛날 어느 등산가가 브로켄산을 오르던 중에
급경사에서 잠시 머리를 들어 위를 쳐다봤다.
그런데 거기 흉측한 요괴가 서 있는 모습을 보고는 너무 놀라서
미끄러져 죽었다는 이야기가 전해 내려왔다.

그후 1865년에 에드워드 윔퍼라는 등산가가
마터호른을 등정했을 때도 산정에서 이 브로켄을 보게 된다.
그후 하산하던 중에 대원 네 명이 추락해서 죽자
이것이 모두 브로켄을 봤기 때문이라고 생각했다.
그래서 당시에는 브로켄의 요괴
또는 브로켄의 환영이라고 하며
불길한 징조로 여겼다.

하지만 그후 언제부턴가
브로켄은 행운의 징조로 바뀌게 된다.
태양을 등지고 안개에 쌓인 산꼭대기에 서면
브로켄의 광경을 가끔 보게 되는데
그 광경이 너무나 환상적이고 신비롭다고 한다.
그야말로 평생에 한 번 있을까 말까 한
'행운의 여신'을 만난 셈이다.

그후 브로켄을 보면 행운이 찾아온다고 여기게 됐다.
또 "산에서 브로켄을 목격하게 되면
결코 산에서 죽지 않는다."는 전설로 바뀌게 된다.

앞에는 안개가 끼어 있고 뒤에서 해가 비치면
등산자의 모양이 크게 확대되고
둘레에 무지개의 테가 몇 겹씩 보이는 현상인 브로켄 현상은
우리나라 산인 지리산에서도 가끔 발생한다고 하는데
아름다운 초자연 현상인 브로켄
언젠가 한 번은 꼭 만나보고 싶어진다.

술에 취해 비틀거리다

권투에서 상대편의 공격으로
몸을 가누지 못하는 상태를 뜻하는 '그로기'.
레슬링에서도 많이 쓰이는 용어다.
또 스포츠만이 아니라 몹시 피곤하거나
취해서 비틀거리는 것을 비유하는 데
일반적으로 쓰이기도 한다.

그로기라는 단어의 탄생은
전쟁터의 어느 곳에서 시작됐다.
18세기 중엽, 서인도제도 영국 총사령관이었던
버논 제독의 에피소드에서 비롯된 말이다.
그 당시 버논 제독은
그의 수병들에게 별로 인기가 없었던 모양이다.
그는 늘 조악한 견모 혼방지인 '그로그램grogram'
외투를 애용했다.
수병들은 그런 그를 '올드 그로그Old Grog'라는 별명으로
부르면서 비웃었다.

그런데 당시 수병들에게는 럼주^{rum酒}라는
독한 술이 지급됐는데
수병들이 이를 먹고 취하는 일이 잦았다.
그러자 제독은 럼주에 물을 섞어 주도록 했다.

안 그래도 버논 제독을 싫어하던 수병들은
그의 조치에 불만을 느꼈고,
'물 탄 럼주'를 그의 별명인 '그로그^{Grog}'라고
부르며 비아냥거렸다.
그러니까 값싼 외투와 물 탄 럼주, 그리고 인기없는 상사가
동격으로 취급되는 순간이었다.

이 그로그라는 말에 나중에는 'y'가 붙으면서
술을 마시고 몸을 가누지 못하는 상태를
이르는 말이 돼버리고 말았다.
그러다가 지금은 술을 마시지 않고도
온몸에 힘이 빠지고 지쳐서 후들거리는 상태를 모두
그로기라고 하고 있다.
그러니까 그로기는 견모 혼방지의 상표명에서 비롯된
18세기 어느 부대에서 태어난 단어다.

비틀거리는 그로기 상태라면 점검해보는 것도 좋다.
왜 나는 그로기 상태인가?
과음 때문이라면 음주를 자제하고
과로 때문이라면 일을 좀 자제해야 하지 않을까.

무의미함의 예술

한류 열풍을 예로 들 때,
간혹 1910년대 세상을 풍미했던
'다다이즘^{dadaism}' 현상에 비교하기도 한다.

1914년부터 1918년까지의 1차 세계대전, 그 말엽부터
유럽과 미국을 중심으로 일어난 예술 운동이 있다.
다다이즘이다.

다다이즘은 '다다^{dada}'라고도 하는데
다다라는 것은
원래 프랑스어로 '어린이들이 타고 노는 목마木馬'를
가리키는 말이다.
그러니까 이것은 '무의미함의 의미'를 암시하는 것이다.

다다라는 명칭이 탄생한 경위는
1916년, 시인인 차라가 사전을 놓고
펜나이프를 아무데나 집어넣고 사전을 폈는데
그곳에 나온 단어 중에 아무 의미가 없는 음성어인 다다를

그 명칭으로 결정했다고 전해지기도 하고,

여러 가지 의견이 분분하다.

하지만 '다다이즘'이 탄생된 장소는 반박의 여지없이 '취리히'다.

1916년 2월, 작가 겸 연출가인 휴고 발^{Hugo Ball}이

스위스 취리히에 예술적 분위기를 가진 볼테르 카바레를 개업했다.

볼테르 카바레에서 발은 독특한 인품으로

일군의 예술가들과 동조자들을 끌어들였다.

카바레에 모여든 예술가들은

국제적인 잡지 하나를 발간하게 됐다.

이 잡지가 바로, 최초의 다다 간행물인 『볼테르 카바레』다.

여기서 시인인 차라, 휠젠베크 등은

과거의 모든 예술 형식과 가치를 부정하고

비합리성 반도덕 비심미적^{非審美的}인 것을 찬미했다.

'차라'의 이 말은 다다이즘의 의미를 상징한다.

"새로운 예술가는 항의한다.

새로운 예술가는 설명적, 상징적인 복제를

그리는 것이 아니다.

그는 돌이나 나무나 쇠로 직접 창조한다.

특급기관차와 같은 새로운 예술가의 유기체는

순간적인 감동을 싣고 모든 방향으로 향할 수 있는 것이다"

다다이즘은 한마디로

"모든 것에 '아니오'라고 말하는 것,
모든 것에 반항하는 것,
즉 기성의 모든 도덕적, 사회적 속박으로부터 정신을 해방시키고
개인의 진정한 근원에 충실하는 것"이라고 정의를 내릴 수 있겠다.

'순간적인 감동을 싣고
특급기관차처럼 어느 방향으로든 향할 수 있는 것이 예술'이라는
다다이즘…
그 예술관에 공감하는지…

돈키호테처럼 살고 싶다

'키호티즘Quixotism'은

세르반테스Cervantes의 소설

『돈키호테Don Quixote』에서 유래한 것이다.

우선『돈키호테』라는 소설에 대해 알아보면

이 소설의 정식 표제는

『재기발랄한 향사鄕士 돈 키호테 데 라 만차』라는

긴 제목을 가지고 있다.

이 소설의 내용은 이렇다.

에스파니아의 시골 향사 아론소 기하노는

밤낮으로 기사도 이야기를 읽은 나머지 정신이 이상해진다.

어느 날 그는 스스로 중세 기사가 돼서

세상의 부정과 비리를 도려내고 학대당하는 사람들을 돕겠다며

편력의 길에 오르게 된다.

'돈 키호테 데 라 만차'라고 자칭하고

갑옷을 입고 앙상한 말을 타고

근처에 사는 농부인 '산초 판자'를 종자로 거느리고

그는 길을 떠난다.

그후 현실과 동떨어진 고매한 이상주의자인 주인 '돈키호테'와
순박한 농사꾼으로 우직하고 충실한 종자 '산초 판자'
두 사람은 가는 곳마다 현실 세계와 충돌하며
비통한 실패와 패배를 맛보게 한다.
하지만 아무리 가혹한 패배를 겪어도
돈키호테의 용기와 고귀한 뜻은 조금도 꺾이지 않는다.

이 소설에서 주인공 돈키호테의 성격은
이렇게 묘사가 되고 있다.
풍차를 거인으로 착각하고 무모하게 덤벼들다가
골탕만 먹는가 하면
이발사가 들고 있는 세숫대야를 방패로 삼고,
거지 아가씨를 공주로 떠받들기도 한다.
이렇게 돈키호테는 우스꽝스런 인물로 등장한다.
키호티즘은 바로 이런
돈키호테의 무모한 성격이나 생활 태도를 가리키는 말이다.

하지만 키호티즘은
무모함이나 어리석음의 범주를 뛰어넘는 의미도 갖고 있다.
아무리 비통한 패배를 맛보면서도 조금도 주눅 들지 않고
현실과 맞서 꿋꿋하게 앞으로 나아가는 인물 유형,
무모하면서도 절대 굴하지 않는 불굴의 정신,
그것이 키호티즘이다.

현실이 퍽퍽할수록

우리에게 필요한 정신은
너무 신중한 햄릿형보다는
어쩌면 키호티즘이 아닐까.

세상에서 가장 오래 사는 열 가지

예로부터 시와 그림, 조각품에
많이 들어가는 '십장생十場生'이 있다.

십장생은 그 단어의 뜻 그대로
'세상에서 가장 오래 사는 열 가지'를 말한다.

그 십장생에 들어가는 요소는
해와 달, 산, 돌, 물, 구름, 학, 사슴, 거북, 불로초,
대나무, 소나무를 말한다.
열 가지가 아니고 열 두 가지인 것은
사람과 지역에 따라 꼽는 데 차이가 있기 때문이다.
우리 조상들은 이들을
그림에 그리거나 이불에 수를 놓거나
장롱에 자개를 놓아서 장수를 기원했다.

그렇다면 십장생에 들어 있는 생물들의 수명은 얼마나 될까?
대략 그 수명을 보면
사슴은 보통 30년,

학은 보통 40년에서 50년 산다고 한다.

또 거북이는 보통 100년 넘게 사는 장수 동물로 알려져 있고,
소나무는 보통 300년에서 500년 정도 자란다.
미국 캘리포니아의 모하베사막에 사는 브리스틀콘 소나무는
약 5천 년 이상을 살았을 것이라고 추정하고 있다.

그런가 하면 대나무는
평생 한 번 꽃을 피우고 열매를 맺으면 죽는데
보통 60년 주기로 꽃이 핀다.

흔히 불로초라고 불리는 영지버섯은
여름 한철 2개월 정도만 사는데
십장생 중에서 수명이 가장 짧은 셈이다.

이 십장생에 속하는 것들은 장수의 의미 말고도
인생의 철학이 깃들어 있다.
해는 세상을 비추는 지혜나 지식, 포용력을 말하고,
산은 불변의 자세,
구름은 풍류를 즐기는 마음,
소나무는 굳은 절개,
물은 맑고 깨끗함,
학은 높은 기상,
대나무는 곧고 강한 의지 등…
군자가 갖춰야 할 열 가지 덕목의 의미도 들어 있다.

그러므로 십장생의 의미는 건강과 장수,

그리고 사람이 갖춰야 할

삶의 덕목이라고 말할 수 있겠다.

알았다, 발견했다!

다른 그리스 말은 다 몰라도
이 그리스어 하나는 대부분 다 알고 있다.
'유레카!'

"유레카!" 이 말은
아르키메데스가 외친 한마디다.
목욕하다가 뭔가를 발견하고
"유레카! 유레카!"를 외치며
벌거벗고 길거리를 달렸던 아르키메데스!
그렇다면 그는 왜 길거리를 벌거벗고 달렸을까?

아르키메데스는
많은 수학서數學書를 쓴 수학자이며
지렛대의 원리 응용에 뛰어난 기술자였다.
그는 수학에 몰두하고 있을 때는
식사하는 것도 잊을 정도였다고 한다.

어느 날, 당시에 아르키메데스를 아끼고 후원하던 히에론왕은 금세공인에게 금으로 왕관을 만들게 했다.
그런데 왕은 금세공인이
다른 물질을 섞어 왕관을 만들지 않았는지 의심했다.
왕은 아르키메데스에게 명령을 내렸다.
"이것이 과연 진품인지 감정하라!"

아르키메데스는 왕관이 순금으로 만들어졌는지
다른 물질이 섞였는지 알아낼 방법에 대해 고민하기 시작했다.

온갖 생각을 다해도 도저히 방법을 찾을 수 없던 아르키메데스는
목욕탕에 가서도 오로지 그 생각뿐이었다.
그런데 그가 공중목욕탕에서 몸을 물에 담그자 물이 넘쳤다.
그 순간 '부력의 원리'가 섬광처럼 번뜩였다.
어떤 물체가 액체에 잠기면 그 물체의 무게는
그것이 밀어낸 액체의 무게와 똑같은 힘으로 떠오른다는 것을
깨달은 것이다.

그는 목욕탕에서 바로 그 '정수역학의 제1법칙'을 생각해내고
기쁜 나머지 발가벗은 채로 "유레카! 유레카"를 외치며
거리로 뛰어나왔다.

그는 집으로 돌아와 저울의 한쪽 접시 위에는 왕관을 놓고
또 다른 접시 위에는 똑같은 무게의 금을 얹어놓은 다음
이것을 그대로 물속으로 집어넣었다.
그러자 왕관을 담은 접시가 위로 떠올랐는데

왕관 속에 금보다 밀도가 작은
다른 물질이 들어 있다는 것을 알게 됐다.

그리스어로 "알았다!", "발견했다!"라는 의미를 가진
"유레카!"
우리는 살아가면서
얼마나 그 "유레카!"를 외치게 될까.

예술은 길고 인생은 짧다

의사가 되기 위해서는 꼭 해야 하는 선서가 있다.
'히포크라테스 선서'다.

"예술은 길고 인생은 짧다."
이 유명한 말을 남긴 이가 히포크라테스다.
여기서 '예술'은 원래
우리가 생각하는 '예술'이기보다는
기술, 특히 '의술'을 가리키는 말이다.

'일생은 짧지만, 의술은 심오한 것이어서
도저히 규명할 수 없다.
그러므로 의술에 종사하려는 자는
공부와 연구에 게을리 하지 말고 스스로 경계를 늦추지 말라.'는
뜻이 담겨 있다.

히포크라테스는
BC 460년에 태어난 그리스의 '의성醫聖'이다.
히포크라테스가 살았던 다도해 중의 작은 섬 코스는

옛부터 의술의 중심지였다.

거기에는 '의술의 신'이라는 아스클레피오스의 신전이 있다.

그리고 그의 자손인 사제가 살고 있어서 의료업에 종사했다.

히포크라테스는 바로 그 가문에서 출생했다.

그는 자라면서 너무나 유명한 명의가 되어

그리스 각지로부터 초대받아 진료를 하기도 하고

학교를 만들어 제자 육성에도 힘썼다.

아마 "술術은 길고 생生은 짧다."는 말도

자신의 학생들을 가르치면서 한 말인 듯하다.

그는 또 그의 학생들에게

선서를 만들어서 서약하도록 했다.

그가 선서하도록 한 것은

그만큼 의술의 중요성을 깨달았기 때문이다.

사람의 생명을 다루는 것인 만큼

그 임무의 존귀함을 느끼라는 얘기다.

히포크라테스 선서의 내용 중에서 일부분은 이렇다.

- 내 양심과 위엄으로서 의술을 베풀겠노라.

내 환자의 건강과 생명을 첫째로 생각하겠노라.

나는 인류, 종교, 국적, 정당, 정파

또는 사회적 지위 여하를 초월해

오직 환자에 대한 내 의무를 지키겠노라. -

에펠탑이 싫으면 에펠탑으로 가라!

노상 카페 하얀 테이블에 앉아서
커피를 마시는 사람들… 파리의 풍경이다.

에펠탑은 프랑스 혁명 100주년을 기념하기 위해서
1889년 개최된 파리 만국 박람회 때 세워진 것이다.
이 에펠탑을 세운 데는
프랑스 제철산업을 일으키기 위한 프랑스 정부의
계산이 있었다.
제철 산업의 독창적인 걸작이 될 만한 탑을 만들기 위해
프랑스 정부는 설계를 공모했다.
총 700여 응모작이 접수됐지만, 만족할 만한 것은
에펠의 설계 하나뿐이었다.

에펠탑의 이름은 이 철탑을 설계한 프랑스 공학자
귀스타브 에펠Gustave Eiffel의 이름을 딴 것이다.
그는 뉴욕에 있는
자유의 여신상 내부를 설계하기도 했다.
그러나 그의 작품 중에서 대표적인 것은 역시 에펠탑이다.

에펠탑의 높이는 320.755미터나 되고,

탑의 본체에 사용된 연철鍊鐵은 무려

7,000톤 이상이 들었다.

하지만 에펠은 기중기를 이용해서

대량의 자재를 불과 25개월만에 조립해서 완성했다.

한 치의 오차도, 한 건의 하자도 발생하지 않았다.

확실한 준비, 빈틈없는 계산, 치밀한 직업 의식 덕분이었다.

먼저 탑의 골조에만 1,700장 이상의 전체도를 만들고,

각 부속 자재에 관해서도 3,629장의 전체도를 자세히 그려서

조립 작업을 정확하게 진행할 수 있도록 했다.

하지만 자연적인 아름다움을 추구했던 프랑스의 많은

예술가는 그 에펠탑을 참 미워했다.

특히 에펠탑을 싫어한 작가로 모파상이 유명하다.

그는 에펠탑이 안 보이는 곳으로 다니려고

골목길로만 다녔다.

그런데도 에펠탑은 파리 어디서나 보이지 않는 곳이 없었다.

그러던 어느 날, 그는

에펠탑을 안 봐도 되는 생각이 하나 떠올랐다.

바로 에펠탑 안으로 들어가는 일이었다.

그래서 모파상은 매일

에펠탑 안에 있는 카페에서 글을 썼다고 한다.

그 일화에서 유명해진 말도 있다.

"에펠탑이 싫으면 에펠탑으로 가라!"

지금쯤 에펠탑이 보이는 파리의 야외 카페에서는
팔랑팔랑 나부끼는 차양 아래 사람들이 앉아 있고,
바쁘게 움직이는 웨이터들이
향기로운 커피를 나르고 있을 듯하다.

하루 하나 상식

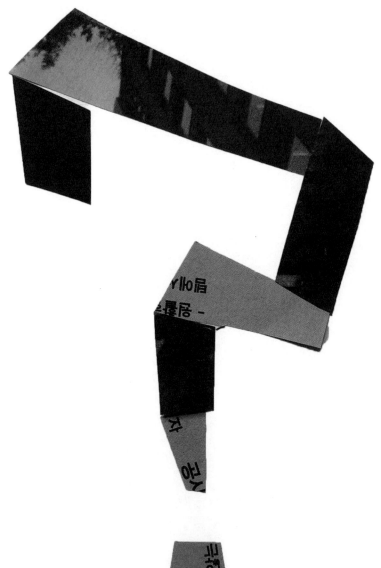

〈유래, 기원〉

물건을 쓰다 보면 궁금해지는 것들,
사회 현상을 대할 때 궁금해지는 것들,
맨 처음 어디서, 어떻게 시작됐는지
궁금한 것들

아기 곰과 루스벨트 대통령

인형 하면 가장 먼저 '곰인형'이 떠오른다.
인형의 대명사처럼 되어버린 곰인형,
그런데 왜 하필 곰일까?
호랑이 인형도 아니고 사자 인형도 아니고
그렇다고 귀여운 토끼나 복스러운 돼지도 아닌
곰이 인형으로 사랑받는 이유가 궁금하다.
곰인형, 테디베어의 유래는 어디서 시작됐을까?

1902년, 『워싱턴 스타』지는
루스벨트 대통령의 풍자화를 지면에 실었다.
클리포드 베리만이 그린 풍자화에서
루스벨트는 한 손에 총을 든 채 서 있었고,
그 뒤에는 겁에 질린 아기 곰이 웅크리고 있었다.
이 풍자화에는
'미시시피에 선을 긋다.'라는 설명문이 붙어 있었다.
거기에는 이유가 있었다.

당시 루스벨트 대통령은

루이지애나주와 미시시피주 사이에 벌어진
경계 논쟁을 해결하기 위해서 남부를 여행하고 있었다.
이 여행 기간 루스벨트는 여가를 이용해서
남부 유지들이 후원한 사냥 여행에 참가했다.
남부 유지들은
대통령에게 사냥의 전리품을 안겨드리기 위해서
아기 곰을 도망치지 못하도록 궁지에 몰아넣었다.
대통령이 곰을 편하게 사냥할 수 있도록 배려한 것이다.
그때 대통령은 어떻게 했을까?

루스벨트 대통령은 그 곰에게 총을 쏘지 않았다.
아기 곰의 눈동자가 루스벨트 대통령의 마음을
약하게 한 것이다.
쉽게 사냥할 수 있었지만,
아기 곰에게 끝내 총을 겨누지 못한 루스벨트 대통령.
이 사건을 그린 베리만의 풍자화는
국민에게 커다란 관심을 불러 일으켰다.

그때 장난감 판매상 모리스 미시톰은
이 풍자화에서 힌트를 얻어서 장난감 아기 곰을 만들었다.
그리고 풍자화와 함께 그 아기 곰을 가게 진열장에 전시했다.
그 아기 곰에는 '테디'라는 대통령의 별명을 붙였다.
그후 '테디의 곰'을 구입하려는 사람들로
가게는 장사진을 이뤘고,
미시톰은 '테디베어'를 대량 생산하기 시작했다.

그리고 1903년에는 장난감 회사를 설립하기에 이르렀다.

그후 유럽과 미국의 장난감 제조업자들은
테디베어를 모방한 다양한 종류의 아기 곰을 생산하게 된다.
당시에는 테디베어의 홍수 속에서
다른 인형은 거의 자취를 감출 지경이었다고 한다.

세계에서 가장 사랑받는 인형인 곰인형, 테디베어.
명품이나 보석으로 치장한 고가의 테디베어도 많다.
독일의 다이아몬드가 박힌 테디베어는
8천만 원 가까이 되는 가격으로
세계 최고가를 기록하기도 했다.

심지어 미국에는 테디베어 출생 신고도 한다고 하니
이쯤 되면 곰인형에게 퍼붓는 사랑이 과잉 애정 상태다.
제주도에 가면 테디베어박물관이 있는데
그곳에 가서 곰인형과 함께 아이처럼 놀고 싶어진다.

당신의 가슴에 카네이션을

세상에는 참 많은 꽃이 있다.
그런데 그 수많은 꽃 중에서
왜 '카네이션'을 부모님께 달아드리는 것일까?
그리고 어버이날은 어떻게 시작이 된 것일까?

어버이날은 우리나라에서 처음 생긴 것이 아니다.
미국의 웨이브스터라는 작은 동네에 사는
쟈비스라는 부인이 있었다.
그 부인은 주일학교의 모든 학생으로부터
어머니처럼 존경을 받았다.
갑자기 쟈비스 부인이 병으로 세상을 떠나자
학생들은 그 어머니를 추념하기 위해 교회로 모였는데
그의 딸 안나는 하얀 카네이션을 한아름 안고 와서
돌아가신 어머니 영전에 바치게 됐다.
매해 이런 행사는 계속됐다.
안나는 교회에 들어가는 사람들에게
카네이션 한 송이씩 나눠주며 자신의 어머니를 추모했다.

이 일은 많은 사람의 마음을 움직였고,
1908년, 시애틀에서 처음으로 이 날을 '어머니날'로 정하게 됐다.
그리고 그후 미국 의회에서는
5월 둘째 일요일을 어머니날로 정식으로 채택하고
어머니가 살아계신 사람은 붉은 카네이션을,
어머니가 계시지 않는 사람은 흰 카네이션을 다는 풍습이
만들어졌다.

우리나라에서도 1956년 5월 8일을 '어머니날'로 정했는데
1973년부터는 '어버이날'로 명칭이 바뀌게 됐다.

교회 앞마당에서 한 여성이
돌아가신 자신의 어머니를 추모하기 위해
꽃을 나눠준 데서 시작한 어버이날,
그런데 그 여성은
왜 많은 꽃 중에 카네이션을 골랐을까?
장미도 있고, 백합도 있고, 국화도 있는데 왜 카네이션이었을까.

궁금해서 카네이션을 잘 들여다봤는데
카네이션은 꽃 중에 가장 이마에 주름이 많은,
작은 철학자의 모습을 하고 있다.

부모님 이마에 새겨진 주름살처럼
주름이 아주 많이 있는 카네이션,
부모님 가슴에 그 어떤 꽃보다 더 잘 어울리는 꽃이다.

귀찮지만 없으면 안 되는

남성들은 면도할 때마다 이런 궁금증이
들지도 모른다.
도대체 옛날 사람들은 수염을 어떻게 처리했을까?

고고학자들은
남자들이 2만 년 전부터 면도했다는 증거를 가지고 있다.
벽화의 그림이나 묘지의 터에서
'면도기'로 쓰였던 날카로운 돌조각과 조개가 발견된 것이다.
그러다가 철과 동을 가공하는 기술이 완성된 후에는
철과 동을 재료로 해서 면도기를 만들었다고 한다.

지금 쓰고 있는 이발사 'barber'는
로마인이 수염을 일컫는 말 '바르바barba'에서 유래했다.
수염을 깎는 일은 혼자서는 불가능하고
이발사의 도움을 받아야 했던 시절이 있었다.
그런가 하면 미국 대륙에서는
인디언들이 조개껍질을 집게로 사용해서
수염을 하나씩 뽑았다고 전해진다.

그렇게 20세기에 안전 면도기가 나오기 전까지는
위험을 감수하며 면도해야 했다.

면도기의 혁신적인 개혁은
세일즈맨이면서 발명가였던 킹 질레트라는 사람에 의해 이뤄졌다.
그는 면도하다가 얼굴을 베고 난 후
안전하게 면도할 수 없을까 고민했다.
그는 철물점에서
시계 부품에 쓰이는 강철 리본과 손줄 등을 사다가
많은 밤을 지새우며 발명에 몰두했다.
그러던 어느 날 이발하러 갔다가
이발사가 머리에 빗을 대고
머리카락만 안전하게 자르는 모습이 눈에 들어왔다.
그때 그는 무릎을 쳤다.
"그렇다! 칼날을 얇은 철판 사이에 끼워서
털만 칼날에 닿도록 하면 살을 베일 염려가 없을 것이다!"

질레트는 즉시 집으로 돌아와 신제품을 만들어 시험해봤다.
실험한 결과는 대성공이었다.
1901년, 특허를 출원한 그는
안전 면도기 생산에 들어갔고, 곧 백만장자가 됐다.
그후에는 전기 면도기도 나오게 됐다.

아침마다 면도하고 나오려면
가끔 귀찮은 생각도 들 것이다.

하지만 수염이 나지 않는 약을 개발할 수 있다고 하자
대부분의 남성들은 이렇게 반응했다고 한다.
"면도하는 것이 차라리 낫다!"

수염과 면도기는
남성들의 귀찮은 적이기도 하지만
없으면 서운한, 남성성의 상징인 듯도 하다.

신부의 보디가드

결혼식에 가면
신랑신부의 '들러리'가 있다.
'신부 들러리'는 영어로 'Bridesmaid',
그리고 '신랑 들러리'는 'a best man'이라고 한다.
'들러리'의 유래는
악귀로부터 신부를 지키기 위해 시작됐다.

옛날 서양에서는
잡귀들이 결혼식 날 행복한 신부를 질투해서
나쁜 마법을 쓴다고 생각했다.
그래서 신부와 똑같은 옷을 입은 여자를 세워서
귀신들을 헷갈리게 했다.

이 관습은 고대 로마 시대에 시작됐다.
중세 이후에는 신부에게 구혼했다가 거절당한 구혼자가
친구들을 동원해 신부를 납치하는 소동이
심심찮게 일어났다고 한다.
그러면서 신부 들러리는 꼭 필요한 존재가 된 것이다.

로마 시대에는 의무적으로
들러리를 적어도 열 명 세우도록 하는 법도 있었다는데
그러니까 일종의 신부의 '보디가드'인 셈이다.

미국에서는 가장 친한 친구들이 들러리를 하는데
들러리가 결혼식의 중요한 증인이 되어 준다.
신랑 들러리는
신랑과 함께 신부가 입장하는 것을 기다리고
그에게 반지를 건네주는 역할을 한다.
또 신부 들러리는
신부가 입장할 때 뒤에서 같이 입장한다.

그런데 들러리가 주의할 점이 있다.
들러리가 신랑신부보다 돋보이면 안 된다.
손님으로 초대돼서 결혼식에 참석한 다른 여자들도
신부보다 더 아름답게 옷을 입고 나타나면
무례한 행동으로 간주된다.

우리나라 말인 '들러리'는
'곁이나 주위에 들러붙다.'라는 말에서 생긴 말이다.
'들러리에 지나지 않는다.'는 표현이나
'거기서 10% 빼곤 다 들러리다'… 이런 비유는
들러리가 주인공을 부각하는 일을 하기 때문이다.

행복한 결혼식에서 들러리 역할을 해준다는 것은

분명 즐거운 일이다.

하지만 인생 들러리는 좀 곤란하다.

인생의 주인공은 바로 당신!

삶의 주변만 빙빙 도는 들러리 역할은 사양해도 좋다.

신속 배달을 보장한다

외국에 여행가면 우리나라 사람들이 제일 실수하는 것,
바로 '팁'이다.
팁 문화가 성숙되지 못한 우리로서는
팁을 얼마나 줘야 하는지, 어떻게 줘야 하는지 혼란스럽다.
서양에서는 팁이 생활화가 돼서
어디서나 팁을 주고받는다.
그렇다면 팁은
언제, 왜, 시작된 것이고
그 말의 어원은 무엇일까?

18세기 영국에서는 차를 배달해주는 다방이 있었다.
그 당시 영국 다방은 차의 배달이 무척 느렸나 보다.
다방 카운터에는 이런 글이 쓰인 상자가 놓여졌다.
"To Insure Promptness."
"신속 배달을 보장한다."는 뜻이다.
그 상자에 동전을 넣은 손님에게는
우선적으로 차 배달을 했다고 하는데
신속 배달 'To Insure Promptness'의 이니셜을 따서

'TIP'이 된 것이다.
팁이라는 말은 바로 거기서 시작됐다.

그렇게 시작된 팁 문화는 영국에 확산되기 시작했다.
다방뿐 아니라 영국 왕실에 손님이 오면
말잡이, 도어맨, 여급, 집사가 줄줄이 서서 손바닥을 내밀었다.
그리고 팁을 안 준 사람을 기억해뒀다가
다음번에 오면 말의 발을 절게 해서 낙상하게 하거나
국물을 바지에 쏟거나 해서 보복했다고 한다.

지금도 비행기에서 내려 호텔방에 들어가기까지
서너 번의 팁을 주지 않고는 안 되는 나라가 적지 않다.

그렇다면 우리나라에도 옛날에 팁이 있었을까?
뜻밖에도 우리 팁의 역사도 아주 오래됐다.

조선 시대에는 팁이라는 말 대신
'인정人情'이라는 용어를 썼다고 한다.
부자 집에서는 '인정 주머니'를 걸어두고
심부름하는 종從이나 가마꾼, 말꾼, 부고 전하는 인부 등에게
인정을 건네줬다.

기방에서는 팁을 '젓가락돈'이라고 했다.
돈에 손을 대는 것을 천하게 여겼던 옛 선비들은
접시에 돈을 얹어오게 해서

젓가락으로 인정을 줬던 데서
'젓가락돈'이 유래가 됐다.

돈을 천하게 여겨서
오른손보다 왼손으로 인정을 집어주었던 데서
'좌전左錢'이라는 말로 불리기도 했다.

또 주막에 들면 미리 주모에게
'맛깔손'이라는 인정을 주기도 했다는데
나물을 무칠 때 한 번 더 주물러서 맛깔을 내라는 뜻의
팁이었다고 한다.

팁을 건네는 것에도 에티켓이 있다.
팁을 건넬 때는
손바닥 안에 잘 감추고 남이 안 볼 때 주는 게 예의다.
그리고 서비스 가격의 약 10퍼센트 정도가
팁의 적절한 비율이다.

부자 되고 아이 많이 낳으라는

결혼식장에 가면 꼭 보게 되는 풍경이 있다.
신부가 '부케'를 던지고 신부의 친구가 그 부케를 받는 광경이다.
그런데 신부는 왜 부케를 던지고
신부의 친구는 왜 부케를 받는 걸까?

원래는 아름다운 부케를 던진 것이 아니라
곡식을 던졌다고 한다.
기원전 1세기 로마에서는 결혼식 날,
풍요와 번성의 상징으로 통했던 '밀'을 신부에게 뿌렸다는 것이다.

요즘 신부 친구들이 부케를 받으려고 애쓰는 것처럼
그 당시에도 젊은 여자들이 자기도 시집갈 수 있기를 희망하면서
결혼식장에 뿌려진 그 곡식을 부지런히 주웠다.

이 풍습도 서서히 바뀌어가는 과정이 있었다.
제과 기술을 가지고 있던 고대 로마의 제빵업자들은
이 풍습을 바꿔버렸다.
기원전 100년 경, 그들은 결혼식 때 뿌려지는 그 밀로

작고 달콤한 케이크를 굽기 시작했던 것이다.
밀을 던지지 말고 맛있게 먹자는 의도였는데
그런데 신부에게 밀을 던지는 재미를 포기하고 싶지 않았던 하객들은
결국 이 케이크를 던지기 시작했다.

그후 '밀 케이크'를 신부의 머리 위에 으깨는 '절충식'이 나왔다.
아이를 많이 낳으라는 뜻으로
신랑신부가 그 머리 위에 으깬 케이크의 일부를 먹고
거기 들어 있던 땅콩이라든가 과일, 아몬드는
하객들에게 대접했다.

이 의식은 경제적으로 어려웠던 중세 초기에
또 한 번 변화를 겪게 되면서
다시 밀과 쌀이 신부에게 뿌려졌다.

그렇게 부케를 던지는 풍습은
다산과 풍요를 기원하며 신부에게
곡식을 던졌던 데서 유래하게 됐다.

밀과 쌀을 신부에게 던지고
그걸 신부 친구들이 줍고,
케이크를 하객들에게 던지고
케이크를 신부 머리에 으깨어 그걸 나눠먹고…
코믹하고 황당하지만 뭘 해도 아름답고 즐거운 일이
결혼식이다.

그런데 결혼에 대한 직업별 정의가 다 다르다고 한다.

결혼이란?

성악가가 대답한다. 소프라노와 알토의 합창이라고.

극작가는 비극과 희극이라고 하고,

직업군인은 50년 전쟁이라고 하고,

한의학자는 설탕을 입힌 한약이라고 하고,

기상캐스터는 말한다.

'결혼이란 맑음, 흐림, 때로는 천둥,

때로는 번개, 홍수가 나기도 하고,

때로는 벼락이 치는 것'이라고…

당신의 눈빛은 오싹해요

여성들은 왜 눈에 '마스카라'를 칠할까?
이 마스카라는 어떻게 맨 처음 시작됐을까?

'칼날 같은 눈빛'
'오싹한 눈빛'
이런 표현들은
'흉안', 'evil eye'와 관련된 표현들이다.

흉안은 거의 모든 문화에서 찾아볼 수 있다.
고대 로마에서는 적에게 마술을 걸기 위해서
흉안을 가진 직업적 마술사를 고용했다.
그리고 흉안은 인도 전역과 근동에 널리 퍼져서
두려움의 대상이 됐다.
중세 유럽인은
흉안의 마술에 걸릴까 봐 두려워한 나머지
유난히 빛나는 눈빛을 가진 사람은
누구를 막론하고 화형시킨 적도 있었다.

그들이 두려워한 건, 동공 반사 현상이다.

앞에 있는 사람의 눈을 들여다보면

우리의 작은 모습이 '동공' 속에 나타나게 되는데

'동공'을 뜻하는 영어는 'pupil'이라고 해서

'작은 인형'을 뜻하는 라틴어 '퓨필라pupila'에서 나왔다.

고대인들은 그렇게, 자기가 축소된 모습을

다른 사람의 눈 속에서 보게 되는 것을 무척 무섭게 생각했다.

이집트인은 흉안에 대비할 수 있는 방어 수단을 만들었다.

남자나 여자 모두 눈 주위에 둥글게 또는 타원으로

검은 색칠을 했던 것이다.

그것이 '콜kohl'이라고 불리는

세계 최초의 마스카라다.

그 최초의 마스카라 재료는

화학적 원료인 안티몬이라는 금속이었다.

남자들은 점쟁이들이 만들어준 대로 그냥 대충 발랐지만,

여자들은 자기들이 좋아하는 비밀 원료를 사용해서 직접 만들었다.

그런데 왜 흉안을 막기 위해 하필이면 마스카라를 칠했을까?

눈 주위에 검게 원을 그리면 햇빛을 흡수하게 되고

눈에 비치는 반사광을 줄일 수 있게 되는, 그 원리라고 한다.

야구선수들이 눈 밑에 검은 그리스를 칠하는 것도 같은 이치다.

강렬한 사막 햇빛에 상당한 시간을 보냈던 고대 이집트인은

이 비밀을 발견하게 됐고
그후로 눈 주변에 검게 동그라미를 칠하는
최초의 마스카라가 탄생하게 됐다.

눈빛을 죽이기 위해 사용됐던 마스카라.
하지만 지금은
눈동자를 더욱 빛이 나게 하는 데 주력하고 있으니
180도 용도 변경이 돼버린 셈이다.

각자 계산하자고!

식사하고 나와서 각자 계산하자고 할 때,
'더치페이Dutch pay'라는 말을 쓴다.
더치페이는 어디서 온 것일까?

'네덜란드의'라는 뜻의 'Dutch'와
'지급'의 뜻인 'pay'가 결합한
'더치페이'의
올바른 영어 표현은 'Dutch treat'가 된다.
각자 계산하는 방식은
우리나라 사람들의 사고방식으로 볼 때
약간은 치사해 보이는 것도 사실이다.
그런 계산법에 하필 왜 '네덜란드'가 붙은 것일까?
거기에는 역사적인 이유가 있다.

일찍이 해상무역에 손을 댄 네덜란드는
17세기 중엽, 강력한 국력을 자랑했다.
이때 똑같이 해상 세력의 확대를 꾀하던 영국과
무려 3년 여에 걸친 싸움을 벌이게 됐다.

이때 두 나라 사이에는
지독한 경멸과 증오의 감정이 있었다.
그 감정을 그대로 실은 영어가 바로 'Dutch'다.

'Dutch'는 원래 '독일의'라는 뜻이었는데
영어에서 '네덜란드의'라는 뜻으로 쓰였다.
그리고 어떤 말이든 '더치'라는 말이 붙으면
냉소적인 뉘앙스가 풍기게 됐다.

예를 들면 'Dutch act'는 '자살 행위',
'Dutch Courage'는 '술김에 부리는 용기',
'Double Dotch'는 '도무지 이해할 수 없는 말',
'Dutch uncle'은 '심하게 비판하는 사람',
'Dutch bargain'은 '한 잔 마시며 맺는 매매 계약',
'Dutch comport'는 '반갑지 않은 위로' 등이 그것이다.
우리가 흔히 쓰는 '더치페이' 역시 그중 하나다.

그러니까 '더치페이'는
영국과 네덜란드 사이의 전쟁,
그 역사적인 사건의 응어리가 남아 있는 단어인 셈이다.
한때 우리나라에서는 그 말을 쓰지 말자고 하며
순화어로 '추렴'이라는 말이 제시되기도 했다.
하지만 '함께 모아서 낸다'는 '추렴'과
자기 식사 값은 자기가 낸다는 '더치페이'와는 좀 차이가 있다.

일본인 사이에도 더치페이와 비슷한 말이 있다.
'가보시끼', '분빠이' 등이 그것이다.

이것을 우리말로 하면 이 정도가 되지 않을까?
각자 내기, 상호 각출 등…

더치페이는 일상화되어 가고 있다.
하지만 우리나라에서는 아직도 카운터에서
"계산은 내가 하겠다."며 호기 있게 싸우는 사람들이 보인다.

기쁜 소식을 전해다오

이메일 주소에 꼭 들어가는 기호,
'골뱅이' 기호다.
이메일e-mail을 보내고 받을 때면
골뱅이 기호의 유래와 전자우편의 시초가 궁금해진다.

전자우편, 즉 이메일은
1971년, 레이 톰린슨이라는 사람이 만들었다.
톰린슨은 당시에
특정 컴퓨터로만 자료를 주고받는 방법이 불편하게 느껴졌다.
그래서 다른 컴퓨터로 자료를 주고받는 방법을 고심하며 연구하다가
드디어 1971년 10월,
인터넷 도구인 전자우편, 이메일을 개발하게 됐다.

톰린슨은 전자우편이라는 도구를 개발한 다음에
전자우편의 체계를 만들어야 했는데
전자우편에서 발신자 이름과 위치를 구분하기 위해
골뱅이 표시를 도입했다.
골뱅이 표시는 영어로 치면 'to' 와 'at' 에 해당하는

라틴어 전치사 'ad'를 줄인 것이다.
톰린슨이 그 기호를 이메일 주소에 택한 이유는 무엇일까?
그의 대답은 간단하다.

"사람 이름에 사용하지 않는 기호를
키보드에서 찾은 결과 그 기호가 가장 적합했을 뿐입니다."

당시에는 불과 서른세 개의 키를 가진
텔레타이프 키보드를 사용했고,
특수문자로 사용할 수 있는 기호도 거의 없었다.
그래서 골뱅이@ 기호를 선택한 것이다.

세계 최초의 전자우편 주소는
톰린슨의 전자우편 주소인
'tomlinson@bbn-tenexa'이다.
BBN은 1971년 당시 톰린슨이 다니던 회사의 줄임말이고,
tenexa는 톰린슨이 쓰던 컴퓨터의 운영체제 이름이었다.

그렇다면 우리나라에서는 그 기호를 왜 '골뱅이'라고 부를까?
그 이유 역시 단순하다.
생김새가 골뱅이 비슷하기 때문이다.

이 기호 이름은 나라마다 각각 다양하다.
중국은 '생쥐', 스웨덴은 '코끼리코',
이스라엘은 '과자', 영국은 '양배추', 독일은 '거미원숭이',

네덜란드는 '원숭이 꼬리'라고 부른다.
그리고 이탈리아와 프랑스에서는 '달팽이'라고 한다.

이메일 주소를 물으면 꼭 들어가야 하는 단어, 골뱅이.
이제 그 기호는 디지털 시대의 상징처럼 떠올랐다.
오늘은 어떤 골뱅이들이
우리에게 기쁜 소식을 전해줄까?

술 마시면서 외치는 말

애주가들이 술을 마시는 이유는 참 다양하다.
기분이 좋아서, 기분이 나빠서,
축구를 이겨서, 축구가 져서,
기분 좋아지려고, 기분 망가지려고 등…
그런데 술을 마실 때는 항상
술잔을 부딪치며 뭔가를 외친다.

우리나라에서는 잔을 비우라는 뜻으로 "건배!"를 외치지만,
캐나다를 비롯한 서양에서는 주로 "토스트!"라고 외친다.
왜 빵도 아닌 술을 마시는데
"토스트!"라는 말을 외치는 걸까?

그것은 로마인의 풍습에서 유래한 것이다.
옛날 로마에서는 우정을 서약하기 위해서
술잔에다 태운 토스트 조각을 떨어트렸다.
이 관습은 셰익스피어 시대까지 이어졌는데
셰익스피어의 『윈저의 즐거운 아낙네들』을 보면
폴스태프가 술 한 주전자를 주문하고 나서

"토스트를 그 속에 넣으라."고 요구하는 대목이 나온다.

그렇다면 하필 왜 타버린 토스트를 술에 넣었던 것일까?
과학적인 연구에 의하면
숯은 술의 신맛을 감소한다고 한다.
타버린 토스트를 술에 떨어트린 이유 역시
술을 더 감미롭게 마시기 위한 방법이었을 듯하다.

한편 미국이나 영국에서는 '치어스'라고 외치고,
일본에서는 '간빠이',
독일과 네덜란드에서는 '프로스트',
프랑스에서는 '아보트르상테',
스페인은 '사투으',
소련에서는 '스하로쇼네'나 '즈다로비에',
우리나라에서는 주로 '건배!'를 외치다가
'위하여', '지화자' 등
우리 고유의 흥겨움이 담긴 구호가 많이 쓰인다.

그런데 '건배' 제창에도 역사적인 유래가 있다.
건배는 잔을 뜻하는 '배杯'와
깨끗이 비워 잔을 마르게 한다는 '건乾'을 써서
'잔을 깨끗이 비운다.'는 뜻을 지녔다.
이 단어는 술잔을 깨끗이 비우는 풍습을 지닌 중국에서
온 낱말임을 알 수 있다.
기쁨의 자리에서 빠지지 않는 '건배'!

여기에는 역사적인 유래가 있다.

예부터 서양인은 포도주를 무척 좋아했다.

특히 고대 로마인은 습관적으로 포도주를 마셨는데

로마인이 포도주를 좋아하는 것을 이용해서

로마인에게 커다란 타격을 입힌 사건이 발생했다.

기원전 3세기, 도시국가인 카르타고군은

마취제를 넣은 포도주를 로마의 병사들에게 먹였다.

그 결과 전세는 역전돼서 로마가 크게 패하고 말았다.

그후 서양인은 상대방을 안심시키기 위한 방편으로

같은 술병에 든 술을 나눠서 술잔에 따르고

독주가 아님을 확인했다고 한다.

이것이 건배의 유래가 된 것이다.

특히 영국에서는 건배 없는 만찬은 상상도 할 수 없었다고 한다.

만찬에 온 손님을 모욕하는 가장 좋은 방법은

그 사람을 향해 건배하지 않은 일이라고 여겼을 정도다.

우리나라에서는 건배보다

주거니 받거니 하는 대작對酌을 즐겼기 때문에

건배 문화의 역사가 길지 않다.

하지만 요즘은 일반화돼서

여러 사람이 모여서 술을 마시는 자리가 되면 꼭 건배 구호가 따른다.

그런데 술을 마시면서 잔을 부딪치고 뭔가를 외치는 데는 이런 이유가 있다고 한다.

술은 향기가 있어서 코를 즐겁게 하고,

그 빛깔은 눈을 즐겁게 하고,

그 맛은 입을 즐겁게 하는데

정작 귀는 즐겁게 하지 못한다.

그래서 일부러 유리잔을 부딪치면서 소리를 지른다고 한다.

그렇게 술잔을 부딪치고 나면 그제야

모든 감각 기관을 완전히 만족시킬 수가 있다는 것이다.

우리가 하는 모든 행동에는 그렇게

즐거움을 더 많이 누리려는 마음이 깃들어 있다.

그런 마음이 과학과 예술도 발전시키는 것이 아닐까.

내 눈빛을 드러내고 싶지 않아

계절을 불문하고 멋을 내는 액세서리로 애용되는
선글라스!
선글라스는 과연, 언제 처음 쓰게 된 것이고
그 용도는 어떤 것이었을까?

대개 선글라스는 서양 사람의 전유물인 것으로 안다.
그러나 선글라스의 기술은 1400여년 전 중국에서 시작됐다.
그들은 연기로 구워서 안경을 검게 만들어 썼는데
왜 안경을 검게 만들었던 것일까?
그때는 태양 광선을 가리기 위한 목적이 아니었다.
그리고 시력을 교정하기 위한 것도 아니었다.
바로 법정에서 사용하기 위한 것이었다.

몇 세기 동안 중국의 판관들은
법정에서 눈의 표정을 가리기 위해서
스모그 칼라의 수정 렌즈를 썼던 것이다.
그리고 그후
검은 안경이 이태리로부터 도입됐을 때에도

그 안경들은 재판장에서 쓰였다.
판관들의 눈의 표정을 숨기기 위한 것이었다.

이 선글라스의 유래가
지금도 그대로 적용되는 직업이 있다.
'보디가드'들이다.
경호원들은 항상 긴장하며 눈동자를 이리저리 움직여
적이 있는지 없는지를 살펴야 하는데
그 눈동자의 움직임을 감추기 위해서
선글라스는 필수품이라고 한다.

법정에서 판관들의 눈빛을 숨기기 위해 시작된 선글라스.
그후 1930년대에 육군 항공대에서
조종사의 눈을 보호하기 위한 용도로 쓰였다.
일반인도 '레이밴 조종사 선글라스'라는 모델을
구할 수가 있게 되었다.
그리고 선글라스 회사에서는 선글라스를 팔기 위해
할리우드 스타를 모델로 광고하게 됐고
그후 선글라스는
20세기 최고의 유행 현상이 되고 말았다.

선글라스는 유해한 태양광선을 막아주고
자외선으로부터 눈을 보호해주고
바람에 날리는 먼지로부터 눈을 보호해주는 고마운 존재다.

그리고 선글라스가 생겨난 이유처럼
내 눈빛을 가릴 수도 있고, 멋도 낼 수 있다.
멋진 선글라스 쓰고 거리를 활보하고 싶어진다.

산의 정상에서 외치는 소리

힘들게 산에 올라 정상에서 '야호!'를 외칠 때,
등산을 좋아하는 분들이라면 그 기분 알 것이다.
그런데 산에 올라가면 왜 하필 "야호!"라고 외치는 것일까?

산의 정상에 올라가면 "야호!"라고 외치게 된 유래에는
두 가지 설이 있다.
첫 번째는
조난 시 구조를 요청할 때 외쳤던 소리에서 유래됐다는 설이고,
두 번째는
몽골어의 '가도 좋은가?'를 뜻하는 "야호?"에서
유래됐다는 설이다.
고려 시대 때 몽골 군인들이 산 위에 올라가서
"가도 좋은가?" 이렇게
정찰병에게 소리치던 것에서 유래됐다고 보는 설이다.

그중 조난 구조 신호에서 유래됐다는 설이 유력하다.
유럽, 특히 독일어권에서는 산에서 조난을 당했을 때,
사람을 부르거나 구조를 요청하는 소리로

"요후^{johoo}"라는 신호를 일찍부터 썼다고 한다.

근대적 의미의 등반은 200여년 전,
유럽에서 알프스 몽블랑을 오르면서 최초로 시작됐다.
그 뒤로 알프스산에 오르는 사람이 많아지면서
등산을 아예 '알피니즘'이라고 불렀다.

알피니즘은 유럽에서 전 세계로 퍼져나갔다.
미국에도 '요후'라는 감탄사가 있는 것을 보면
유럽의 영향을 받은 것이 분명하다.
이때 알피니즘은 일본에도 전파가 돼서 일본인은
산에 올라가 구조 신호인 '요후'를 "야호!"라고 외쳤다.

우리나라에서 취미로 산에 오르는 등산의 역사는
아주 짧아서 일제 시대에 시작됐다.
그 이전에는 산을 신성시해서
산에 올라가 소리를 지르는 일이 없었다.
또 산속에 호랑이 같은 짐승들이 득실거렸기 때문에
괜히 소리를 질러서 알릴 필요는 없었고
조용히 고개를 넘어가면 그뿐이었다.

우리나라 등산이
1930년대 일본인이 중심이 된 '조선산악회' 등에서 시작된 것을 보면
"야호!"라는 말도
일본 사람이 외치던 것에서 유래된 것이라고 보고 있다.

그러니까 야호는
독일의 조난 신호인 요후가
일본을 거쳐 일제 시대에 우리나라로 넘어왔다고 보는 것이다.
그래서 일부 전문 등산가 사이에서는
야호 대신 새로운 감탄사를 만들자는 얘기도 나오고 있다.

그런데 요즘은 산에서 소리 지르는 것은 금지됐다.
다른 등산객에서 소음 피해를 주고,
산에 사는 동물들을 놀라게 하기 때문이다.
동물들은 사람보다 예민한 감각 기관을 가지고 있어서
사람들의 구호에도 많이 놀랄 수 있다고 한다.

어쨌거나 땀을 뻘뻘 흘리며 정상에 올라가
시원한 산들바람을 쏘이며 외치는 "야호!"
그 감탄사가 절로 외쳐지는 날들이 쭉 이어졌으면 좋겠다.

도박 좋아하는 백작의 이름

아침 식사를 간단하게 샌드위치로 해결하는
사람이 많다.
빵과 빵 사이에 고기나 야채를 끼워서 먹는 샌드위치.
그런데 이 빵의 종류는 왜
'샌드위치'라는 이름을 갖는 걸까?
그리고 이 샌드위치는 처음에 어떻게 먹게 된 걸까?

18세기 초반인 1718년 11월 3일,
영국 정치가 존 몬택 샌드위치 4세는
친구들과 한참 카드놀이에 열중했다.

카드놀이를 무척 좋아했던 그는
카드놀이에 열중하면 종종 식사 시간을 넘겼다.
그 날도 몇 번이나 하인이 모시러 온 후에야
마지못해 일어섰다.

카드놀이에 심취한 그는
차려놓은 식사를 먹는 시간조차 아까웠는데

배는 고프고, 시간은 아깝고…
시간도 아끼고 식사도 할 수는 없을까, 고민하던 그는
직접 주방으로 갔다.
그리고 호밀빵의 가운데를 잘랐다.
그 사이에
채소와 베이컨 몇 조각을 넣은 다음
부리나케 놀이장으로 돌아와서 게임에 다시 참여했다.

당시만 해도 그런 식사법은
상류 귀족층에서는 보기 힘든 것이었다.
도박을 좋아하는 샌드위치 백작은
그렇게 직접 만든 빵을 먹으며 카드놀이에 열중했다.
샌드위치 백작이 먹는 빵을 보고
당시 도박장에 있던 귀족들이 그대로 따라하게 됐고,
이 식사법이 퍼져나가게 됐다.
그러자 주위에서 그 요리 이름을 물었다.
"그게 어떤 음식인가요?"
그리고 이런 대답을 들었다.
"나도 몰라. 샌드위치 백작이 만들어 먹길래 나도 따라했지."

그후 샌드위치 백작의 이름은 그대로
그 음식 이름이 되고 말았다.
우리가 먹는 샌드위치의 유래는 그렇게
도박을 좋아하는 한 백작에 의해 탄생됐다.

사실 빵과 채소를 한꺼번에 섞어서 먹는 형태의 음식은
그보다 더 오래전에 만들어졌다.
로마인은 그보다 무려 2000년 전에
채소를 끼운 빵을 먹었다고 전해지고 있다.
그러나 우리가 먹는 전형적인 샌드위치는
18세기 초반, 카드놀이 좋아하는 샌드위치 백작 때문에
생겨나게 된 것이다.

상쾌한 입안 청소기

입안의 개운한 즐거움, 츄잉껌!
껌을 씹으면 침 분비가 활발해져서 음식 찌꺼기가 빨리 분해되고
입냄새도 없앨 수 있다.
씹는 운동은 뇌세포를 자극해 졸음을 막아주고,
또 턱 관절을 많이 움직여주어 이 자극이 대뇌피질에 전달되면
배나엔돌핀 분비가 촉진돼 스트레스와 긴장을 풀어준다.

가끔 야구 경기를 관람하다 보면
선수가 껌을 질겅질겅 씹는 걸 볼 수 있는데
그 이유가 여기에 있다.

그런데 껌은 제일 먼저 누가 씹기 시작했을까?
그리고 누가 제일 먼저 세상에 발매를 시작했을까?

츄잉껌의 발상지는 멕시코로 알려져 있다.
기록에 의하면 서기 300년, 멕시코의 마야족이
사포딜라 나무의 수액을 채취해 끓여서 굳힌 '치클'을
씹었다고 전해진다.

그후 1866년, 멕시코의 독재자 산타안나는

미국으로 망명하면서

커다란 치클 한 덩이를 가져간다.

그때 산타안나가 갖고 간 치클에 흥미를 느낀 사람이 있었다.

발명가이기도 한 토마스 애덤스는

이 물질로 고무를 만들어보려 했다.

여러 가지 실험에 실패한 애덤스는 마지막으로

치클을 끓여 방망이로 납작하게 밀어봤다.

그 결과 산타안나가 씹던 것보다

더 나은 껌이 만들어졌고,

드디어 1871년, 애덤스는

껌 제조기를 만들어 특허를 얻고 껌 생산을 시작하게 된다.

그러다가 같은 시기에 약국을 경영하는 존 콜간이

치클에 향료를 넣어 만드는 일을 생각해냈고

그후 향료나 설탕, 첨가물이 들어간

맛있는 츄잉껌이 탄생하게 된 것이다.

풍선껌은 1928년, Walter E. Diemer가

분홍색 색소를 첨가해 만든 것이 그대로 일반화됐다.

2차 세계대전 후 풍선껌이 유럽의 암시장에서 거래된 이후

유럽의 암시장을 '핑크마켓Pink Market'이라고도 부르게 됐다.

이렇게 탄생된 껌은 미국 내에서 인기를 모으면서

전 세계로 퍼져나갔다.

특히 2차 세계대전 중에 외국으로 나간 미군 병사들이
그곳 주민에게 껌을 나눠주면서 빠르게 전파됐다.

우리나라에 껌이 널리 알려진 것도 역시
6.25 때 참전한 미군 병사들에 의해서다.
껌이 소개되기 전에는
아이들이 껌 대신 송진이나 밀을 씹곤 했다.
송진이나 밀을 씹던 아이들에게
껌의 존재는 알 수 없는 것이었지만,
이때 이미 껌은 우리나라에 들어와 있었다.
1938년 8월 5일자 신문에는
서울의 껌 공장이 문을 닫게 된 기사가 실려 있다.

그때 미제 츄잉껌은 한 개에 2전이었는데
값이 비싸서 아이들은 여간해 사서 씹지 못했고
기생들이 사서 즐겨 씹고 다녔다고 한다.
그 당시에는 껌이 얼마나 귀했던지
씹던 껌도 버리지 않고 이용하는 것이
신문에 생활의 지혜로 소개되기도 했다.

한편 껌은 어느 나라에서는 골칫거리가 되고 있기도 하다.
중국에서는 2002년 한 해 동안 중국 인구 13억 명이 씹고
거리에 뱉은 껌만 무려 20억개에 이르고,
그 껌을 떼어내는 데만 어머어마한 돈이 들었다고 한다.
어느 봄에는 천안문 광장에 달라붙은 껌 자국을 없애느라

우리 돈으로 약 1억 2천만 원이 들었다고 한다.
또 싱가포르에서는
껌의 판매를 금지하다가 의료적인 목적으로만 겨우
판매를 허용하기도 했다.

생활의 활력소가 되기도 하고,
거리의 무법자가 되기도 하는 껌.
하지만 단 하루도 달콤하고 상쾌한 입안 청소기,
껌의 유혹을 벗어가기는 힘들 듯하다.

한때는 주막의 거리였다

‘공동경비구역’이 있는 곳을
‘판문점板門店’이라고 한다.
왜 그곳은 판문점인 것일까.

판문점의 공식 명칭은 ‘공동경비구역’이다.
영어로는 Joint Security Area라고 해서
‘JSA’라고 불리운다.

그렇다면 왜 판문점이라고 할까?
판문점은 이 지역의 이름이다.
남한의 행정구역상으로는
‘경기도 파주시 진서면 어룡리’고,
북한의 행정 구역상으로는
‘개성직할시 판문군 판문점리’다.
하지만 남북한의 행정 관할권에 속하지는 않는
특수한 지역이다.

판문점이라는 이름에는 유래가 있다.

휴전 회담 장소가 이곳으로 옮겨지면서
이 회담에 참석하는 그 당시 중공군 대표들이
이곳을 쉽게 찾아보게 하기 위해서
당시 회담 장소 부근에 있던 주막을 겸한 가게를
한자로 적어 '板門店'으로 표기한 것이
그 유래가 됐다.

이곳은 원래
널빤지로 만든 문이 있다고 해서
'널문리'로 불리던 곳이다.
'널문리 주막'을 한자로 적은 것이 '판문점'이 된 것이다.

널문리는 서울에 다녀가던 중국 사신이
이 마을에서 술 한 잔을 얻어먹은 것이 계기가 돼서
이곳은 주막거리가 됐다.
그후 서울과 개성을 오가던 길손들이
잠시 숨을 돌리던 곳으로 정착됐다.
또 임진왜란 시에는
왜구의 침략을 피해 평양으로 피난을 가던 선조 일행이
머물던 곳이기도 하다.

남과 북의 경계선인 공동경비구역,
누구나 들어갈 수 있는 곳이 아닌 곳.
하지만 이곳이 원래는
여러 사람이 드나들며 쉬어가던

주막의 거리였다니…

쓸쓸한 마음이 든다.

도망치는 것이 상책이다

흔히 도망갈 때 '36계 줄행랑을 친다'고 한다.
그렇다면 왜 '36계 줄행랑'이라고 할까?

옛날 중국에는 병법에 36계가 있었다.
전쟁에 나갈 때 서른여섯 개의 계책을 수록한 것이다.
거기에는 '차도살인'이라든지 '조호이산' 등
여러 병법이 있었다.
그중 가장 마지막 방법, 36계에
'주위상계^{走爲上計}'라고 해서
'도망치는 것이 가장 상책이다.'라는 계책이 있다.

36계에 대해서는
송나라 사마광^{司馬光}이 지은 『자치통감』에도 기록돼 있다.

제나라 제5대 황제는 명제^{明帝}는
사촌 형제인 고제의 증손들을 죽이고 황제위를 빼앗았다.
그는 황제에 즉위한 후
자기를 반대한 형제와 조카 14명을 살해한 것은 물론

주변에서 자기를 반대하면 모두 죽였다.
회계 지방의 태수太守인 왕경칙은 개국공신인데도
생명의 위협을 느껴 먼저 군사를 일으켰다.
왕경칙은 출정한 지 10여일 만에
흥성성興盛城을 함락하는 등
그의 기세는 파죽지세였다.
이때 병석에 누워 있던 명제 대신
정사를 돌보고 있던 태자 소보권蕭寶卷은
피난 준비를 서둘렀다.

소보권의 피난 소식을 들은 왕경칙은 이렇게 호령했다.

"단壇 장군의 36가지 계책 가운데
'도망치는 것이 제일 상책'이라는 계책이 있다.
너희 부자는 어서 도망가는 것이 좋을 것이다!"

이 '36계 주위상책'에 대한 기록들은 지금도 남아 있다.
36계 '주위상계'의 중국어 발음이
우리나라 발음으로 '줄행랑'처럼 들려서
오늘날 '36계 줄행랑'이라는 말이 생겨났다.

리더의 조건에도
'36계 주위상계'는 꼭 들어 있다.
이와 비슷한 말로
'때로는 돌아가는 것이 빠른 길'이라는

'우직지계迂直之計'도 있다.

정확하게 판단하고
나아갈 때와 물러설 때를 알아야 하는 것,
리더의 조건이기도 하면서
인생의 조건이기도 하다.

군사 목적으로 만들어진

인터넷으로 정보를 얻고
인터넷으로 연락하고
인터넷으로 쇼핑도 하는
'인터넷 세상'에 살고 있다.
그렇다면 인터넷은 어떻게 시작됐을까?

인간 문명의 역사는 '통신의 발달사'와 깊이 연관돼 있다.
언어가 없는 원시 시대에도 통신은 있었을 텐데
원시인이 사냥감을 발견하고 동료들을 불러 모으기 위해
타잔과 같은 괴성을 질렀다면
그것이 통신의 시작인 셈이다.

소리를 질러 뭔가를 알리던 통신 수단은 이제
발전에 발전을 거듭해서
전 세계인이 하나의 선으로 연결된 인터넷으로
통신을 하기에 이르렀다.

인터넷은 원래 군사 목적으로 생겨났다.

1957년, 러시아가 세계 최초로 인공위성 발사에 성공하자
미국은 큰 위기감에 빠졌다.
미국 정부는 만일의 경우에
러시아가 핵 공격을 해온다면 미국의 통신망이 한순간에
파괴될 수도 있다는 공포를 느꼈던 것이다.
미국 정부는 미공군 'Thinktank Land 연구소'의
폴 배런 박사에게 의뢰한다.
핵 공격으로 통신망이 파괴된다고 해도 영향을 받지 않는
안전한 통신 수단을 개발해달라고.

1964년, 배런 박사는
「분산형 통신」이라는 제목의 논문을 제출한다.
그 논문의 요지는 이랬다.

– 컴퓨터가 관리하는 그물 모양의 통신망을 구축하여 발신지에서
목적지까지 릴레이 형식으로 전달하면
한곳이 파괴돼도 다른 루트로 통신을 계속할 수 있다! –

하지만 그때 국방성 통신국 담당자는
'SF소설에서나 가능한 일'이라고 이 논문을 보류해버렸다.
그렇게 그 연구는 곧 잊히고 말았다.

그후 2년이 지난 어느 날, 국방성의 국립연구소 알파의
릭 라이더가 사라질 뻔한 배런 박사의 논문을 발견하게 됐다.
그는 MIT 링컨 연구소에

배런 박사의 이론을 바탕으로 한
통신 전용 컴퓨터 개발을 의뢰한다.
그리고 1969년 9월, 드디어 두 대의 컴퓨터가 완성된다.

이 두 대를 캘리포니아대학과 스탠포드연구소에 각각 설치하고
개통한 것이 바로 '알파넷'이다.
이 알파넷은
발전에 발전을 거듭하며 지금의 '인터넷'이 됐다.

군사 목적으로 연구 개발된 인터넷,
하지만 지금은 단 하루도 없어서는 안 될
산소나 공기 같은 존재가 되고 말았다.

바누아투 소년들의 성인식

짜릿한 모험을 즐기는 분 중에는
'번지점프^{bungee jump}'를 좋아하는 분이 많다.
번지점프는 언제, 누가 시작했을까?
그리고 그 이름은 왜 번지점프일까?

번지점프는 긴 고무줄에 몸을 묶고
높은 곳에서 뛰어내리는 모험 스포츠다.
번지점프의 진정한 창시자는
남태평양 바누아투제도의 원주민들이라고 할 수 있다.
바누아투는 남서태평양의 솔로몬제도와 뉴질랜드 사이에 분포하는
열세 개의 작은 섬이 모여 이뤄진 나라다.
그런데 그 나라에서는 열 살 이상의 소년들은
성인이 되려면 통과의례를 거쳐야 했다.

숲에서 베어온 나무로 마을 광장에 높다란 대를 세우고
소년들에게 나무줄기로 발목을 묶고는
꼭대기에서 뛰어내리게 했다.
성인이 될 만한 '용기'를 증명해 보이는 의미였다.

이런 바누아투 소년들의 성인식이
번지점프의 원형이다.

그러다가 지금과 같은 스포츠로 정립이 된 것은
1979년, 영국의 옥스퍼드대학에 다니는
모험 스포츠클럽의 회원 네 명이
샌프란시스코의 금문교에서 뛰어내리면서
처음으로 세상에 알려졌다.

또 일반인이 안전하게 즐길 수 있게 대중화시킨
그러니까 고무줄을 이용한 현대식 번지점프를 개발한 사람은
뉴질랜드인 해킷Hackett이다.
해킷의 번지점프는 1988년 뉴질랜드 퀸스타운 부근의
카와라우강 다리에서 세계 처음으로 선을 보였다.
해킷은 그보다 1년 전에 이미 110미터 높이의 에펠탑에서
점핑해 성공하기도 했다.

그렇다면 왜 '번지'라는 말을 붙이게 됐을까?
번지의 표기법은
미국이나 캐나다 등지에서는
'B,U,N,G,E,E', bungee를 사용한다.
이 뜻은 총의 탄창에서 튀어나가게 하는 부품의 명칭이다.
그러니까 점프하는 모양을 따서 붙인 이름이다.

하지만 호주나 뉴질랜드에서는

'B,U,N,G,Y', bungy라고 표기한다.
이 뜻은 '고무 지우개'라는 뜻을 가지고 있다.
번지점프를 할 때 사용되는 줄이 생고무줄이다.
그래서 '번지'라는 이름이 붙었다.

그밖에도 원주민들의 성년식을 문명인들에게 제일 먼저
알려준 사람 이름이 번지였다는 학설도 있다.

숲속에서 번지점프를 뛰다 보면 온 세상이
알록달록 총천연색으로 아름답다.
그러나 또 너무 무서워하면
온 세상이 다 새하얗게 변할지도 모른다.

우리 집에는 오지 마세요

10월 마지막 날의 '할로윈데이'는
마녀나 도깨비, 유령들을 위한 축제인 셈이다.
'올 할로우즈 이브 All Hallows Eve'라고 불렸던 이 축제는
기원전 5세기쯤, 아일랜드의 켈트족이 거행했던 하나의 의식이었다.
옛 아일랜드의 켈트족들은 이렇게 믿었다.
지난해에 죽은 사람들이 모두 10월 31일에 모인다고.
그리고 그 귀신들은 내세로 영원히 떠나기 전에
자기들이 열 두 달 동안 들어가서 지낼 만한 사람이나
짐승의 육체를 택한다고.

그 귀신들을 내쫓기 위해 아일랜드인들은
10월 31일이 되면 마귀나, 도깨비, 마녀 복장을 입었다.
한마디로 귀신을 겁주기 위한 것이다.
그들은 그런 복장을 하고는 온갖 소란을 피우면서 떠들썩하게
불이 꺼진 집안과 밖을 행진했다고 한다.

또 이날 방황하는 유령들에게
"우리 집은 이렇게 차갑고 매력 없는 장소다."를 알리기 위해서

벽난로의 불을 모두 껐다고 한다.

그리고 그들은 마을 바깥에 모여서 거대한 화톳불을 피우고

지난여름의 추수를 태양신에게 감사도 드리고

동시에 화톳불로 귀신에게 겁을 줬다.

이것이 할로윈의 유래가 됐다.

이 켈트족의 할로윈 풍습은

아일랜드 사람들이 이민을 가게 되면서

유럽이나 미국 등지에 많이 퍼져나가게 됐다.

할로윈데이의 상징은 '잭-오-랜턴Jack-o'Lantern'이다.

잭-오-랜턴은 '망령의 갈 길을 밝혀주기 위한 등燈'이라는

이름에서 유래된 호박등이다.

큰 호박의 속을 도려낸 뒤 도깨비의 얼굴을 새기고

양초를 넣어 도깨비 눈이 반짝이는 것처럼 보이게 만든 잭-오-랜턴,

할로윈 저녁에 어떤 집의 창문에 잭-오-랜턴이 있으면

아이들에게 줄 사탕이 준비돼 있다는 것을 의미한다.

할로윈은 귀신과 관련된 축제이기 때문에

검은 고양이를 데리고 빗자루를 타고 날아다니는 마녀들과

유령, 도깨비, 해골들은 모두 '할로윈'의 상징이다.

아이들은 할로윈데이에 사탕을 얻으러 다닐 때,

이런 의상을 입고 다닌다.

그리고 10월 31일 전 일주일 동안 집과 학교의 창문을

마녀와 검정 고양이의 실루엣으로 장식하는 곳이 많다.

지금은 시간이 지나면서 귀신에 대한 생각이 시들시들해졌고,
그 할로윈 관습의 진지함은 가벼운 오락처럼 변하게 됐다.
그래서 요즘은 하나의 '장난칠 수 있는 밤' 정도의 풍습만
남게 됐다.

농구를 살려라!

'24초 공격 제한 시간'이 없는 농구 경기는
재미 면에서 상상할 수도 없다.
24초 공격 제한 시간은 언제, 누구에 의해서 시작됐을까?

농구 경기를 재미있게 하는 중요한 요소는
'공격 제한 시간'이다.
공격 시작 후 24초 이내에 슛을 하지 않으면
공격권을 빼앗기는 규칙이다.

1949년, 미국 프로농구NBA가 생긴 후 1954년까지는
공격 제한 시간 규정이 없었다.
리드하는 팀은 계속 공을 돌렸고
공격권을 가져오려면 파울을 하는 수밖에 없었다.
그러다 보니 경기는 지루하고 거친 난장판으로 변했다.
그래서 1953, 1954 시즌에 NBA는 빈사 상태였다.
관중은 줄고 많은 팀이 파산 위기에 빠져 있었다.

당시 NBA 팀들이 구사하는 전략은 단순했는데

게임을 리드하고 있을 때는 팀에서 제일 잘하는 선수가
자기 진영에서 끝없이 드리블을 하면서 시간을 끌었다.
그러다가 견디다 못한 상대팀이 파울을 하면
자유투를 얻어 득점하는 식이었다.
이쯤 되면 농구가 아니라
파울과 자유투 경연대회라고 봐도 될 정도였다.
그때 구세주가 나타났다.
1953, 1954 시즌 도중
볼링장을 경영하던 대니 비아손이라는 사람은
시라큐스 내셔널스 팀을 단돈 1,000달러에 인수했다.
그리고 시즌이 끝난 뒤 그는 기상천외한 아이디어를 냈다.
공격 시간에 제한을 두면 골이 더 많이 들어갈 것이고,
그러면 손님을 끌 수 있을 것이라는 발상이었다.

그는 한 게임에 평균 120개의 슛이 나온다는 통계에 따라서
게임 시간 48분, 즉 2,880초를 120으로 나눴더니
'제한 시간 24초'라는 답이 나왔다.

이 룰은 1954, 1955 시즌부터 바로 채택됐고
반응은 폭발적이었다.
평균 득점이 14점이나 늘어났고, 관중도 급증했다.

'24초 룰'의 채택은 프로 농구 발전의 전환점이 됐고,
비아손은 오늘날의 NBA를 있게 한 역사적 인물로 평가되면서
'공격 제한 시간의 아버지'라고 불리게 됐다.

"뭔가 해결점이 없을까?" 이런 작은 고민 하나가
프로농구의 엄청난 발전을 가져오게 된 일화다.

지금 뭔가 골똘하게 생각하게 하는 문제점이 있는지?
그 고민과 생각이
어쩌면 세상을 바꾸는 힘이 될지도 모르는 일이다.

외상 좋아하는 심리

'신용카드' 없는 세상,
불편할까, 오히려 편안할까?
신용카드 없는 세상은 상상할 수도 없을 정도로
카드 사용이 일반화돼 있다.
그렇다면 과연 신용카드는
누가, 언제, 왜 처음 만든 것일까?

1950년, 신용카드가 처음 탄생했으니
신용카드의 역사는 그리 오래 되지 않았다.

1949년, 미국인 사업가인 프랭크 맥나마라가
뉴욕의 어느 레스토랑에서 저녁 식사를 마치고
계산하려고 지갑을 꺼내는데
아무리 찾아도 지갑이 없었다.
지갑을 호텔에 두고 왔던 것이다.
그때 큰 낭패를 겪은 맥나마라는
이럴 때 신용카드가 있었으면 얼마나 좋을까, 생각하게 됐다.

맥나마라는 자기만이 아니라
많은 동료가 비슷한 경험을 갖고 있다는 사실을 알고
친구인 랄프 슈나이더 변호사의 도움을 받아서
1950년, 세계 최초의 신용카드인 '다이너스 카드'를 만들었다.

'다이너스'의 어원은
'식사하는 사람들diners'에서 유래했다.
다이너스 신용카드의 회원은 당시 200명이었고,
그들은 모두 맥나마라와
슈나이더의 개인적인 친구들이었다.

그럼 이때 이들의 카드를 받아줬던 가맹점은 몇 개였을까?
뉴욕에 있는 열 네 개의 식당뿐이었다.
하지만 그 편리함이 알려지면서 이용자가
급격히 늘어나게 됐다.

우리나라에서는 1967년, 신세계백화점에서
직원들에게 카드를 발급하면서 처음 도입됐다.
그러다가 1977년,
외환은행이 VISA 카드를 발급하기 시작했다.

우리나라 속담에
"외상이면 소도 잡아 먹는다."는 말이 있다.
그렇게 외상 좋아하는 사람들 심리 때문일까?
신용카드의 편리성 때문일까?

이제는 없어서는 안 될

21세기 최고의 경제 수단이 되고 있다.

꼭꼭 숨어라, 머리카락 보일라

도시에서는 많이 사라진 놀이가 있다.
이 놀이는 도시의 운동장에서보다
농촌의 골목길에서 더 재미가 느껴지는 놀이다.

술래잡기를 다른 말로 하면, 숨바꼭질이다.
숨바꼭질은 표준말인데
지방에 따라서는 '숨바꿈질'이라는 말을 쓰기도 한다.
전라도에서는 '소꿉놀이'를 '바꿈살이'라고도 한다.
거기에서 숨바꼭질을 '숨는 놀이하는 바꿈살이',
이런 뜻으로 풀이하는 사람도 있다.

하지만 『박갑천의 재미있는 어원 이야기』에서 보면
'숨바꼭질'은 '순바꿈질'에서 바뀐 말이라고 나와 있다.
순巡을 바꾸어 나가는 놀이라는 뜻이다.
그렇게 풀이하는 이유를 술래잡기에서 찾고 있다.

숨바꼭질은 다른 말로 '술래잡기'라고 하는데
'술래'라는 숨은 아이를 찾아내는 놀이다.

이 술래는 바로 '순라巡邏'에서 왔다.

'순라'가 글자로는 '순, 라'지만,

말로 하면 '술라'가 되고,

그 '술라'가 다시 '술래'로 됐다고 보는 것이다.

그렇다면 '순라'는 어디서 온 것일까?

조선 시대에는

봄, 여름에는 오후 여덟 시에

가을, 겨울에는 오후 일곱 시에

종로의 보신각에서 종을 쳤다.

그 종소리를 신호 삼아서

사대문을 닫으면서 통행 금지가 시작됐다.

그리고 오전 0시 직후에 다시 종을 쳐서 통금을 해제했다.

밤에 그 종소리가 나면서부터

치안을 맡은 좌우포청의 엄중한 경계는 시작됐다.

그때 포교와 나졸들이 장안을 샅샅이 순회했다.

이 순회를 '순라'라고 했다.

또 순라하는 사람들을 '순라꾼'이라고 했다.

그러니까 술래잡기는

순라꾼이 도둑 잡는 일에 빗대어서 만들어진 놀이이고,

그 어원도 '순라'가 '술라'로,

술라가 다시 '술래'로 변한 말이다.

요즘 도시에서는 찾아보기 힘들어진 술래잡기 놀이.
예전에 형제가 많은 가정에서는
집에서도 술래잡기 하면서 놀았다.
빈 장독 안에 들어가 숨기도 하고,
옷장에 들어가 숨었는데 거기서 잠들어버렸다가
밤새 식구들이 찾아나서는 경우도 종종 있었다.
골목을 뛰놀며 술래잡기하는 아이들이
이제는 보이지 않는다.
영영 사라져버린 풍경이 돼버린 걸까.

4월의 바보

4월의 첫날은 언제나 만우절로 시작된다.

4월 1일을 우리나라에서는

'만우절萬愚節'이라고 한다.

이 날 속아 넘어간 사람을 '4월 바보', 'April fool'이라고 하기 때문에

세계적으로 4월 1일을 'April Fools' Day'라고 부른다.

그렇게 4월의 첫날은

거짓말해도 용서해주는 세계적인 풍습이 있다.

만우절 풍습이 어떻게 해서 생겨났는지

여러 가지 기원이 있는데

가장 설득력 있는 설로는

16세기 초 프랑스에서 시작됐다는 것이다.

그 당시 프랑스에서는

봄의 시작을 알리는 3월 25일을

새해 첫날로 지키고 있었다.

그 첫날을 기점으로 일주일 동안

서로 축하 선물도 주고받고 하다가

일주일이 끝나는 4월 1일에는
저녁 식사와 파티를 하면서 끝냈다.

그런데 1654년부터 새해를 1월 1일로 옮긴다고
나라에서 공표를 하게 된다.
그런데도 4월 1일에 계속
새해 파티를 여는 사람들을
'바보'라고 비웃고 놀리는 데서
만우절이 시작됐다고 한다.

그 풍습이 영국에 전해지기까지는
그후 200년의 세월이 더 걸렸고,
우리나라는 해방 이후부터 만우절의 풍습이 전해졌다.

그런가 하면 '4월의 바보'를
'푸아송 다브릴Poisson d'avril'이라고도 한다.
이것은 '4월의 물고기'라는 뜻으로 '고등어'를 가리킨다.
고등어는 4월에 많이 잡히는, 봄철에 특히 맛있는 생선인데
4월 1일에 속아 넘어가는 사람을
고등어에 비유해서
'4월의 물고기'라고도 한다.

또 4월이 되면 태양이 물고기자리를 떠나기 때문에
그것이 기원이 됐다는 설도 있다.

이런저런 기원도 있지만,

365일 중에 하루, 거짓말을 맘껏 하는 날이 만우절이다.

거짓말하는 날이 따로 있다는 것도 우습지만,

만우절의 귀여운 거짓말 때문에

한 번 더 웃을 수 있다면 그것도 좋은 일이다.

단, 황당하거나 너무 거창한 거짓말은 삼갈 것.

만우절은 그저 웃자고 하는, 귀여운 거짓말의 날이니까.

가장 듣기 좋은 거짓말은 무엇일까.

사랑합니다, 라는 말은

거짓말이어도 행복하지 않을까.

달콤한 축하

생일에는 왜 꼭 '생일 케이크'를 놓고
촛불을 켜고 끄는 걸까?

생일만이 아니라 결혼, 약혼 등…
축하할 일이 있을 때 우리는 언제나 케이크를 먹는다.

케이크의 역사는 이집트로 거슬러 올라간다.
처음 이집트에서는 얼음으로 만든 샤베트로
케이크의 형태를 갖춘 것이 등장했다.
그후 8세기에서 9세기쯤, 그리스에서는
달걀과 유지를 넣어 만든 케이크가 나오기 시작했다.
11세기에서 13세기에는
십자군 원정으로 동양에서 설탕과 각종 향신료가 유입되면서
케이크의 질과 맛을 높이게 됐다.
그러다가 산업혁명을 통해 대중화가 되면서
지금처럼 다양하고 아름답고 맛있는 케이크가 등장하게 됐다.

그렇다면 생일 케이크를 촛불로 장식해서

생일파티를 갖게 된 것은 언제부터일까?

인류학자들은
중세 독일 농민들 사이에서 '킨테 페스테'라고 하는
어린이를 위한 생일 축하 행사가 기원이 됐다고 주장한다.
유아 사망률이 높았던 13세기의 어느 날,
독일의 킨테 페스테라는 아이가 생일을 맞았다.
그 아이의 부모는 아이의 나이보다 하나 더 많은 양초를
케이크 위에 켜놓고 저녁까지 촛불을 끄지 않다가
저녁식사 때에야 불을 불어서 끄게 했다.
한 해라도 더 오래 살라는 장수를 기원하는 마음을
생일을 맞은 하루 내내 기원하기 위해서였다.

그후 생일 케이크에 초를 꽂는 풍습이 전 세계로 퍼졌다.
처음에는 나이보다 하나 더 많은 수의 초를 꽂았지만,
요즘은 나이 수와 같은 초를 꽂는 것을 변했다.
불확실한 미래를 기원하는 마음이
현재를 축하하는 마음으로 변화된 것이다.

소원을 빌며 촛불을 끄는 오늘의 관습도
독일의 킨테 페스테에서 유래된 것이다.
- 촛불은 단숨에 끌 것
- 소원은 꼭 비밀에 부칠 것 등
그 관습이 지금까지 내려오고 있다.

생일 맞은 사람 얼굴에 케이크의 크림을 씌우는데
그것 역시 루킹 래징^{Rooking Razzing}이라 불리는
서양인의 오랜 관습 중에 하나다 .
'신체에 피해가 가지 않는 범위 내에서 벌이는 장난'인데
상대방에게 호의적인 태도로 받아들여
웃고 즐기며 친분 관계를 확인하는 풍습이다.

한 부모의 아이를 향한 사랑에서 출발한 생일 케이크,
생일이 되면
초를 꽂고 축하해주고 소원을 빌어주는 생일 케이크,
이토록 행복하고 달콤하고 아름다운 것이 또 있을까.
생일 케이크의 촛불 앞에서 빈 당신의 소원이
다 이뤄지기를 바란다.

내 맘은 초콜릿과 같아요

정체불명, 국적불명의 명절이라고 하는
'발렌타인데이'는
언제부터 생긴 것일까?

발렌타인데이의 기원에 대해서는 이런 설이 있다.
고대 로마에는 사제 발렌타인이 있었는데
연애 결혼을 엄격히 금지했던
서기 2070년 2월 14일,
그는 서로 사랑하는 남녀를 도와줬다.
그러다가 이교도의 박해로 순직하게 됐는데
사랑하는 남녀를 도와줬던 그를 기리기 위해
그의 이름을 딴 발렌타인데이가 시작된 것으로 전해지고 있다.

그후 1477년 2월 14일,
영국의 부르스라는 시골 처녀가
짝사랑하는 존 패스턴이라는 청년에게
구애의 편지를 보낸 것이 주효해서 결혼에 골인했다.
그후 발렌타인데이는

젊은이의 축제로 자리 잡게 됐다.

지금의 발렌타인데이의 시초는
영국에서 시작된 것이라고 보면 된다.
런던의 국립우편박물관에는 아직도
부르스 양의 구애편지와 함께
많은 짝사랑 처녀들의 편지가 전시돼 있다.

원래 발렌타인데이에는
가족끼리 카드를 전해주는 관습이 있었는데
그것이 크리스마스 카드와 생일 카드의
기원이 되기도 했다.

발렌타인데이의 풍습도 다양하다.
히말라야 고산족들은 이날,
같은 수의 총각, 처녀들이 편을 갈라
동서쪽 나무에 숨는다고 한다.
그때 어느 한 총각이 노래를 부르면
그 노래에 답한 처녀가 짝을 짓는 풍습이 있다.

그런가 하면 동남아시아에서는
노래 대신 공을 호감 있는 처녀에게 던지는데
받고 안 받고는 자유지만,
만약 그 공을 받아 들면 짝이 이뤄진다고 한다.

우리나라에서는 여성이 남성에게
초콜릿을 선물하는 것이 정설처럼 돼 있다.
그러나 이것은 1970년대 일본의 한 과자 회사가
초콜릿을 많이 팔기 위한 영업 전략에서 시작된 것이라고 한다.

그 유래야 어떻든
발렌타인데이 하면
달달하고 향긋한 초콜릿 향기가 난다.

야구장의 간식

우리나라의 간식으로는 우선 떡볶이가 떠오르지만,
미국에서의 간식으로는 역시 '핫도그'가 대표적이다.
그런데 이 핫도그는 언제부터 먹게 됐고
이름은 왜 핫도그가 됐을까?

핫도그의 기원은 20세기가 막 시작되던 1904년,
루지애나박람회로 거슬러 올라간다.
박람회 기간에 앙트완 포슈뱅거라는 사람은
소시지를 구워서 개인용 접시에 담아 팔았다.
그런데 장사가 시원치 않았다.
이유가 뭘까 궁리하다가 개인용 접시를 없애고
흰 장갑을 준비해서 뜨거운 소시지를 집어먹도록 했다.
그런데 그 결과 역시 신통치 않았다.
그때 마침 빵 장수를 하던 그의 처남이
뜨거운 소시지를 빵 사이에 끼워 팔 것을 제안하게 됐다.
그의 아이디어는 대단한 성공을 거둬서
날개 돋친 듯 팔렸다.
핫도그는 그렇게

박람회장에서 사람들이 먹기 좋게 고안한 아이디어가
탄생시킨 것이다.

그런데 하필 이름이 왜 핫도그일까?
핫도그 속에 들어가는 프랑크푸르트 소시지는
독일이 원산지다.
독일의 프랑크푸르트 소시지가 미국에 등장하면서
미국 사람들은 그 소시지를 '다크스훈트^{dachshund}'라고 불렀다.
'다크스훈트'는 몸통이 길고 다리가 짧은 '개'다.
소시지가 마치 그 개의 모습을 하고 있어서
그렇게 불렀던 것이다.

당시에는 야구장에서 따뜻한 다크스훈트 소시지를
'번'이라는 빵 사이에 얹어 먹는 것이 유행했다.
우연히 아이디어를 얻기 위해 야구장에 들른 만화가가
이 모습을 그리게 됐다.
그런데 독일어 빵점인 이 만화가 아저씨는
다크스훈트의 스펠링을 몰라서
그냥 만화 밑에다 이렇게 썼다.
'Get your hot dogs!'

개의 종류가 생각이 안 나서 그냥 '도그'라고 이름을 붙여버린
이 만화는 크게 인기를 끌었고,
그후 다크스훈트 소시지를 얹은 빵을
핫도그라고 부르게 됐다.

긴 막대에 소시지를 끼우고
밀가루 옷을 입혀 기름에 튀긴 핫도그.
어린 시절에는
케찹을 바른 따뜻한 핫도그 하나만 손에 들면
세상을 다 가진 듯 행복했던 것 같다.

달콤하고 씁쓸하고 뜨겁고 차가운 인생의 맛

창 넓은 카페에 앉아서
달콤한 휘핑크림을 풍성하게 얹은 '비엔나커피'를 한 잔 마시면
마음이 따뜻하게 풀어져 내린다.
그런데 달콤한 크림이 가득한 그 커피는
왜 비엔나커피라는 이름을 가지게 된 것일까?

비엔나커피는
음악의 도시, 오스트리아의 빈에서 유래된 커피다.
지금으로부터 약 300년 전,
오스트리아의 수도 빈에서는
터키군이 침입으로 전쟁이 한창이었다.
1683년, 전쟁은 연합군의 승리로 돌아갔고
터키군은 많은 병기와 군수물자를 남기고 퇴각했다.
바로 그 전리품 속에 대량의 커피콩이 있었는데
오스트리아 사람들은 그때까지만 해도
커피 제조법을 알지 못했다.
그런데 커피콩의 이용법은 단 한사람,
터키군 통역관인 콜스치즈키가 알고 있었다.

그는 비엔나 사람들에게 커피 만드는 법을 가르쳐줬고
직접 비엔나 커피하우스를 열어서 터키 커피를 제공했다.
그후 커피하우스가 곳곳에 들어서게 되면서
어른, 아이 할 것 없이 모두 커피를 즐겼다.

당시에 택시 역할을 하던 마차를 끄는 마부들 역시
예외는 아니었다.
그들은 너무나 커피를 좋아했지만,
왼손에는 늘 말고삐를 잡아야 했기 때문에
커피에 설탕을 넣어 저을 수가 없었다.
그래서 설탕 대신 생크림을 거품으로 해서 한꺼번에 넣어
한 손으로 마시곤 했다.
비엔나에서 이 커피를 '아인슈펜나^{Einspanner}',
그러니까 '서 있는 한 마리의 마차'라고 부르는 것도
바로 이런 유래에서 비롯된 것이다.

그후 오스트리아를 관광하는 관광객들은
커피에 설탕 대신 풍성한 생크림을 얹어서 먹는 것을
신기하게 보고는
비엔나커피라고 부르기 시작했다.

하지만 정작 오스트리아에 가면 비엔나커피는 없다.
관광객들이 붙인 이름이기 때문이다.
빈에 가서 비엔나커피 맛을 보고 싶으면
'밀랑슈'라고 주문하면

오스트리아의 전형적인 커피 맛을 볼 수 있다.

처음에는 차가운 생크림의 부드러움,
그 다음에는 뜨겁고 쓴 커피의 맛,
그리고 시간이 지날수록 전해지는 달콤한 맛.
이렇게 세 가지 단계의 맛을 천천히 느낄 수 있는 비엔나커피.
우리가 사는 '인생의 맛'과 참 비슷한 커피를 한 잔,
마시고 싶어진다.

달콤한 칵테일 한 잔 하실래요?

〈칵테일〉이라는 영화를 보면
바텐더가 셰이커 돌리는 솜씨가 참 현란하다.

칵테일이라는 술은 보통
카운터를 사이에 두고
바텐더와 손님이 가벼운 이야기를 나누며 마시는 술이다.
그렇게 지켜야 할 격식도, 비밀도 없는
부담 없고 가벼운 술이어서 그런 걸까.
칵테일의 기원에 대해서도 마찬가지,
그럴싸한 몇 가지가 함께 섞여서 공존한다.

칵테일이라는 말은 18세기 중엽에 처음 알려지게 됐다.
우선 영국의 요크셔에서 칵테일이 처음 탄생했다는 설이 있다.
요크셔에서는 잡종 말의 꼬리를 잘라 순종과 구별했는데
거기서 '덕 테일Duck Tail',
즉 '꼬리를 자른다.'는 뜻의 말이 생겨났다가
나중에 칵테일로 바뀌게 됐다는 설이다.

또 미국이 기원이라는 설도 몇 가지 있다.
독립전쟁 당시에 어떤 술집 여주인이
라파예트군의 승리를 축하하기 위해
영국군 쪽에서 훔쳐온 닭을 요리한 후
그 날개꼭지를 술잔에 장식했다고 한다.
이때 손님들이 '닭의 꼬리'라는 뜻으로
"칵테일 만세!"
이렇게 외쳤다는 데서 비롯됐다는 설도 있다.

그런가 하면 '베시와 수탉'에 얽힌 얘기도 있다.
베시의 아버지에게는 힘센 싸움닭이 있었는데
이 닭이 어느 날 감쪽같이 사라져버렸다.
상심한 아버지는 닭을 찾아주는 사람에게
딸을 신부로 주겠다고 소문을 냈고
그 소문을 들은 한 사내는 곧 닭을 찾아왔다고 한다.
그런데 그 사내는 아버지와 사이가 좋지 않은 사람이었는데
그 사내가 딸과 결혼하려고 일부러 닭을 감췄을지도 모른다는
소문이 돌았다.
어쨌거나 닭은 돌아왔고 약속은 지켜져야 했는데
그 결혼 축하연에서 베시가 만든 음료가 바로
칵테일이었다고 한다.

그밖에도 각 나라에서 칵테일은
자기네 나라가 기원이라고 주장하고 있다.
칵테일이 섞어서 만든 술인 것처럼

그 기원도 여러 가지가 있다.

그저 취향에 따라 마음에 드는 이야기를 믿으면 그만

칵테일은 그 기원까지도 자유로운 술이다.

도대체 누가 매기 시작한 거야?

남성들은 아침마다 넥타이^{Necktie}를 매며
이렇게 생각할 지도 모르겠다.
'이건 도대체 누가 매기 시작한 거야?'

넥타이는 서양에서 남자의 권위와 힘을 나타낸다.
그런가 하면 남자들을 가장 속박하고 압박하는 것이기도 하다.
의학적으로는 이런 경고를 받기도 했다.
꼭 졸라매면 주요 경정맥^{頸靜脈}을 압박해서
안압을 크게 상승시킨다고…

이렇게 지극히 비실용적인 아이템인 넥타이는
조직과 규율, 충성과 격식 등 성인 남성의 상징으로
받아들여지고 있다.
종교에 귀의한 신부가 입는 옷은
넥타이를 맬 자리를 없앰으로써
속세에 대한 경멸을 표현하기도 한다.

넥타이라는 말은

목 둘레, 칼라 둘레에 매는 밴드형의 옷감을 총칭하는 말이다.
고대 로마의 웅변가들이 성대를 보호하기 위해 목에 감은
'포칼Focal'에서 유래했다는 설이 있다.

하지만 장식적인 용도의 현재의 넥타이는
이런 유래를 갖고 있다.
1656년, 크로아티아의 크로아트 연대 병사들이
터키전투에서 승리를 하게 된다.
그들은 파리에 개선하는 시가행진을 했는데
루이 14세에게 충성을 맹세하기 위해
앞가슴에 크라바트Cravate라는 장방형의 천을 매고 있었다.
그것을 본 황제 루이 14세와 귀족 사이에서
이런 스타일이 선풍적인 관심을 끌었고,
이것을 흉내 내면서 유행하게 된 것이다.
보통 이 시점을 넥타이 역사의 시작이라고 보고 있다.
넥타이가 프랑스어로 '크라바트Cravat'라고 하는 것은
크로아트Croat, 그러니까 '크로아티아 사람'에서 유래가 됐다.

그후 크라바트는 프랑스혁명과 함께 자취를 감췄다가
19세기 초에 다시 나타났는데
이 스타일은 영국으로 건너가서
여러 가지 스타일로 발전하게 되면서
크라바트라는 말 대신에 현재의 '넥타이'라는 말을
사용하기 시작했다.

이 패션은 '넥타이의 아버지'라 불리는

보우 브러멜Beau Brummel이라는 디자이너가 주도했다.

그는 넥타이를 독특하게 매는 방법을 창안했다.

그후 길이, 무늬, 폭에 따라 여러 가지 형태로 변형을 가지면서

현대의 넥타이로 발전하게 됐다.

넥타이는 남자의 권위와 힘을 상징한다.

그러나 또 한편

남자의 자유를 구속하는 의미도 지녔다.

그리고 보면 권위는 곧,

자유의 반대말인지도 모른다.

〈호기심〉

이건 꼭 알고 싶었다 했던 것들,
자연이나 과학,
일상생활에서 궁금한 것들

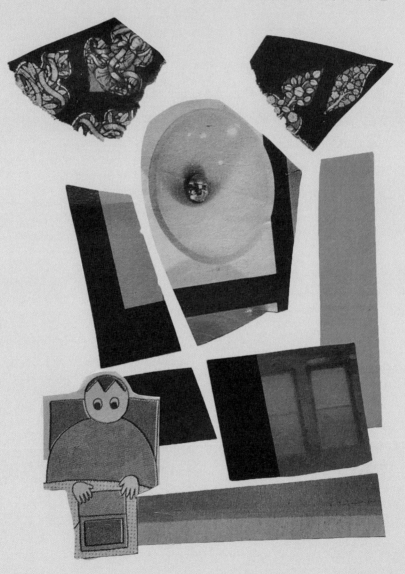

사랑은 어디서 오는가?

사랑… 기쁘고, 행복하고, 설레고, 들뜨고,
가슴 아프고, 눈물 흘리게 하고, 고통스럽게 하고,
뜬눈으로 밤을 지새게 하고, 질투하게 하고, 절망하게 하고,
눈멀게 하는 사랑…
도대체 사랑의 정체는 무엇일까?
무엇이길래 이토록 사람 마음을 쥐고 흔드는 것일까?

사랑이라는 것이
과연 과학적으로 분석이 되는지는 모르겠다.
하지만 사랑은 어디서 오는 건지
과학적인 분석이 궁금해질 때가 있다.

그리스 신화에 따르면
사랑은 에로스가 쏜 화살의 산물이라고 한다.
아프로디테의 아들 에로스의 황금화살을 맞으면
자신도 어쩔 수 없는 사랑에 빠지고
납화살을 맞으면 무서운 증오의 감정에 빠진다고 한다.

그런데 과학자들이 과연 그 신화의 내용을 인정할까?
과학자들은
사랑은 어디까지나
두뇌의 화학적 작용이라고 말한다.

사랑의 감정을 조절하는 기관은
뇌의 시상과 시상하부 뇌하수체로 이뤄진
변연계로 알려져 있다.
사랑에 빠지면 여기서 도파민, 페닐에틸아민, 엔돌핀 등의
호르몬이 분비되고,
이에 따라 감정이 변한다는 것이다.

도파민이 생기면 얼굴을 보는 것만으로도 행복해지고
이어서 페닐에틸아민이 생성되면
이성으로 제어하기 힘든 열정에 사로잡히게 된다고 한다.
그 다음에는 뇌하수체에서 옥시토신이라는 호르몬이 분비되고
마지막으로 엔돌핀이 나오면 즐겁고 편안해지면서
상대방을 소중히 여기게 된다는 것이다.
사랑을 잃고 나서 우울증과 정서불안에 빠지는 것은
바로 엔돌핀의 부족 현상이 오기 때문이라고 한다.

또 사랑하게 되면
뇌하수체에서 에스트로겐 등의 호르몬을 분비해서
혈액 순환을 원활하게 하고
피부를 부드럽게 한다는 보고도 있다.

그런가 하면 미국 피츠버그대학 연구팀은
사랑하는 사람과의 신체 접촉이
질병 면역 기능을 지닌 T-임파구를 증가시킨다고 밝혔다.

또 영국의 앤드리어스 바텔스가
사랑하는 사람들에게 연인의 사진을 보여주고 MRI 촬영을 했더니
뇌의 특정 부위에서 혈류량이 증가하면서
그 주위가 환해졌다고 한다.

하지만 이 실험에서는 혈류량이 줄어드는 곳도 발견됐다.
사랑은 행복과 기쁨을 주면서 동시에
불안과 안타까움도 동반한다는 사실이
과학적으로도 밝혀진 셈이다.

사랑은 뇌하수체에서 온다?
어쩐지 좀 삭막한 느낌이 든다.
그냥 사랑은 어디까지나 마음 깊은 곳에서 신비롭게 등장한다고,
그렇게 믿고 싶다.
내가 사랑하는 누군가를 소중하게 여기는 사랑은
호르몬 분비가 아닌 마음의 분비일 테니까.

사랑하면 예뻐져요

우리는 흔히
사랑에 빠지면 예뻐진다는 말을 한다.
그리고 얼굴 모습이 뭔가 좋아진 사람들을 보면
요즘 사랑에 빠져 있느냐고 묻게 된다.

그렇다면 정말
누군가 사랑하게 되면
마음만이 아니라 외모도 변하는 걸까?
사랑에 빠지면 정말 얼굴이 예뻐질까?

여성의 아름다움에 대해 여러 작가가 표현했지만,
피천득 님이 표현한 여성의 아름다움에 깊이 공감한다.
피천득 선생은
"여성의 아름다움은 생생한 생명력에 있다.
맑고 시원한 눈,
가벼운 걸음걸이,
생에 대한 생명과 환희,
얼굴에 나타나는 윤기,

분석할 수 없는 생의 약동.
그런 것들이 여성의 미를 구성한다.”고
여성의 미에 대해서 찬사를 보냈다.

그런데 여성의 아름다움을 이루는 데는
마사지보다 화장품보다 더 강력한 무기가 있다.
바로 사랑이다.

사랑하면 예뻐질까?
그에 대한 대답은 “예스!”다.
우리 뇌에는 암페타민이라는
중추 신경 각성제가 있다.
이 물질은 도파민이나 PEA 등의 호르몬으로 이뤄졌다.
이 호르몬은 바로
마음속 사랑이 만들어내는 물질이라고 한다.

그래서 사랑하게 되면
암페타민이 발생하게 되고
그러므로 얼굴빛이 달라지게 된다는 것이다.

사랑하면 예뻐진다는 말은?
과학적으로 충분한 근거가 있는 말이다.

“지금 누군가를 사랑하고 계신가요?”
이 물음은,

"지금 암페타민이 발생 중이신가요?"
이 질문으로 대체돼야 할지도 모르겠다.

얼마면 되겠어?

한때 인터넷에 몸값 계산기라는 것이 떠돌아다녔다.

"과연 내 몸값은 얼마일까, 궁금하지 않으십니까?"

몸값 계산기에 이름과 성별과 생년월일과 직업 등을 넣으면

"당신의 육체는 얼마짜리입니다"라고 나오는 것이다.

신기하기도 하고 씁쓸하기도 했다.

유행했던 드라마 대사가 있다.

"얼마면 되겠어?"

그런데 우리 몸은 정말 얼마만큼의 가치가 있는 걸까?

정신과 마음 다 빼고

순전히 몸만 가지고 계산기를 두드리면

우리 육체는 과연 얼마짜리일까?

전문가에 의하면

우리 몸은 이런 성분으로 이뤄졌다고 한다.

물 40리터,

비누 일곱 개 정도의 지방,

아주 작은 창고 하나를 칠할 만큼의 석회,

13킬로그램의 탄소,
성냥개비 2천2백 개에 들어있는 만큼의 인,
못 하나 만큼의 철,
한 숟가락 정도의 유황,
30그램 정도의 비철금속,
소량의 코발트, 알미늄, 주석, 티탄, 붕소…
이 모든 것이 우리 인체의 성분이다.
우리 몸을 값어치로 계산해보면
약 2천 원에도 못 미친다.
2천 원… 우리 육체는 그렇게 단 돈 2천 원짜리다.

이쯤 되면 세상에 빈 몸으로 와서 그래도 옷 한 벌 건졌으니
많이 남는 장사였다는 유행가 가사에
절로 고개가 끄덕여진다.

우리 몸은 그렇게 흔한 바닷물과 다를 것 없고,
성냥개비의 인과 마찬가지며,
수영장 물을 소독하는 염소와 같은 것이다.
하지만 우리 몸은 단순히 그런 물질들을 합쳐놓은 존재만은 아니다.
하나의 화학적 구조물이면서 훌륭한 건축물이기도 하다.

그 이유는 우리 몸을 구성하는 물질들은
전자기적인 힘과, 인력과, 전자의 힘에 의해
완전하게 결합되어 있다.
그 절묘함은 우리 상상을 초월한 것이다.

그래서 우리는 안정감 있게 평형을 유지하며
완벽하게 기능하고 있다.

무엇보다 우리 몸이
물질로는 환산할 수 없는 가치를 지닌 이유,
그것은 바로 우리 몸이
영혼과 정신을 담는 그릇이기 때문일 것이다.
그래서 전혜린 씨는 이렇게 쓰기도 했다.

- 사랑, 사랑이란 무엇일까?
한 개의 육체와 영혼이 분열할 때
탄소, 수소, 질소, 산소, 염,
기타의 각 원소로 환원하려고 할 때
그것을 막는 것이 사랑이다. -

사랑을 담고 있는 우리 몸,
교양을 담고 있는 우리 육체,
자연과 문학과 음악을 느끼는 감성을 담은 그릇…

바로 그렇게 영혼을 담고 있는 그릇이기 때문에
우리 육체는
계산기로 두드릴 수 없는 대단한 가치를 지녔다.

잠을 안 자면 죽을까?

미인은 잠꾸러기라고 하고
숙면을 취하는 것은 건강의 제1조건이라고도 한다.
학자들마다 적어도 하루 여덟 시간은
잠을 자야 한다고 말한다.
휴대폰에도 배터리가 충전되려면 그 충전 시간이 필요하다.
배터리 충전 시간이 짧으면 휴대폰 전원이 금방 나가버린다.
마찬가지로 우리도 충분한 충전의 시간이 있어야
오랫동안 활동할 수 있다.
그런데 현대인은 불면증에 시달린다.
밤에 작업하고 낮에 작업하는 올빼미들이 많아지면서
수면 시간도 나날이 줄어드는 경향을 보인다.

그렇다면 이것이 참 궁금해진다.
도대체 우리 인간은
잠을 안 자고 얼마나 버틸 수 있을까?
인간은 잠을 자지 않으면 얼마 만에 죽을까?
19세기 말에 만들어진 어떤 보고서를 보면
강아지를 6일간 재우지 않았더니 그대로 죽어버렸다고 한다.

그렇다면 인간은 과연
수면 없이 얼마나 견딜 수 있을까?

현재까지 알려진 바로는
잠을 자지 않고 버틴 최장 시간은
'264시간'이라고 한다.
꼬박 11일 동안 잠을 안 자고 버틴 소년이 있었다.
랜디 가드너라는 17세 소년이다.

그는 연구자들이 지켜보는 가운데
11일을 안 자고 버텼다.
정확히 264시간 12분이 지난 후에야 잠을 잤다고 한다.
그는 14시간 40분을 자고 나서 거뜬히 기운을 회복했다.
그가 깨어난 후 사람들은 그 소년에게
그 긴 시간을 자지 않고 어떻게 버텼느냐고 물었다.
그러자 그 소년은 아무렇지도 않게 이렇게 대답했다.
"정신력이죠!"

11일 동안을 자지 않고도 죽지 않은 이 소년,
연구자들은 결국 이 잔인한 실험을 더는
밀고 나가진 않았다.

잠을 자지 않으면 언젠가는 죽을지도 모른다?
하지만 아직 잠을 자지 않아서 죽은 사람은 없다.
어쩌면 인간은

영원히 잠을 자지 않아서 죽는 일은 없을지도 모른다.

우리의 이 오묘한 신체는

그 어떤 이유로든 잠을 자려고 하지 않는 자에게는

잠이라는 강력한 무기를 선물할 테니까.

시간은 금이다

누구나 몸에 한두 개의 금은 지니고 있을 것이다.
반지, 목걸이, 귀고리만이 아니라
휴대폰 장식에도 들어가고
어디나 금장식은 조금씩 들어가게 된다.

그런데 이게 참 궁금하다.
금의 등급은 왜
24K, 18K, 14K로 나누는 걸까?
금의 등급을 붙이는 기준은
어디서 유래했을까?

원래 금의 단위는
중동 지역에서 나는
식물의 한 종류인 캐럽에서 유래한다는 설이 있다.

세례자 요한이
광야에서 이것으로 요기했다고 해서 '요한의 빵'이라고
불리는 캐럽.

그 식물을 말리면 보통 어른 한 손에 스물네 개가 잡히는데
이곳 사람들은 이를 기준으로
금이나 소금 등 작고 가벼운 물건을 교환할 때,
척도로 삼았다고 한다.

순금을 24K라고 표시하는 것이
바로 여기에서 유래했다는 것이다.

또 다른 설이 있다.
순금을 24금이라고 하는 이유는
하루가
스물 네 시간이라는 데서 유래했다고 한다.

그러니 만일 하루 24시간을 다 잘 쓰면
순금 같은 하루가 되는 것이고,
하루 열 네 시간을 잘 쓰면
14금 같은 하루가 되는 것이다.

'시간은 금이다.'
이 속담은
유래를 알고 정한 속담인 걸까?

우울하면 정말 살이 찔까?

오랜만에 만나면 갑자기 뚱뚱해진 사람들을 보게 된다.
그럴 때 그는, 실연을 당했을 경우가 많다.
실연당해서 그 충격 때문에 살이 쪘다는 것이다.

그런가 하면 사업에 실패하거나 시험에 떨어진 후에도 역시
살이 찌는 경우가 많다.

과연 정말 그런 걸까?
우울하면 정말 뚱뚱해지는 걸까?
우울과 식욕은 어떤 관계가 있는 걸까?

거기에는 바로 이런 이유가 들어 있다.
우울증에 특효가 있는 음식이 있는데
바로 고기다.
고기에 많이 들어 있는 셀레니움이라는 성분이
우울증을 치료해주는 것이다.
그 셀레니움 성분을 보충하라는 뇌의 명령을 받고
우리의 위는 고기를 섭취하고 싶어 한다.

그리고 스트레스에는
빵이나 국수에 많이 들어 있는 탄수화물이 치료약이 되어준다.
탄수화물은
마음을 진정시키는 세로토닌이라는 화학 성분이 많이 나오도록
뇌를 자극해준다.
그러기 때문에 스트레스를 받으면
우리 몸은 탄수화물을 섭취하려 든다.

그런가 하면 슬플 때는 우리 몸이 당분을 요구한다.
사탕이나 초콜릿, 과자에 들어 있는 당분이
생각을 명료하게 해주기 때문이다.
그래서 슬플 때는 달콤한 음식에 자꾸 손이 간다.

우울과 스트레스, 답답함과 슬픔…
그걸 이기는 음식은
고기나 빵, 초콜릿, 사탕 등
우리 몸을 살찌게 하는 음식인 경우가 많다.
그런 면에서 보면
우울해지면 뚱뚱해진다는 말은 일리가 있다.
실연당하면 갑자기 살찌는 이유가 거기에 있다.

그렇다면 이런 우울 치료제는 어떨까?
아름다운 음악, 시 한 편, 친구의 위로, 또 다른 사랑…
이렇게 정신의 셀레니움과 세로토닌과 당분을
흠뻑 취해보는 것을 권한다.

내 손은 약손이여!

어린 시절에 배가 아프면
어김없이 할머니는
그 투박한 손을 배 위에 얹으셨다.
그리고 "내 손이 약손, 내 손이 약손."
이러시면서 배를 어루만져주셨다.
그러면 정말
아팠던 배가 씻은 듯이 나았다.
그렇다면 할머니 손은 정말 '약손'일까?
따뜻한 할머니 손이 닿으면
정말 배의 통증이 사라질까?

누구나 어린 시절에 한 번쯤
할머니의 따뜻한 손이 배 위에 얹어지던 경험이 있을 것이다.
배앓이를 할 때, 할머니는 언제나
손주의 배를 쓰다듬으며 문지른다.
"내 손이 약손, 내 손이 약손." 하시면서…

그러면 배의 통증은 사라지고

포근한 잠이 쏟아지곤 했다.

그래서 어린 시절에는 그걸 믿었다.

할머니 손이 약손이라는 사실을…

하지만 할머니 손이 치료제라는 것을

이제 믿을 수 없는 어른이 되고 나면

이런 의문을 가지게 된다.

"아픈 배에 따뜻한 온기를 쏘이면 왜 통증이 사라지는 것일까?"

그에 대한 답은 이 예를 통해 알 수 있을 것이다.

주변에 시끄러운 공사를 하는 곳이 있을 때,

참으려고 해도 참을 수 없게 소란스러울 때,

그럴 때 우리는 음악을 틀게 된다.

그렇게 되면

공사가 계속되고 있는데도

이상하게 이전처럼 시끄럽지만은 않게 된다.

그 이유는 바로 분산효과다.

음악에 귀 기울이게 되면서 공사 현장의 소리가

덜 시끄럽게 들리게 되는 것이다.

병원에 가면 환부에

어떤 기구를 이용해서 따뜻하게 하는 것도 같은 이치다.

통증이 있는 곳이 따뜻해지면

지각수용체가 자극을 받아서

온도의 변화가 있는 것을 뇌에 전한다.

결국 따뜻한 손을 아픈 곳에 대면 통증이 덜한 이유는
감각이 분산되기 때문이다.

어쨌거나 지금도 우리는 배가 아프면
할머니 손을 그리워한다.
그 어떤 약보다, 그 어떤 주사보다 더 효험이 있었던
"내 손이 약손이여." 하시며
배를 문질러 주시던, 따뜻한 그 손길을…

당신이 없으면 난 홀로 설 수 없어요.

손가락마다 반지를 끼는 의미가 다 다르다고 한다.
엄지에는 가능하면 반지를 끼지 않는 게 좋다.
언제나 타인에게 당신이 최고라며 손가락을 치켜 세워줘야 하는
아부의 기회만 많아진다고 하니까 말이다.

집게 손가락에 반지를 끼면 행동 에너지가 상승한다.
그러니 이루고 싶은 꿈이 있다면
집게 손가락에 끼어보는 것도 좋겠다.

또 중지에 끼면
직관력과 영감에 관련된 에너지가 채워진다고 하니까
그런 쪽에 관련된 일을 한다면 중지도 반지의 자리로 좋다.

그리고 새끼 손가락에 반지를 끼면
새로운 기회나 변화가 찾아온다고 한다.
새끼 손가락은 또 약속의 손가락이기도 하니까
뭔가 그런 의미를 담은 반지를 끼는 자리로 적당하지 않을까.

그런데 결혼 반지는 왜 항상 네 번째 손가락,
약지에 끼는 것일까?

아름다운 구속, 결혼 반지…
가운데 손가락도 있고 새끼 손가락도 있는데
꼭 네 번째 손가락에 결혼 반지를 끼는 데는
2천 년도 더 된, 오랜 서양의 전통이 있다.

그들은 넷째 손가락에
심장으로 직접 이어지는 신경이 있다고 믿었다.
그래서 그들은 어떤 혼합물을 저을 때에도
넷째 손가락을 사용했다.
그 전통은 우리한테도 이어지면서
지금도 어르신들은 약을 저을 때 넷째 손가락으로
휘휘 젓는다.
또 음식 맛을 볼 때도
넷째 손가락으로 찍어서 맛을 본다.
심장은 곧 넷째 손가락이다.
이렇게 믿었기 때문에
결혼 반지를 넷째 손가락, 즉 약지에 끼게 된 것이다.

그런가 하면 또 다른 주장도 있다.
넷째 손가락은 구조상 모든 손가락 중에
가장 독립성이 적은 손가락이다.
한 번 주먹을 쥔 상태에서 실험해보면 알 수 있다.

다른 손가락은 혼자서도 다 잘 세울 수 있다.
하지만 넷째 손가락은 홀로서기가 무척이나 힘들고
펴진다고 해도 완전하게 펴지지가 않게 된다.
결국 넷째 손가락을 세우려면 다른 손가락도 함께
움직여야 하는 것이다.

오른손이 아닌 왼손을 사용하게 된 것도 역시
왼손이 오른손보다 훨씬 연약하고 순종적이기 때문이다.

결혼 반지를 넷째 손가락에 끼는 그 이유는
여기서 분명해진다.
"나 혼자서는 절대 안돼요. 그러니
당신과 함께 하려고 합니다."
바로 이런 의미가 깃든 관습이다.

혼자보다 둘이 좋다!
그 의미를
오늘도 넷째 손가락은 우리에게 전해주고 있다.

옛날 어른들도 커닝을 했을까?

시험 볼 때 커닝의 유혹을 느껴보지 않은 사람,
없을 것이다.
그런데 과연 동방예의지국인 우리나라의 선조들도
커닝을 했을까?

시험 때의 부정 행위를 지칭하는 말인 커닝은 원래
영어의 'cunning',
'교활한, 치사한, 약삭빠른, 잔재주'라는
뜻을 가진 단어에서 유래했다.
그런데 영어로 부정 행위를 지칭하는 말은
'cheating'이라는 단어를 쓴다.

우리가 '커닝'이라고 쓴 것을 영어로 옮길 때의 정확한 표현은
'cheating'이다.
'커닝'이란
일본 사람이 만든 일제 영어로 국적이 없는 영어인 셈이다.

우리나라는 군자지국으로서 점잖지 못한 행위였기 때문일까?

'커닝'에 해당하는 우리말은 없다.

'감인고'라는 말로 속칭하기도 했지만,

부정 시험 행위를 통틀어 나타내는 우리말은 없었다.

그런데 이규태의 『눈물의 한국학』에서 보면

시험 부정의 유형에 따라서 상세한 호칭이 있었다고 전해진다.

옛날 과거 시험장에서는 시험 감독관이

열 개의 도장을 갖고 다녔다.

커닝이나 예비 커닝 행위를 발견하면

그 수법에 따라 각기 다른 도장을 시험지에 찍었다.

그래서 급락 판정에 참작하도록 했는데

예를 들면 이웃 답안지를 훔쳐보려다가 들키면

'눈동자를 굴린다.'는 뜻인 '고반'이라는 도장을 찍었다.

또 옆 사람이 듣게끔 답을 말해주면

'중얼거린다.'는 뜻의 '음아'라는 도장을 찍었고,

감독관의 눈을 피해 시험지를 바꾸면

'환관'이란 도장이 찍혔다.

그리고 우수한 수험생 곁에 자리를 옮겨 앉으면

예비 커닝 행위로 간주해서 '이석'이라는 도장이 찍혔고,

또 감독관의 지시에 고분고분하질 않고 말대꾸하거나 하면

'항거'라는 도장이 찍혔고,

시간이 다 됐는데도 미완성일 때는

'불완'이라는 도장을 찍었다.

그런가 하면 권력형 컨닝도 있었다.
이것을 '대필'이라고 했는데
권력층에 있는 사람이 시제를 미리 알아내서
명사로 하여금 문장을 짓게 했다.
그리고 그 문장을 외어서 과거장에 나가는 수법이다.
한말의 세도가 자제들은 이렇게 적지 않게 등과했다고 한다.

또 대인이라고 해서 대리시험도 있었다고 한다.
사진 첨부가 없었던 때라 수월했겠지만,
대체로 감독관과 내통한 권력형 대리 시험이었다고 한다.

그러고 보면 우리의 컨닝 역사도 유구하다.
역사와 전통은 좋은 것에만 있는 게 아닌가 보다.

세계에서 가장 인기 있는 생선은?

봄에는 고등어와 조기가 맛있고,

가을에는 갈치와 꽁치가 맛있다.

그런데 세계 각국에서 좋아하는 생선은 다 다르다고 한다.

과연 어떤 나라에서 어떤 생선이 인기가 있을까?

세상에는 1만 3천여 종의 물고기가 있다.

그런데 식탁에 오르는 생선은 모두 350여 종이고,

우리나라 사람이 먹는 물고기만 해도 '150여 종'이나 된다.

흥미로운 것은

각 나라 사람이 즐겨 먹는 생선이 다 다르다는 것이다.

민족 체질에 따라 생선 맛의 선호도가 차이가 있는 것이다.

중국 사람들은 잉어를 좋아하고

일본 사람들은 도미를 최고로 친다.

그리고 미국 사람들은 연어를 가장 좋아하고,

프랑스 사람들은 넙치,

덴마크 사람들은 대구,

아프리카 사람들은 메기를 아주 좋아한다.

그렇다면 우리나라 사람들이 좋아하는 생선은?
예전에 수산청이 조사해서 밝힌 걸 보면
우리나라 사람이 즐겨 먹는 금메달 생선은
'조기'라고 한다.
그 다음으로 오징어, 굴, 갈치, 꽁치, 고등어, 명태 순으로
나타났다.

특이한 것은
우리나라 사람들이 좋아하는 생선들은
다른 나라 사람들이 대체로 거들떠보지도 않는
그런 생선만 골라 좋아한다는 점이다.

특히 전통적인 선호 생선으로 쌍벽을 이뤄온 조기와 명태는
우리나라 사람만 유일하게 먹는 고기다.

조기는 미국 연안에 80종, 유럽에 20종,
열대에 37종, 일본에 14종이나 있다는데
겨우 11종밖에 없는 우리나라에서만 선호되고 있다.
그러니 조기는 우리 민족성을 대변하는
'민족 생선'이라고 할 수 있겠다.

조기 중에서도 특히
약조기로 치는 것은 바로 이런 조기다.

암수가 사랑의 약이 올라 마냥 울어대는 것을
바다 속에 넣은 죽통을 통해 감지하고 잡은 약조기.
그걸 가장 상품^{上品}으로 쳤다고 하니
사랑을 맛으로 전환해 느꼈던 우리 미각.
형이상학적이고 미학적인 그 미각은
가히 세계적이라고 할 수 있다.

반항하는 나무들

영양을 공급하기 위해
링거를 꽂은 가로수들을 봤다.
나무는 인간과 참 비슷하다는 생각을 하게 된다.
그렇다면 나무들도 과연 사춘기를 겪는 걸까?

전문가에 의하면
나무에서 나타나는 각종 질병이나 스트레스는
사람이 경험하는 것과 똑같다고 한다.

과일나무는 심은 지 6년에서 8년이 되면 사춘기가 오는데
청소년들이 이유 없이 짜증을 내고 반항을 하는 것처럼
과일나무도 갑자기 가지를 퍼트리고 결실이 불량해지고…
도저히 통제 불능 상태가 된다고 한다.

나무가 어릴 때는
나무와 나무 사이의 가지 간격이 충분히 넓은 편이다.
그래서 균형 있게 잘 자란다.
하지만 나무가 커갈수록

나무와 나무 사이의 간격이 좁아지게 된다.
또 땅속에서 뿌리의 세력도 커지기 때문에
가지의 성장이 장애를 일으키고 균형을 파괴한다.
바로 그때가 '나무의 사춘기'인 셈이다.

이럴 때 농부들은
비료를 적게 주고 뿌리를 적당히 잘라준다.
그래도 나무의 반항이 그치지 않으면
뿌리쪽 영양분이 가지쪽으로 올라가지 못하게
껍질을 벗겨주고 가지를 솎아줘야 한다.

나무든 사람이든
과잉 애정은 문제가 더 크다는 사실을 알게 된다.

또 나무는 인간과 똑같이 스트레스도 받는다.
물이 부족할 때 주로 나타나는 현상인데
이때는 잎과 과일 간에 치열한 '물싸움'을 벌인다.
이 물싸움에서 과일은 백전백패한다.
그래서 과일이 충분히 크지 못하고
당도도 떨어지며 착색 또한 불량해진다.

그런가 하면 나무도 충치를 앓는다고 한다.
인간의 치아에 해당하는 것은 뿌리인데
배수가 제대로 안 돼서 뿌리가 썩을 경우
사람이 치아가 썩어 음식을 제대로 먹을 수 없는 것처럼 나무도 시들시들해진다는 것이다.

또 인간에게 혈압이 있는 것처럼 나무엔 액압이 있다.
낮에는 탄소 동화 작용으로 저혈압이 되고
밤에는 수분과 양분이 내부에 머무르면서 고혈압이 된다.

사람과 똑같이 사춘기도 겪고, 스트레스도 받으며
충치를 앓고, 혈압도 오르내리는 나무…
이제 나무를 대할 때는
그도 우리처럼 똑같은 생명체라는 사실을
잘 기억하고 싶어진다.

손톱 위의 봉숭아

여름날 밤이면

누이들이 모여서 손톱에 '봉숭아물'을 들이던 기억,

누구나 다 갖고 있을 것이다.

여름에 예쁘게 봉숭아물을 들인 손톱이

첫눈 올 때까지 봉숭아물이 안 빠지면

사랑이 이뤄진다는, 낭만적인 전설도 있다.

그런데 이런 걱정들을 한다.

봉숭아물을 들이면 정말 수술할 때 마취가 안 되는 걸까?

일제 시대 민족의 애환이 실린 노래의 가사에 등장해서

겨레의 가슴을 적신 봉숭아,

이 봉숭아는

봉선화, 금봉화, 봉사, 지갑화 등의 여러 이름이 있다.

그중 '봉선화'라는 이름은

꽃의 생김새가

머리와 날개를 펴고 펄떡이는 봉황새를 닮았다고 해서

붙여진 이름이다.

봉숭아는 불임, 소화기 계통의 여러 약제로 쓰인다.
또 뱀이 싫어하는 냄새가 나서 봉숭아를 심으면
뱀이 가까이 오지 않는다고 해서
봉숭아를 금사화禁蛇花라고도 부른다.

손톱에 봉숭아물을 들이게 된 풍습도
붉은 빛을 귀신이 싫어하기 때문에
귀신이나 질병이 침범하지 못하도록 막는다는 것이
원래의 뜻이었다.
동짓날 유난히 붉은 팥죽을 만들어 먹는 것도,
남자아이를 낳으면 붉은 고추를 새끼줄에 꿰어놓는 것도
같은 의미다.

봉숭아는 손톱에 곱게 물드는데
빨간 장미로는 물을 들이지 못한다.
겉은 붉더라도
장미 자체에 색을 낼 수 있는 색소가 없기 때문이다.
이에 반해 봉숭아는
하얀색 봉숭아꽃만으로도 빨간 물을 들일 수 있다.
봉숭아 꽃잎에는 색깔을 막론하고 모두
예쁜 주황 색소가 있기 때문이다.

또 물을 들일 때 백반이나 왕소금, 숯을 넣는 이유가 있다.
봉숭아의 주황 색소는 매염 염료다.
매염 염료는 매개체가 있어야 제 색깔을 낼 수 있다.

백반과 왕소금과 숯이 그 매개체 역할을 해서
색깔을 더 진하게 하고 더 오래갈 수 있도록 돕는 것이다.

그런데 일설에는
손톱에 봉숭아물을 들이면 마취가 안 된다는 말이 있다.
그게 사실일까?

전문가에 따르면 그 말은 속설일 뿐이라고 한다.
얼굴에 핏기가 없으면 '어디 아픈 것 같다.'는 진단을
누구나 할 수 있는 것처럼
손톱을 보면 건강 상태를 어느 정도 짐작할 수 있다.
손톱 색이 불그스름하게 윤기가 나면 건강한 것이고,
반대로 거칠고 갈라지거나 반달 무늬가 선명하지 않으면
병이 있는 것이다.
그래서 간혹 병원에서는
수술 후 환자가 깨어나기 전에 혈액 순환 상태를
손톱의 색깔을 보고 확인하는 경우가 있는데
아마도 이 때문에 속설이 생겨난 게 아닌가 보고 있다.

봉숭아물을 들이면 마취가 안 되는 일은?
전혀 없다.
그러니 맘 놓고 예쁘게 봉숭아물을 들여도 된다.

아름다운 인어 아가씨

바다에 사는 아름다운 '인어' 아가씨.
누구나 어린 시절 한 번쯤 동화 속에서 만나봤을 것이다.
인어 이야기는 거의 모든 나라의 전설이나 설화에 나온다.
아름다운 노래로 지나가는 뱃사공을 유혹해서 죽게 했다는
희랍 신화의 사이렌Siren도 인어다.
그리고 독일 라인강에서 뱃사공을 유혹했다는
라인의 메이드Rhine's Maid도 인어다.

그렇다면 과연
인어는 실재하는 걸까?
그리고 우리나라에도 인어에 대한 기록이 남아 있을까?

인어공주 이야기를 접해온 우리에게 인어는
환상이면서 동화적인 것으로 다가온다.
인어가 실재하고 있는지,
아니면 그저 상상의 존재인지에 대해서는
아직까지 논란이 많다.

그런데 기록으로 남겨진 인어 이야기도 적지 않다는 점에서
실재의 가능성을 100퍼센트, 배제할 수만도 없다.

기원전 2천 년, 페니키아의 동전에는
인어가 새겨져 있었다.
또 17세기, 네덜란드의 한 역사가가 남긴 기록에는
1403년, 네덜란드의 연안에서 표류해온 인어가 발견됐고
그는 15년 동안 살다가 죽어서 교회 묘지에 묻혔다고
적고 있다.

그리고 로마의 문인 플리니우스는
"아우구스투스 황제의 한 사관이
프랑스에서 많은 인어가 해변의 모래사장에 밀려와
죽어 있는 것을 보았다고 한다."는 이야기를 전하고 있다.

이런 기록은 서양만이 아니다.
명나라의 이시진은『본초강목』에서
인어를 '해아어孩兒魚', '납어'라고 했다.

그렇다면 우리나라에도 인어에 대한 기록이 있을까?

우리나라에도 분명히 인어에 대한 기록이 남아 있다.
정약전이 쓴『자산어보』라는 책에 나온 것인데
『자산어보』는 18세기에 정약전이 흑산도에 유배되어 있을 때,
그곳 앞바다의 수산물을 관찰하고 연구해서 써놓은 책이다.

그 책에 보면

"인어는 속명이 옥붕어^{玉朋魚}이고 모양이 사람을 닮았다."고 하며,

"뱃사람들은 이것을 몹시 꺼려 혹시 어망에 들어오면

불길하다 하여 버린다."고 적고 있다.

또 18세기 말엽, 한 어부가

강화도 남서쪽에 위치한 장봉 앞바다에서 이상한 고기를 잡았는데

자세히 보니 상반신은 사람 모양과 비슷하고

아랫부분은 고기 모양을 하고 있었다고 적고 있다.

서양의 기록을 보면

달밤에 강물이나 얕은 바다에 나와 노래를 부르는

반인 반어의 인어는

아름다운 긴 초록색 머리를 늘어뜨리고,

몸에서는 향기가 난다고 했다.

서양의 기록에서 가졌던 인어에 대한 아름다운 환상이

정약전의 『자산어보』를 읽고난 후에는 완전히 깨지고 만다.

그중에서도 상어를 인어로 묘사한 것이 참 신기한데

가만히 생각해보면 상어의 모습, 특히 그 곡선은

인간의 모습과 많이 닮았다는 생각도 든다.

그렇다면 도대체 인어는 정말 있는 것일까?

어떤 이는 바다 포유류들이 바다 위에 누워서

새끼에게 젖을 먹이는 모습을 인어로 착각한 것이라고 말한다.

또 어떤 이는 원시 문명의 어신魚神 숭배가
인어라는 상상의 생명체를 낳았다고 풀이하기도 한다.

하지만 '인어는 존재하지 않는다.'고 분명히 단정하기는
여전히 힘들다. 실존의 증거도 만만치 않기 때문이다.

일반에게는 공개되지 않고 있지만,
실제 인어로 추정되는 미이라가
일본에도 있고 미국에도 있다고 한다.
일본의 아마테라스교 본부에 있는 몸 길이 170센티미터의 미이라와
미국 하버드대학박물관에 보관돼 있는 50센티미터의 미이라가
그것이다.
과학적으로 완전히 입증되지는 못했지만,
하반신이 물고기라는 사실은 이미 오래전에 밝혀졌고
상반신은 아직까지 수수께끼로 남아 있다.
또 런던 자연사박물관에는
100여 년 전 일본 근해에서 붙잡혔다는 30센티미터의 미이라가
전시돼 있는데
남성형 사람 얼굴에 하반신은 물고기 모습이라고 한다.

그러고 보면 인어는
환상이나 동화 속의 존재만은 아닐 수도 있다.
그렇다고 실존해 있다고 확신할 수도 없는,
아직은 밝혀지지 않는, 바다 속의 불가사의다.
바다에 가면 불쑥 내 앞에 인어가 나타날지도 모른다.

그런데 그 인어는
아름다운 여인의 자태를 하고 있을까,
사나운 상어 모습을 하고 있을까?

고래의 잠

아주 많이 바쁜 사람들에게
"얼마나 바쁘십니까?" 이렇게 물으면
가끔 이런 대답들을 한다.
"잠 잘 시간도 없이 바쁘다."

그렇게 너무 바쁠 때는 정말
아무 생각 없이 잠을 실컷 자도 되는
동물들이 부러워지기도 한다.
그런데 사실 알고 보면 동물들도 그렇게
편히 잠을 자는 건 아니다.

포유류 중에서도 고래들은
자신이 사는 환경에 따라 아주 다른 방식으로 잠을 잔다.
파키스탄 인더스강 어귀의 흙탕물에 사는
인더스 돌고래들 역시, 잠을 참 특이하게 잔다.
그들은 끊임없이 물속을 다니는데
강의 흐름이 거센 데다가
몬순계절에는 많은 부유물이 떠내려 오기 때문에

오랜 시간 잠을 자다가는 부상을 입기가 쉽다.
그래서 이 돌고래들은 강물에 휩쓸려 내려가지 않기 위해
한 번에 40초에서 60초씩 잠깐잠깐 선잠을 자는 식으로
하루에 약 일곱 시간, 잠을 잔다.

또 독특한 방식으로 잠을 자는 동물이 바로
주먹코 돌고래와 참돌고래다.
이 돌고래들은 양 대뇌반구가 교대로 잠을 잔다.
이 사실은 동물학자들이
이들의 양 대뇌반구에서 뇌파를 기록해본 결과다.
오른쪽 뇌가 잠을 잘 때는 왼쪽 뇌가 깨어 있고,
왼쪽 뇌가 잠을 잘 때는 오른쪽 뇌가 깨어 있다는 사실을
발견했다.

고래는 이렇게 뇌를 한쪽씩 번갈아가며
자신의 뇌를 반만 쉬게 하는 방법으로
하루에 여덟 시간 정도 잠을 잔다.
다른 반쪽의 뇌는 잠을 자면서
다른 반쪽의 뇌는 가볍게 수영하기도 하고
수면 밖으로 몸을 내밀어 숨을 쉬기도 하며
적으로부터 자신을 보호하는 경계 역할을 하는 것이다.

이와 비슷한 예로 어느 철새도 장거리 이동을 할 때면
뇌를 반쪽씩 번갈아 사용한다고 한다.
번갈아 반은 깨고 반은 자면서 중간중간 먹이도 먹고

쉬면서 간다는 것이다.

또 고래 중에는
물위에 떠서 숨구멍을 내놓고 자는 고래도 있다.

잠깐잠깐 선잠을 자는 고래,
반은 잠들고 반은 깨어 있는 고래…
고래들도 알고 보면 이렇게 참 피곤하게 살고 있다.

그런데 만일 우리 인간도
반쪽 뇌는 잠들고 반쪽 뇌는 깨어 있고,
이렇게 뇌가 교대로 잠들 수 있다면
좋을까, 더 힘들까?
참 편리하겠다 싶기도 하고,
그렇게 되면 24시간 근무하는 일이 발생하지 않을까 싶기도 하다.
어쨌거나 지금처럼 잘 때는 푹 자고 일할 때는 일하는,
사람의 뇌 시스템이 가장 좋다는 생각이 든다.

식물의 혈액형

사람과 동물에게는 혈액형이 있다.
그런데 과연 식물에도 혈액형이 있을까?

사람에게 고유한 혈액형이 있다는 사실을 처음으로 밝혀낸 사람은
칼 란드슈타이너^{Karl Landsteiner}라는 호주 과학자다.
1900년, 그는 오랜 실험 끝에
사람의 혈액형이 A, B, AB, O형으로
나뉘어 있다는 사실을 밝혀냈다.

그리고 그후 1940년대에 와서
란드슈타이너는 다른 의학자와 함께
독특한 혈액형을 발견하는 데 성공했다.
바로 RH 혈액형을 발견했던 것이다.
동양인에게는 RH-형이 별로 없지만,
서양인에게는 많이 발견되고 있다.

그런데 혈액이 없는 식물에도 과연
혈액형이 있을까?

언젠가 '식물에도 혈액형이 있다.'는 해외 뉴스가 있었다.
그 뉴스는 일본에서 살인 사건을 조사하던 중에 있었던
어떤 에피소드에 의한 것이었는데
일본 도호쿠 지방에서 일어난
살인 사건의 검증을 할 때였다.

죽은 사람이 쓰고 있던 베개에 묻은
핏자국의 혈액형을 조사하려고 약을 뿌렸더니
핏자국이 없는 부분에 AB형의 혈액이 반응했다.
경찰들은 이상히 여겨 여러 가지로 조사한 결과
뜻밖에 베개 속에 들어 있던 메밀 껍질이
AB형의 혈액과 같은 반응을 나타냈다.

이렇게 어떤 식물은
인간의 혈액형과 마찬가지로 반응하는데
그것은 식물에 혈액이 있기 때문이 아니라
그 식물의 몸속에
인간의 적혈구를 만들고 있는 당단백,
즉 당과 단백질이 결합해서 혈액의 응고를 일으키게 하는 물질이
함유돼 있기 때문이라고 한다.

A형 식물로는
식나무, 사스레피나무 등이 있고,
B형으로는
광광나무, 줄사철나무,

AB형으로
메밀, 자두, 아왜나무, 가막살나무가 있다.
무, 사과, 양배추, 배, 동백나무, 색단풍 등
대부분의 식물은 O형이라고 한다.

식물만이 아니라 세균류에도 혈액형이 있다고 한다.
이 세상의 만물은 그렇게 모두
피가 도는 생명체다.

두려운 숫자

'13일의 금요일'은 불운의 날이라고 한다.
그렇다면 왜 13일의 금요일은
불운하다고 여겨지게 된 것일까?

영어에 '13공포증Triskaideka-phobia'이라는
고유명사가 있을 정도로 '13'은 불행을 상징한다.
프랑스 사람들은 13이라는 숫자를 주소로 사용하지 않고,
이탈리아에서는 복권에 13이라는 숫자를 빼버린다.
또 미국 항공기에는 13번째 열의 좌석이 없고,
건물에는 12층 다음에 13층이 없고 바로 14층이 온다.
그렇다면 이 '13공포증'은 어떻게 시작된 것일까?

이것은 노르웨이 신화로 거슬러 올라간다.
국민적인 영웅을 모시는
발할라 신전에서 잔치가 벌어졌는데
신 열두 명이 초대됐다.
그런데 분쟁과 악의 신인 로키는 초대받지도 않았으면서
무단으로 들어왔다.

그래서 신들의 수는 13이 됐다.

급기야 로키를 몰아내려는 싸움이 벌어졌고,

그 싸움에서 가장 사랑받는 신, 발더가 살해되고 말았다.

이 신화가 13을 둘러싼 불행에 대한 최초의 기록이다.

이 미신은 유럽 전역으로 퍼져나갔다.

그러다가 역사상 가장 유명한 만찬, 그러니까

'최후의 만찬'에 의해 더욱더 강화됐다.

예수와 그 제자들을 합하면 13명이었던 것인데

그 만찬이 있고 24시간이 못 돼서 예수는 십자가에 못박혔다.

또 금요일을 꺼리는 미신 역시

노르웨이 신화에서 왔다.

금요일, 프라이데이라는 말은

풍요와 사랑의 여신인 프리가에서 나온 말이다.

노르웨이인과 게르만족이 기독교로 개종했을 때,

여신 프리가는 산꼭대기로 추방당했다.

설상가상으로 마녀로 지칭되는 불행까지 겹치게 됐다.

프리가는 거기에 앙심을 품고

금요일만 되면 자신과 다른 마녀와 마귀로 구성된

13명의 모임을 갖고 운명의 장난을 모의했다고 한다.

그후 금요일은 스칸디나비아 지역에서

오랫동안 '마녀의 안식일'로 전해지게 됐고

사람들은

13일의 금요일에 가장 비참한 사건이 많았다고 믿게 됐다.

하지만 13이라는 숫자는 사실 굉장한 행운의 숫자라고 한다.
그 한 예로 미국의 초기에는 13개의 주가 있어서
미국 지폐 곳곳에 그 행운의 상징인 13의 이미지가 새겨져 있다.

또 곧 주말과 휴일이 펼쳐지는 금요일이 싫은 사람이 있을까?
사실 숫자에 대한 징크스는 깨버려야 한다.
13일의 금요일은 오히려
최고의 행운을 가져다주는 날일 수도 있는 것이다.
결국 생각하기 나름 아닌가.

소변으로 이를 닦다?

아침에 일어나면 늘 만나는 생활용품 중에
'치약'이 있다.
그런데 가끔 양치할 때면
옛날에 치약이 없을 때는 무엇으로 이를 닦았을까,
궁금해진다.

역사상 최초로 기록된 치약은
지금으로부터 약 4,000년 전에
이집트 의사들이 고안한 것이었다.
문헌에 따르면 그때의 치약은 너무나 독했다고 한다.
돌의 가루, 그러니까 부석 분말과
강한 식초를 원료로 했다는 것이다.
또 씹는 막대기를 사용해서 문질렀다고 한다.
그래도 이집트 치약이
로마 초기의 치약보다는 훨씬 나은 것이었다.

로마인은 인간의 소변으로 치약을 만들었다.
그들은 소변을 구강청정제로도 사용했다고 한다.

1세기경의 로마 의사들은
소변으로 양치질하는 것이 치아를 희게 하며
치아를 잇몸에 더 단단히 고착한다고 주장했다.

소변 중에서도 포르투갈산 소변을 최고로 쳤다.
포르투갈이 유럽의 가장 끝에 위치한 나라여서
운송시간이 오래 걸렸기 때문에
소변의 숙성 기간이 길어서가 아닐까 추측하고 있다.
상류층 로마 여인들은
유럽 대륙에서 가장 좋다는 포르투갈산 소변을
아주 비싼 값을 주고 구입했다.

소변이 치약과 구강청정제로 쓰인 것은 그후 로도 계속돼서
18세기에 이르기까지 이어져왔다.
치아를 튼튼하게 한 소변 속의 성분은 암모니아다.
이 성분은 나중에 현대식 치약에도 이용된다.

그러는 동안 충치 문제는 사람들의 골칫거리였다.
10세기, 페르시아의 의사인 라제즈는
충치를 때우는 것을 추천한 최초의 의사였다.
그는 암모니아와 철을 함유한 명반과
지중해 소나무에서 추출한 노란 송진인 유황으로 만든
아교 같은 풀을 사용해서 충치를 때웠다.

충치의 예방에 불소가 최선이라는 사실을 알아낸 것은

1840년대에 들어서면서부터였다.
그 당시 이태리와 프랑스의 치과의사들은
불소와 꿀을 섞어 만든 사탕을 정기적으로 빨도록 제안했다.
그리고 식수에 불소를 넣는 최초의 과학적 시도는,
1915년, 미국에서 일어났다.
그후 불소는 물과 구강청정제, 치약 등에 모두 들어가게 됐고
사람들의 충치 고민은 서서히 줄어들기 시작했다.

돌가루, 막대기, 소변,
이것들이 우리의 치아를 상쾌하게 해주는 치약의 전신들이었다니
향기로운 불소치약을 개발해준 의사들이
무척 고맙게 느껴진다.

우리 몸의 에어콘디셔너

후각의 중요한 기능을 담당하는 우리의 코.
호흡하는 소중한 기능을 담당하는 우리의 코.
그런데 왜 우리 코는 낮고, 서양인의 코는 높은 것일까?
코의 높낮이를 결정하는 조건은 무엇일까?

"클레오파트라의 코가 조금만 낮았더라면…"
파스칼이 이렇게 탄식했다고 하는데
하지만 그것은 잘못 알려진 것이라고 한다.
파스칼은 "클레오파트라의 코가 조금만 짧았더라면…"이라고
말했는데 잘못 알려졌다.
그러고 보면 서양에서 보는 코의 아름다움,
그 기준은 길고 짧은 데 있는 것이지
높고 낮은 데 있는 것이 아니라는 것을 알 수가 있다.
그러므로 높은 코가 아름답다고 하는 것은
우리의 편견일 수 있다.

그렇다면 왜 서양인들은 코가 높고
동양인들은 코가 낮은 것일까?

폐가 필요로 하는 공기의 조건은 굉장히 까다롭다.
온도 35도, 습도 95퍼센트에, 먼지가 없어야 한다.
그런 바깥 공기를 폐의 요구 조건에 맞게 조절하는 곳이
바로 우리의 코다.
즉 코는 우리 몸의 에어컨디셔너라고 할 수가 있다.
추운 지역에 사는 사람일수록
온도를 높여주는 과정이 길어지기 때문에 코가 길어지고,
건조한 지역의 사람일수록 가습해줘야 하기 때문에
코가 높아질 수밖에 없다.

우리 몸의 진화 과정을 보면
필요에 의해 진화가 진행돼왔고, 그런 점에서
코가 높고 길고 낮고 짧은 것은 모두
그 지역의 날씨에 따른 코의 조정 기능 때문이다.
코가 길고 높은 것은
그만큼 코가 해야 할 일이 많은 거라는 얘기다.

우리나라 사람들의 코가 낮고 작은 것은 그만큼
우리 공기의 온도가 습도가 굉장히 이상적이라는 증거인 셈이다.
코가 할 일이 별로 없다는 얘기니까.

그래서 옛날에는 우리나라 사람들이
낮은 코에 대한 자부심이 대단했다.
거만하다고 할 때도
"콧대가 그리 높아서 어디다 쓰겠느냐!"라고 했고,

"콧대를 꺾어놓겠다", "코를 납작하게 만들어주겠다."
이런 말도 했다.
또 걱정할 때는 "코가 댓자나 빠졌다."고 했고,
잘난 체하는 소리를 할 때면 "코 큰 소리한다."고 했다.
그렇게 낮은 코에 대한 자부심이 대단한 민족이었다.

하지만 지금
너나없이 콧대를 세우러 성형외과에 몰려가는 이 세태를
어떻게 봐야 할까?
코가 우리 몸의 에어컨디셔너인데
우리는 너무 지나치게 큰 에어컨디셔너를
꿈꾸고 있는 건 아닌지.

임금님의 아명

옛날에는 아이가 어릴 때, 누구나 아명이 있었다.
호적에 올리는 이름 따로, 집에서 편하게 부르는 이름 따로,
이렇게 두 개의 이름이 있었다.
집에서 부르는 아명은 대개
비천한 막이름을 불렀다.
그렇다면 과연 임금님도 아명이 있었을까?

아명은 나면서부터 집에서 불리는 이름이다.
대개는 순수한 고유어로 지어졌다.
임금님 역시 그런 아명을 가지고 있기는 마찬가지였다.

고종은 태어나면서 '개똥이'라고 불려졌다.
그리고 황희 정승의 아명은 '도야지'였다.
임금님 이름이 개똥이라니
지금 생각하면 웃음이 나는 일이다.
그때는
'천한 이름일수록 역신의 질투를 받지 않아 오래 산다.'
이런 믿음 때문에 아주 천하게 짓는 것이 보통이었다.

예전에는 삼칠일, 그러니까 태어난 지 21일 전에 죽는 경우가
다반사였기 때문에
아이를 보호하기 위한 비책 중의 하나가 바로
'아명'이었던 것이다.
임금님 역시 태어나면 개똥이, 쇠똥이, 도야지 등으로 불렀다.

그때는 아명을 지을 때
태어난 시기를 따서 짓기도 했다.
유월이, 삼월이, 동지쇠 등이 그 이름들이다.

낳은 지역이나 장소를 그대로 쓰기도 해서
마당에서 낳았다고 마당쇠,
사랑방에서 낳았다고 해서 사랑쇠,
이렇게 이름을 붙이기도 했다.

또 신체의 특징이나 성질이
이름으로 바로 옮겨지는 경우도 있었다.
쌍가매, 바둑이, 점례, 오목이, 똘똘이, 야물치 등이 그 이름들이다.

그런가 하면 짐승 이름이나 식물, 물건을 따서 붙이기도 했다.
토깡이, 도야지, 차돌이, 무쇠, 바우 등이 그런 이름들이다.

아들을 낳고 싶은 희망사항을
딸의 이름에 붙이기도 해서
필년이, 딸고만이, 희만이, 종말이, 노마, 섭섭이라고 부르기도 했다.

임금님 이름도 한때는 '개똥이'었고
황희 정승 이름도 한때는 '도야지'였다니
신의 질투를 피하려는 간절한 마음이
정겹게 느껴진다.

꽃잎 화장

영화 〈스캔들〉에서 보면 조선 시대가 배경인데
꽃잎을 갈아서 화장하는 장면이 나온다.
과연 우리나라 여인들은 언제부터 화장했고
화장품은 어떤 것을 사용했을까?
옛 여인들은 어떻게 화장했을까?

우리 여인네들의 화장의 역사는 신라 시대로 거슬러 올라간다.
신라 사람들의 미의식은 굉장히 높아서
화장술이 무척 발달했다.
이미 연분을 제조해서 화장했고,
꽃으로 연지를 만들어 볼과 입술을 치장했다.
눈썹은 미묵으로 곱게 그렸는데
이 미묵은
나뭇결이 단단한 굴참나무나 너도밤나무 등을
유연에 개어서 만들었다.

향수 역시 신라 시대에 이미 사용했다.
향료를 주머니에 담은 향낭을

옷고름이나 허리춤에 차고 다녔다.

고려 시대 여인들의 화장에 대해서도 기록이 남아 있다.
『고려도경』에는
- 눈썹은 넓게, 향낭은 여러 개 찰수록 자랑스럽다. -
이렇게 기록돼 있다.
또 요즘의 로션에 해당하는 면약이 이미 고려 시대에 있었고,
머리 염색도 했다.
기생들은 분을 도배하듯이 하얗게 많이 바르고,
눈썹은 가늘게 가다듬어 또렷하게 그리는가 하면
머릿기름은 반질반질 많이 발랐다.

그후 기생만이 아니라
궁녀나 다른 여인들도 화장을 하게 됐다.
그때는 화장한 여인을 들어서
분대라고 불렀다.

그후 조선 시대에는
요즘의 로션과 같은 미안수를 만들어 사용하고,
꿀 찌꺼기를 발랐다가 잠시 후 떼어내는 팩도 사용했다.
이런 화장품들과 화장도구들은
분전이라는 화장품 가게에서도 팔았지만,
대체로 방물장수들이 집집마다 방문하며 팔았다.
웬만한 양반가에서는 화장품을 직접 만들어 사용하기도 했다.

1916년에는 최초의 화장품 제조업체도 생겨났다.
서울 종로 연지동에서 가내수공업 규모로 제조되기 시작한
박가분이 그것이다.
그 당시에는 손수레 행상들이 골목을 누비고 다니며
원하는 양만큼 크림을 덜어서 팔기도 했는데
북을 둥둥 치면서 크림을 손수레에 싣고 다니며 팔았기 때문에
'동동 구리므'라는 말이 생기게 됐다.

옛 우리말에는 화장의 정도를 나타내는 용어도 참 여러 개 있다.
피부 손질 위주의 담백한 멋내기는 '담장'이라고 했고,
요염하게 꾸미는 짙은 화장일 때는 '염장',
혼례를 올리기 위한 신부 화장은 '응장',
몸치장까지 곁들이면 '성장'이라고 했다.
화장품이라는 말도 '지분'이라는 말이 있었다.
이것은 연지와 백분을 말하는 것이고,
'분대'라고 해서 백분과 '눈썹먹'을 총칭하기도 했다.
또 화장품 일체를 가리켜 '장렴'이라는 말도 사용했다.

옛날이나 지금이나 예뻐지고 싶은 심리는 똑같다.
이런 심리가
화장품의 역사를 자꾸자꾸 발전시켰을 것이다.

누가누가 잘 하나

인간 세계가 아닌 동물 세계에서의 챔피언!
분야별 최고는 어떤 동물일까?
동물 세계에서의 챔피언들을 기네스북에서 알아본다.

우선 가장 빠른 동물
속도의 챔피언은 누구일까?
가장 빠르게 급하강하는 새는 바로
송골매라고 한다.
그들은 시속 350킬로미터로 급강하한다.
그야말로 쏜살같이 내리꽂히는 셈이다.

그리고 가장 빠르게 헤엄치는 물고기는
돛새치라는 생선이다.
시속 109킬로미터로 헤엄친다고 하니까
수영 선수들이 울고 가겠다.

가장 빠르게 달리는 새는 타조다.
시속 72킬로미터로 달린다.

그런가 하면 가장 빠르게 달리는 포유류는 치타다.
그들은 시속 100킬로미터로 달린다고 하니까
경부고속도로에서 승용차와 함께 달리면
서울에서 부산까지 비슷하게 도착하겠다.

가장 높이 나는 동물은
대머리 독수리라고 한다.
그들은 11,300미터에서 비행기와 충돌하기도 한다.

또 가장 깊이 잠수하는 동물은
새로서는 황제펭귄이 483미터까지 잠수가 가능하다.
포유류로서는 향유고래가 2,000미터까지 잠수할 수 있다.

동물 중에서 가장 무거운 동물은
흰수염고래다.
무려 130톤이나 된다고 하니
흰수염고래를 태우고 가려면
그 차가 어마어마해야겠다.

키가 가장 큰 동물은 역시 기린이다.
기린은 키가 5.5미터 이상이나 된다.
그러니까 웬만한 2층 건물보다 더 높겠다.

그나저나 키다리 아저씨 기린,
뚱보 아저씨 흰수염고래 등…

지구상에서 이들이 자꾸만 사라져가는 것이
우리 인간의 이기심 때문인 것만 같아서
안타깝기만 하다.

아주아주 오랜 옛날에는

아주 오래된 옛날을 비유할 때,
"호랑이가 담배 피던 시절 이야기다."
이런 말들을 많이 한다.
그렇다면 왜 하필
호랑이 담배 피던 시절이라는 비유를 하는 것일까?
'호랑이가 담배 피던 시절'은 과연 어떤 의미가 담겨 있는 것일까?
그리고 그 시기는 역사적으로 어느 무렵이었을까?

담배가 처음 우리나라에 전래된 것은 1618년,
광해군 때 일본에서 온 것이라고 한다.
처음에 도입된 담배의 이름은
남령초 또는 담바고라고 불렀다.
남령초의 뜻은
'남쪽 국가에서 들어온 신령스런 풀'이라는 뜻이다.

- 가래가 목에 걸려 떨어지지 않을 때,
소화가 되지 않아 눕기가 불편할 때,
한겨울에 찬 기운을 막는데 담배를 피우면 좋다. -

이익의 『성호사설』에 나온 대목이다.

그 당시에는 담배를 그렇게 신비한 약초라고 생각했고,
그래서 신분이나 나이를 가리지 않고 격식도 갖추지 않고
모두 피웠다.
'호랑이 담배 피던 시절'은 그렇게
'하물며 인간이 아닌 호랑이조차도 담배를 피우던 시절'이라는
뜻을 가지고 있다.

그렇다면 왜 하필 사자도 아니고 코끼리도 아니고 호랑이일까?
우리나라 전래동화에도 가장 자주 등장하는 동물이 호랑이다.
『은혜 갚은 호랑이』도 있고, 『해님달님』에도 호랑이가 나오고,
『호랑이와 곶감』도 유명하다.
호랑이는 그렇게 우리 민족에게는
더없이 친근한 동물이었기 때문이다.

그런데 그후 조선 양반들은
담배를 피우는 데도 위아래를 정하기 시작했다.
18세기 말, 유득공이 쓴 『경도잡지』에는
'천한 자는 높은 분 앞에서 담배를 피우지 못한다.'고
기록하고 있고,
'거리에서 담배를 피우는 것을 엄하게 다스리고…
지체 높은 관리가 지나갈 때 담배를 피우면 잡아다 벌을 준다.'고
기록하고 있다.
담배 피울 수 있는 특권을 양반만 향유할 수 있도록 제한한 것이다.

그러자 양반들은
담배에 관련된 모든 것에 한껏 치장을 하고 멋을 부리기 시작했다.
담뱃대의 길이가 자신의 권위라고 여겨서 긴 장죽이 등장했고,
담뱃대에 각종 장식을 하기 시작했다.

그러니 이제 담배도 함부로 피울 수 없게 된 하층민들은
누구나 담배를 피울 수 있었던 17세기 그 시절이 그리웠다.
그래서 17세기에 대한 그리움을 18세기 당시의 민중은
'호랑이도 담배 피던 옛날'로 표현하면서 그리워했던 것이다.
그러니까 '호랑이가 담배 피던 옛날'은
역사적으로 보면 담배가 도입된 17세기 무렵이라고 할 수 있다.

이제 '호랑이가 담배 피던 시절에…'
이렇게 말을 시작하는 할머니 얼굴에 왜 그렇게
아련한 향수가 어려 있었는지… 그 의미를 알 것 같다.

유능한 건축가, 꿀벌

요즘은 수학도 논술 면접으로 보는 대학이 늘고 있다.
어느 대학에서는 언젠가 이런 문제도 출제가 됐다고 한다.
"꿀벌의 집은 왜 하필 정육각형인지 설명하시오."

그렇게 우리 생활이나 자연 속에서
수학의 원리는 곳곳에서 찾아볼 수 있다.
그런데 정말
꿀벌은 왜 정육각형으로 집을 짓는 것일까?

부지런한 동물을 꼽으라면 꿀벌이 빠지지 않는다.
여왕벌로 태어나면 알을 낳는 일로,
일벌로 태어나면 이 꽃 저 꽃을 날아다니며
꿀을 따오는 일을 하거나
알을 돌보는 일로 평생을 보내는 부지런한 꿀벌…

그런데 꿀벌은 부지런할 뿐 아니라
굉장한 건축가이기도 한다.
꿀벌의 집을 들여다보면

정육각형 모양의 작은 방들로 빼곡하게 메워져 있는데
그 빼어난 솜씨에 감탄하지 않을 수 없다.
그렇다면 꿀벌들은 왜 하필
정육각형 모양으로 집을 만드는 걸까?

먼저 평면을 가득 메울 수 있는 도형이
어떤 것이 있을지 생각해보면
정다각형 가운데 평면을 빈틈없이 메울 수 있는 것은 단 세 가지.
정삼각형, 정사각형, 정육각형뿐이다.
정오각형의 한 내각은 108도인데
한 꼭지점에 세 개의 정오각형을 모으면
12도만큼 벌어지게 되니까 도저히 평면을 메울 수 없다.
마찬가지로 정칠각형 이상인 경우도
한 꼭지점에 두 개를 모으고 남는 틈을
그 정다각형으로 메울 수 없다.
이제 꿀벌은 세 도형 가운데
어느 하나를 선택해야만 하는 것이다.

만일에 정사각형 모양으로 집을 만들면 어떻게 될까?
이 모양은 양쪽 옆에서 조금만 건드려도 잘 흔들릴 것이다.
그러기 때문에 바람이 불면 꿀이나 알이 편안하지 않을 것이다.

그럼 정삼각형은 어떨까?
튼튼하기는 하지만 비경제적이다.
정육각형 모양으로 방을 만들 때보다

재료가 두 배나 더 들게 된다.
그래서 똑똑한 꿀벌은
정육각형 모양의 방을 선택하게 된 것이다.

이렇게 자연계에서는
정육각형을 서로 이어 붙여서 평면을 메운 경우를
가장 흔하게 볼 수 있다.
곤충의 눈, 잠자리의 날개, 꿀벌의 집, 눈의 결정체…
이 모든 것이 정육각형이다.
정육각형일 때,
서로 맞닿는 부분의 넓이가 가장 적어서
경제적이고 안정적이기 때문이다.

꿀벌은 그렇게
우리에게 수학의 원리를 온몸으로 보여주는
우리의 수학 선생님이다.

바퀴벌레를 노래하다

흥겨운 민요인 〈라 쿠카라차^{La cucaracha}〉.
그러나 〈라 쿠카라차〉의 뜻은
그리 흥겹고 정겹지만은 않다.

우리가 알고 있는 〈라 쿠카라차〉는
스페인어로 된 멕시코 민요인데다
그 〈라 쿠카라차〉의 뜻은 바로 '바퀴벌레'라고 한다.
〈라 쿠카라차〉에서
'라'는 여성명사 앞에 붙는 정관사,
그러니까 영어에서 말하는 the와 같은 것이고,
'쿠카라차'가 바퀴벌레를 가리킨다.

– 병정들이 전진한다 이 마을 저 마을 지나
소꿉놀이 어린이들 뛰어와서 쳐다보며
싱글벙글 웃는 얼굴 병정들도 싱글벙글
빨래터의 아낙네도 우물가의 처녀도
라 쿠카라차 라 쿠카라차 아름다운 그 얼굴
라 쿠카라차 라 쿠카라차 희한하다 그 모습

라 쿠카라차 라 쿠카라차 달이 떠올라오면
라 쿠카라차 라 쿠카라차 그립다 그 얼굴 -

이런 가사를 가지고 있는 〈라 쿠카라차〉
그런데 바퀴벌레라고 하니까 좀 얼떨떨한 게 사실이다.
병정들이 전진하는 것이 그렇다면 바퀴벌레?
게다가 아름답고 그리운 얼굴이 그렇다면 바퀴벌레?
이쯤 되면 가사가 엽기적이기까지 하다.

사실 〈라 쿠카라차〉의 그 신나는 멜로디 안에는
비참한 처지에 있는
멕시코 원주민들이 자신을 바퀴벌레에 비유한
슬픈 사연이 담겨 있다고 한다.

하지만 일각에서는 이런 의견도 내놓고 있다.
바퀴벌레의 끈질긴 생명력을 지니고 싶어하는
멕시코 사람들의 희망을 담은 노래라고.

지구가 멸망했을 때 그래도 남아 있을 벌레는
바퀴벌레라고 한다.
그만큼 번식력이 좋고 생명력이 끈질긴 것이
바퀴벌레다.
정치와 경제 상황이 늘 불안하고
미국이라는 강대국이 이웃에 있는 멕시코 사람들.
그들은 어쩌면

바퀴벌레처럼 강인한 생명력을 바라는 기원을
즐겁게 희화해
노래 속에 담아 부르고 있는 것인지도 모른다.

어쨌거나
우리는 나비나 잠자리 같은 예쁜 곤충을
주로 노래에 담아 부르는데
남미 사람들, 참 특이하다.

하얀 눈이 정말 좋아

하얀 눈이 내리면 아이들도 좋아하지만,
강아지들도 깡충깡충 뛰어다닌다.
그렇다면 강아지들은 눈이 오면 왜 이리저리 뛰는 걸까?

첫눈뿐 아니라 눈은 대부분의 사람에게
반갑게 다가온다.
눈은 순식간에 일상의 풍경을 덮어버리고
새로운 천지를 만들어내기 때문이다.
고요를 머금은 포근함, 그리고 먼 나라의 풍경이
눈 속에는 스며들어 있다.
그래서 누구나 눈 내리는 풍경을 좋아한다.

그런데 강아지 또한 눈이 오면 팔짝팔짝 뛰면서
어쩔 줄 모른다.
그런데 강아지들의 눈은 완전한 색맹이다.
녹색과 검은 회색은 일부 알아본다고 하지만
거의 완전한 색맹이라고 한다.
망막에 명암을 구분하는 간상체는 많지만,

색깔을 구분하는 추상체가 매우 적어서
개들의 눈에는 세상이 온통
검은색과 흰색의 흑백 사진처럼 보인다고 한다.
게다가 이들은 근시라고 한다.
그래서 먼 곳의 물체를 잘 식별하지 못하지만,
움직임에는 대단히 민감한 것이다.

그런데 눈이 내리면 왜 그렇게 좋아하는 걸까?
그 이유는 강아지가 눈 자체를 좋아해서라기보다는
눈이 올 때의 세상 풍경이
이채롭기 때문이라는 설이 있다.
눈이 오면 개들에게는 컴컴한 배경에 새하얀 눈송이가
불똥처럼 흩날려서 대단히 자극적인 풍경이 된다고 한다.
눈발이 이리저리 휘날리는 것이
낯선 이질감으로 자극을 주게 되는 것이다.
그래서 개들은 어쩔 줄 몰라 날뛰며
사방을 헤집고 다닌다고 한다.

눈이 오면
강아지 발바닥이 차가워서 뛰는 거라고 하는 사람들도 있지만,
사실은 어지럽게 휘날리는 눈발 때문이라는 설이
거의 확실하다.

눈이 와서 즐거운 사람들,
눈이 와서 생소하기 때문에 어쩔 줄 몰라 하는 강아지들.

마음의 본질은 다르지만,
흰눈이 만들어낸 생경한 풍경에 마음이 흔들리는 것은
다 마찬가지인 듯하다.

빨간 신호, 노란 신호

축구에서 옐로 카드는 경고를 나타내고,
레드 카드는 퇴장을 뜻한다.
그 유래는 교통 신호등이었다.
신호등의 노란 불이 '주의'를,
빨간 불이 '정지'를 의미하는 것에서
'경고'와 '퇴장'을 생각해낸 것이다.

이런 카드를 처음으로 고안한 사람은
영국의 케네스 조지 아스톤이다.
그는 영국의 축구 심판 역사에서 빼놓을 수 없는 인물이다.
원래 초등학교 교사였던 그는
1962년, 칠레 월드컵에서
그 유명한 칠레와 이탈리아 전의 주심을 봤다.
이 경기는 이탈리아의 한 기자가
칠레 여자들의 미모와 도덕성이 형편없다는 기사를 쓴 이유로
양국간 감정이 극도로 악화돼
'산티아고의 전쟁'이라는 별명이 붙었을 정도다.
이 경기에서 아스톤 심판은

이탈리아 선수 두 명에게 퇴장 명령을 내렸고,
수많은 몸싸움을 뜯어 말려야 했다.

1966년에도 아스톤은 비슷한 경험을 했다.
당시 FIFA의 심판위원회 위원이었던 아스톤은
잉글랜드와 아르헨티나와의 8강전 때문에 곤욕을 치렀다.
이 경기에서 아르헨티나 주장 라틴은
거친 플레이로 퇴장당했는데
그 다음날 "심판이 잉글랜드의 찰톤 형제에게
돈을 걸었기 때문에 잉글랜드 팀을 봐줬다."
이런 폭로 기사가 나오면서 엄청난 파문에 휩싸였다.

고민에 빠진 아스톤은
영국의 켄싱턴하이 거리를 지나다가 교통 신호에 걸리게 됐다.
그는 점멸하는 노란 불과 빨간 불을 보다가 손뼉을 쳤다.
축구계에서 판정 시비를 잠재울 묘안을 생각해낸 것이다.
그렇게 해서 레드 카드와 옐로 카드는
1970년 멕시코 대회부터 월드컵에서 사용하게 됐다.

그러고 보면 축구장에도
도로와 마찬가지로 세 가지 신호등이 있는 셈이다.
잔디장은, 곧 녹색 신호등과 같은 의미일테니까…

사진을 찍을 때면

사진을 찍을 때, 주로 취하는 포즈 중에는
손가락으로 V 자를 그려 보이면서 활짝 웃는 포즈가 있다.
그리고 앞으로 잘해보자는 의미의 표현에서도 주로
V 자를 그려 보인다. 왜 그럴까?

서양의 전설을 기록한 책에 의하면
V 자 사인의 유래는 중세 시대부터 거슬러 올라간다.
백년전쟁이 한창이던 1415년 10월,
영국 왕 헨리 5세가 이끄는 영국군과
프랑스 총사령관인 찰스 알브레트Charles d'Albret가 이끄는
프랑스군 사이에 치열한 전투가 벌어졌다.

이 전투에서 영국군은 전통의 긴 활longbow로 무장한
궁술병archer이 6000여 명 정도였고,
프랑스군은 기병대와 보병이 2만 5천 명 정도가 있었다.
병사의 수에서도 뒤지고 기동력에 밀린 헨리 5세는
프랑스군에게 정전을 요청했지만,
프랑스군은 그 제안을 거절하고 전쟁을 계속했다.

이때 프랑스군 고관들은 영국군 궁술병들을 포로로 잡으면,
그 즉시 엄지와 검지 손가락을 잘라서 다음 전투에서
활을 쏠 수 없도록 부하들에게 명령했는데
영국 궁술병들이 화살을 힘껏 잡아당기려면
엄지와 검지, 두 손가락이 없으면 불가능한 일이었다.

그런데 뜻밖에도 이 전투에서 영국군은
병사의 수적 열세에도 대승을 거두게 됐다.
이 전투의 승리로 영국은 15세기 중엽까지
프랑스의 대부분 지역을 지배했다.

영국군 병사들은 이 아쟁쿠르전투에서 이기고 개선하면서
엄지와 검지 손가락이 건재한다는 뜻으로
양 손가락을 높이 펴보이며 V 자를 그려 보였다.
그때부터 V 자 포즈가
'승리'를 의미하는 'V-sign'으로 통용되기 시작했다.

그렇다면 이 V 자 포즈는 언제부터 유행하게 됐을까?
2차 세계대전 무렵,
영국의 윈스턴 처칠은 기자회견 카메라 앞에서
손가락으로 V 자를 그려 보였다.
연합군의 승리를 확신한다는 뜻으로
'승리', 'Victory'의 이니셜인 V 자를
손가락으로 만들어 보인 것인데
그때부터 V 자 포즈의 유행이 시작됐다.

승리와 행운을 상징하는 V 자 포즈!
활짝 웃으며 V 자 사인을 날려보라.
설령 승리한 일이 없더라도…
그러면 승리할 일이 곧 올 것이다.

철새들이 떼지어 날아갈 때

신문에서 세계의 경제 상황을 '날아가는 기러기 모형'에
비유한 것을 읽었다.
기러기는 언제나 그렇게 V 자를 그리면서 날아간다.

우선 경제 용어로 '날아가는 기러기 모형Flying Geese Model'은
경제 선진국이 V 자의 앞에 서고
그 뒤에 나머지 나라들이 따라가는 것을 말한다.
철새들은 장거리 비행을 할 때 그렇게
V 자로 대열을 만들어 이동한다.
그런데 왜 철새들은
일렬로 날아가지 않고 V 자 배열로 비행할까?

2001년, 프랑스 국립과학연구소의
앙리 위메르스커크 박사 연구팀은
모터보트와 초경량항공기를 따라가도록 훈련시킨 펠리컨들을
대상으로 심장 박동수와 날갯짓의 횟수를 조사했다.
그 연구팀은 이런 사실을 밝혀냈다.
V 자 대형을 지어 나는 펠리컨들이

혼자 나는 펠리컨보다 날갯짓을 덜하고
심장박동수도 낮다는 사실을…

이는 앞에 날아가는 새가 형성한 상승 기류를
뒤따르는 새들이 이용하기 때문으로 분석됐다.
그러니까 철새들이 V 자로 날아가는 이유는
자연의 물리학을 경험으로 체득한 것이라고 할 수 있다.
기러기들은 아주 먼길을 날아가야 하는데
그러자면 힘을 아껴야 하고, 날개를 조금씩 움직이는 것이 유리하다.
V 자 맨 앞에 날아가는 기러기에 의해서 공기 중에는 양력이 생긴다.
양력이란 물체가 위로 뜨는 힘을 말하는데
그러면 뒤에 날아가는 기러기는 양력 때문에 좀 더 쉽게
뜰 수가 있다.

선두에 선 기러기가 지치면
그 기러기는 V 자의 맨 끝으로 이동하고
다른 기러기가 또 맨 앞에 나선다.
그리고 뒤에 있는 기러기들은 소리를 내서
앞의 기러기들을 독려하며 힘을 준다.
조류 학자들에 의하면
V 자의 대열을 지어 날아가는 기러기는
혼자 나는 것보다 71퍼센트나 더 오래 날 수 있다고 한다.
기러기들이 날면서 계속 소리를 내어 우는 것은
자기의 위치를 알리고 서로를 격려하는,
나팔소리 같은 것이라고 한다.

또 만일의 경우 기러기 한 마리가 부상을 당해서
함께 여행을 계속 못할 경우에는 반드시
서너 마리의 동료가 이 낙오자와 더불어 머문다고 한다.

이렇게 V 자로 무리 지어
긴 여행을 하는 철새들을 보면
'함께 한다는 것', '더불어 산다는 것'의 그 철학을
다시 한 번 깊이 느끼게 된다.

자연분만 하지 않고 수술하는 것을

아이를 낳을 때 자연분만 하지 않고
수술하여 아이를 낳는 것을 '제왕절개'라고 한다.
그렇다면 그 수술에는 왜 '제왕'이라는 말이 붙는 것일까?

여성들에게 가장 두려운 공포이자
가장 엄숙한 인생의 의식이기도 한 출산.
어떤 여성이나 모두 하늘이 주신 방법으로
자연분만을 하고 싶지만
어쩔 수 없을 때 제왕절개 방법을 택할 수밖에 없다.

그런데 왜 그 수술 방법에 '제왕'이라는 이름이 들어갈까?
여기에는 약간의 오해가 있다.
제왕절개는 독일어 '카이저 슈니트^{Kaiserschnitt}'를
일본어로 직역한 '데이오 셋카이^{帝王切開}'를
다시 우리말로 옮긴 것이다.
거기에 '카이저'가 들어가서 '제왕'이 된 것이다.
그러면서 '제왕절개'의 유래를
로마의 '율리우스 케사르',

즉 시저에서 온 것으로 알았다.
한때 로마 제국을 지배했던 위대한 제왕, 시저가
이 수술로 태어나서 그의 이름에서 유래했다는 설이다.
그런데 이것은 우리가 잘못 알고 있는 사실이라고 한다.
어디까지나 속설일 뿐 사실과 다르다는 것이다.

이를 처음 사용한 로마의 작가 플리니우스는
'caesum', '절개한다'는 단어에서
'섹티오 카이사레아sectio caesarea'라는
신조어를 만들었다.
바로 이 말의 발음이 '케사르'와 비슷해서 생긴
오해라는 것이다.

18세기 후반 유럽에서는
종교적인 미신 때문에 제왕절개가 유행했다.
또 우리나라에서는 1909년,
대구 동산의료원에서 초대 원장이던
존슨 박사가 처음 시술했다고 한다.

그런데 우리나라가 세계 1위를 차지하는 것 중에
"제왕절개 비율이 가장 높은 나라"도 들어간다고 하던데
이건 또 무슨 현상일까?

조선 시대 교육비

소득별에 따라 교육비 격차가 심하다.
가끔 그런 생각을 해본다.
조선 시대의 서당에서는 학비를 얼마나 냈을까?

조선 시대에도 학부모들은 자식들에 대한 교육열이
매우 높았다.
이런 전통이 오늘날까지 이어졌다고 볼 수 있는데
조선 시대에는 의무 교육 제도가 없었으니
사교육 기관인 서당에서 초등교육을 담당할 수밖에 없었다.
이런 교육열에 따라 마을마다 서당이 생겨났는데
서당의 종류는 대개 셋으로 나눌 수 있다.

첫째는 양반집 또는 부잣집에서 독선생을 앉히는 경우,
둘째는 마을 주민들이 공동으로 출자해서 서당을 설립하고
훈장을 데려다가 마을의 모든 학동들이 배우는 경우,
셋째는 한 문중이 서당을 열고
자기네 문중 학동만을 대상으로 배우게 한 경우.

이들 서당의 교육 과정은 거의 같았다.

대개 다섯 살이나 일곱 살이 되면 글을 배우기 시작했다.

맨 먼저 배우는 책은『천자문』이며,

그 다음으로 배우는 책은『동몽선습』이다.

이 책에는 인간의 기본 윤리인 오륜을 중심으로 엮어져 있다.

학문보다 먼저 '인간이 되라'는 교육 과정이었다.

세 번째로 배우는 책은『명심보감』이었다.

이 책에는 교훈이 될 여러 명구와 일화가 담겨 있다.

심성 교육을 중요하게 생각했던 것이다.

네 번째로 배우는 책은『통감절요』고,

다섯 번째로 배우는 책은『소학』이다.

이 책들이

중등과정까지의 기본 교과서였다고 한다.

서당에서 공부하는 방법은

배운 글을 소리 높여 읽고 그 뜻을 물어 보고 대답하는

교수 방법을 사용했다.

학동이 책 한 권을 다 읽고 그 책을 떼면은

스승과 동무들에게 한턱을 내는 '책거리'를 했다.

이것을 '책씻이' 또는 '책례'라고도 했는데

국수나 경단, 송편을 장만해서 나눠먹었다고 한다.

그렇다면 서당의 학비는 어떻게 냈을까?

조선 시대 서당의 수업료는

강미講米, 공량貢糧, 학세學稅, 학채學債 등으로 불렀다.
보통 서당의 강미는 대개
신입생에게는 1년에 벼 반 섬,
그 이상의 학생들에게는 한 섬,
그러니까 열 말을 받았다고 한다.

먹을거리로 학비를 받던 조선 시대 서당 훈장님은
지금의 고액 과외를 보면 뭐라고 말씀하실까?

새해 풍습

새해 첫 출발은
세계 어느 나라에서나 가장 꿈과 기대를 모아보는 때다.
새해를 맞는 풍습만큼은 나라마다 조금씩 다르다.

우선 멕시코에서는
특별한 새해 음식으로 포도 열두 알을 먹는 풍습이 있다.
여기서 열두 알을 먹는 의미는
1년 열두 달을 의미하는 것이다.
멕시코인은 한 알 한 알의 포도를 먹으면서
새해의 소원을 빈다.
그리고 새해에는 집안 구석구석에 돈을 감춘 다음
가족들끼리 함께 찾는 풍습이 있다.
이는 가족들끼리 친목도 다지고
모은 돈으로 근사한 새해 저녁상을 마련하는 효과가 있다고 한다.

그런가 하면 캄보디아 사람들은
서로에게 물을 뿌리면서 새해를 축하하고,
또 인도에서는 새해의 명칭도

산스크리트어로 '디왈리^{Diwali}'라고 해서
'빛의 열'이라는 뜻으로 부르면서
조그만 기름 램프를
창문 선반과 지붕 꼭대기에 줄지어 놓는다.

그리고 이란에서는 새해가 되면
서로 키스를 하면서 "백 년 동안 사세요!"
이렇게 인사를 나눈다.
유대인은 달콤한 해가 되라고
사과와 벌꿀을 나눠먹는다.
그리고 생선의 머리를 먹으면서
"어디서든 꼬리가 되지 말고 머리가 되라."고
인사한다.

그런가 하면 세계 각국의 새해 인사도 참 다르다.
하와이에서는 "알로하, 알로하" 하며
서로 끌어안고 양쪽 볼을 대며 인사한다.

그리고 이스라엘에서는 "샬롬, 샬롬" 하며
서로 상대방의 어깨를 주물러주고,
중국에서는 "쎄쎄 니하우마" 하며
자기의 두 팔을 들어서 팔목을 잡고 허리를 굽혀
정중히 인사한다.

또 알라스카에서는 "브덴니 음음" 하며

두 주먹을 코에 붙여 서로 끝을 비비고,
인도에서는 "오! 살로모어" 하며
양손을 입에다 붙였다 떼면서 서로 끌어안는다.
또 네팔에서는 "나마스테"를 세 번 말하며
양손을 머리에 얹고 허리를 90도로 굽혀 인사한다.

그런데 역시 우리나라의 새해 인사가
가장 정겨운 듯하다.
"새해 복 많이 받으세요!"라는 그 인사가…

고기는 먹지 않는다!

"고기는 먹지 않는다,
채소만을 식탁에 올려다오!"
채식주의자, '베지테리언vegetarian'들은 이렇게
육식은 하지 않고 채소와 과일만을 먹는 사람들을 말한다.
그런데 베지테리언에도 급수가 있다.

모든 동물성 식품을 거부하는
극단적인 채식주의자들은 '비건vegan'이라고 한다.
이들은 우유나 치즈도 먹지 않는다.

그런가 하면 우유나 치즈 등 유제품은 먹는
'락토 베지테리언lacto vegetarian'도 있고,
유제품 외에 계란까지 먹는
'락토 오보 베지테리언lacto ovo vegetarian'도 있다.
미국 등 선진국의 채식주의자는 대부분
우유나 계란까지는 먹는 '락토 오보 베지테리언'이라고 한다.

그런가 하면 유제품에다 어패류까지는 먹는 '페스코'도 있다.

또 페스코가 먹는 것에 닭고기까지만 추가해서 먹는 '세미 베지테리언'도 있다.

채식주의자보다 더한 건 '프루테리언Fruitarian'이다.
그들은
살아 있는 식물을 어떻게 뜯어먹느냐, 어떻게 따서 먹느냐…
이러면서
과일도 따서 먹지 않고 저절로 떨어진 것만 먹는다.

이렇게 채식주의자라고 다 같은 채식주의자는 아니다.
감나무 밑에서 감 떨어지기를 기다리는
극단적인 채식주의자 프루테리언에서부터
닭고기까지는 취하는 세미 채식주의자까지
단계가 있고 레벨이 있다.

그들은 왜 이렇게 여러 등급으로 나뉘는 것일까?
채식주의는 고기를 못 먹어서 안 먹는 것이 아니라
신념으로 채식한다.
그래서 신념을 지킬 수 있는 단계에 따라
이렇게 여러 단계의 채식주의자들이 생긴 것이라고 짐작하고 있다.

그렇다면 이들은 왜 채식하는 것일까?
평생 채식했던 영국 버나드 쇼의 유언은 유명하다.

- 내 장례에 소, 양, 돼지, 닭들로 행렬을 이루게 해달라.

그들을 사랑했던 한 인간을 애도하여
흰 스카프를 두르는 것도 잊지 말기를… -

그러니까 동물을 사랑하는 마음이
그로 하여금 채식하게 한 것이다.
그런가 하면
건강 때문에, 환경 보호 때문에… 이유도 가지가지라고 한다.

어쨌거나 "건강도 챙기면서 즐거운 인생"!
이것이 바로 21세기의 키워드일 것이다.
내가 좋아하는 음식을 먹는,
내게 맞는 식사법이 최고의 건강법 아닐까?

주문을 욀 때면

『아라비안 나이트』의 이야기 중에서
"열려라, 참깨!"라고 하는 주문이 있다.
그런데 다른 곡식 이름 다 놔두고
왜 주문에 '참깨!'라고 했을까?

1,001일 동안 계속된 이야기라고 해서
'천일야화千一夜話'라고도 하는
아랍 설화 문학의 집대성인 『아라비안 나이트』.
그중 잘 알려진 「알리바바와 40인의 도적」에서는
요즘 말로 하면 '패스워드'의 중요성이 무척 강조되고 있다.
도적 두목은 보물들을 바위 속에 감추는데
그 문을 여는 주문呪文이 바로 '열려라 참깨'다.
요즘으로 치자면 일종의 '패스워드'이자
암호문인 셈이다.
도적의 두목은 이 패스워드를 알리바바에게 도둑 맞고
보물도 잃고 부하들과 자신의 생명까지 잃고 만다.

그런데 그 주문은 왜 하필 "열려라, 참깨!"일까?

혹자는 이 이야기가 우리나라에서 번역되면서
임의로 부쳐진 이야기일 것이라고 하지만
사실 원문에서도 '참깨'라는 단어가 그대로 나와 있다.
천일야화, 그러니까 『아라비안 나이트』는
중동 지방에 전해 내려오는 이야기를 모은 이야기책이다.
수많은 주문 중에서 참깨를 비밀 주문에 사용한 이유를
중동 지방을 연구하는 인류학자들은 이렇게 보고 있다.

원래 참깨의 원산지는 아프리카의 북부의
'이집트 지역'이다.
그래서 그런지
지리적으로 가까운 중동 지방의 아라비아에서는
일찍부터 참깨를 많이 사용했다.
참깨는 더운 중동 지방의 날씨에도
잘 썩지 않는다.
그러므로 주술적인 의미를 부여하기에 좋은 음식이었다.
우리나라에서 '소금'을 주술적인 의미로 썼던 것과
같은 맥락이다.

물론 참깨의 코투리가 횡으로 벌어지는 모습에서
기인한 것이라고 주장하는 사람들도 있다.
그러나 친근하면서도 썩지 않는 음식이기 때문에
'참깨'라는 단어를 썼다는 설이 유력하다.

'열려라 참깨!'라고 말하면 바위 문이 열리는 것…

요즘으로 치면 일종의 음성 인식 기능인 셈이다.
옛날에는 그저 옛날 이야기에나 등장할 법한
신기한 마술이 이제는 현실에서 쓰이고 있는,
그런 시대에 살고 있다.

자연의 명연주가

가을밤, 자연의 명연주가는 역시 '귀뚜라미'다.
그런데 정말 귀뚜라미 울음소리를 들으면
온도를 알 수가 있는 것일까?

귀뚜라미 역시 매미와 마찬가지로
성대에서 소리를 내는 게 아니라
날개를 부딪쳐서 소리를 낸다.
그러니까 '귀뚜라미 우는 소리'가 아니라
'귀뚜라미 날개 부딪치는 소리'인 셈이다.

신기하게도 귀뚜라미 소리만 들어도
현재 기온이 대략 몇 도인가를 알 수 있다고 한다.
13초 동안 귀뚜라미 울음소리의 횟수를 센 다음
거기에 40을 더해 보면
대략 '화씨 몇도' 인가를 알 수 있다는 것이다.

일찍이 1960년대에
플로리다대학의 곤충학자 톰 워커는 이렇게 설명했다.

- 모든 귀뚜라미는 꽤 괜찮은 온도계다.
그들은 온도에 비례한 속도로
날개들을 비벼대어 소리를 낸다. -

그의 말에 의하면 모든 귀뚜라미가 다
온도에 비례한 속도로 날개를 비벼대기 때문에
귀뚜라미 소리를 들으면 대충 온도를 알 수 있다고 한다.

귀뚜라미 중에서도
흰나무 귀뚜라미는 정말 정확하다.
이 귀뚜라미는
북아메리카의 대부분 지역에서 서식하는데
온도계가 따로 필요하지 않을 정도라고 한다.

또 귀뚜라미들이 내는 소리는
충분히 느린데다가
그들이 동시에 연주하면서 속도를 맞추기 때문에
주의 깊게 들으려고 하지 않아도
충분히 들을 수가 있다.

그러고 보면 이 가을의 손님인 귀뚜라미는
참 많은 일을 하는 셈이다.
가을밤의 고독을 덜어주는 명연주가이기도 하면서
현재 기온을 알려주는
기상 통보관이기도 하니까.

밥도둑 상추

입맛을 돋구는 데 쌈이 참 좋다.
쌈 중에서 가장 일반적인 것은 '상추'다.

상추는 유라시아 지방의 불모지에 피어난 야생풀에서
파생된 것이라고 한다.
기원 전 5세기경부터
페르시아 왕들의 식탁에 이 채소가 오르기 시작했다.
그리스 신화에도 이 상추는 등장한다.
제우스의 아내 '주노'는 상추의 마취성을 발견해내고
야생 상추를 먹으면 무통 분만을 할 수 있다고 주장했다.

우리나라에서 상추를 먹기 시작한 것은
삼국 시대 때부터니까 그 역사가 깊다.
고려 때 문헌에는 상추로 밥을 싸 먹었다는 기록이 많다.
또 원나라 시인 양윤부揚允孚는 그의 시에서
- 상추쌈 싸 먹는 고려의 풍습이
원나라에 전래돼 크게 유행했다. -
이렇게 밝히고 있어서 상추 쌈 문화가

우리나라에서 중국에 전해졌다는 것을 알 수가 있다.

그 당시에는 예절책에
'상추쌈 품위 있게 먹는 법'이 소개됐다.
이덕무의『사소절士小節』「사전士典」에 보면
"상추를 싸 먹을 때 직접 손을 대서 싸서는 안 된다.
먼저 수저로 밥을 떠서 밥그릇 위에 가로놓고
젓가락으로 상추 두세 잎을 들어 밥을 싼 다음 넣고서
그 다음 된장을 떠먹는다."
이렇게 자세하게 '상추쌈을 품위 있게 먹는 법'을 기록했다.

그런데 '상추'의 다른 말이
'은근초'이기도 하고, '천금채'라고도 한다.
그 명칭에는 어떤 의미가 담겨 있을까?

18세기 학자 이익은『성호사설』에서 이렇게 주장했다.

- 소채 중에서 잎이 큰 것은 모두 쌈을 싸서 먹는다.
그중에서도 상추쌈을 제일로 친다. -

그런데 '상추'를 왜 '상추'라고 했는지에 대해서는
의견이 분분하다.
생으로 먹을 수 있다고 해서
'생채'가 전화된 것이라는 의견이 유력하다.

그런데 송나라 문헌인『청이록』에 보면
비싼 값에 상추 씨앗을 구입해 갔다고 해서
천금을 주고 사는 채소,
즉 '천금채天金菜'라고 부르게 됐다고 전해진다.

그런가 하면 상추를 '은근초'라는 속명으로 부르기도 했다.
그 이름에는 사연이 있다.
『본초강목』에서 보면 상추가 정력에 좋다고 했다.
그러니 정력에 좋은 상추를 많이 심는 것은
그 집 마님의 음욕을 간접적으로 시사하는 것이 되고 말았다.
"상추를 서 마지기 반이나 한다."는 것은
음욕이 대단한 여자라는 욕이었다고 한다.
그래서 상추는 절대 집 앞뜰에 심지 않고
아무도 보지 못하는 집 뒤뜰에 은밀히
숨겨서 가꿔 먹었다는 것이다.
바로 거기서 '은근초'라는 별명을 얻게 된 것이다.

삼국 시대부터 먹어온 상추는
일종의 전통 정력제라고 해도 과언이 아닌데
그렇게 조금씩 남의 눈치를 봐가면서 가꿔 먹었으니
귀할 수밖에 없었고, 그러니 당연히 값이 비싸서
'천금채'가 될 수밖에 없었다.

상추쌈의 인기는 원나라에까지 전해지게 됐다.
수많은 고려 여인을 억지로 원나라에 보냈을 때

그들은 이역만리에서 눈물로 세월을 보내며
궁중의 뜰에 고려의 상추를 심어 상추쌈을 먹으면서
망국의 한을 달랬다고 한다.
이를 눈여겨 본 원나라 사람들도 상추쌈을 먹게 되었고,
운명의 귀녀들을 통해서 원나라까지
상추쌈은 널리 퍼지게 됐다.

상추는 풍부한 비타민과 무기질을 갖고 있고,
상추 줄기의 우유빛 진물에는
진통과 마취 작용이 있는 라쿠루신이란 성분이 있다.
상추를 먹으면 잠이 잘 오는 것도 그 까닭이다.

알고 보면 상추는
그 어떤 영양제나 보약 못지않은, 대단한 음식이다.

〈심청전〉에 나오는

〈심청전〉에는 '인당수'라는 곳이 나온다.
그렇다면 이 인당수라는 곳은 실제로 있는 곳일까,
아니면 창작된 상상 속의 지명일까?

백령도에는 전설이 하나 전해져 내려오고 있다.
인당수에 빠진 심청이 용궁에 갔다가
연꽃을 타고 다시 인당수로 떠올랐다는, 그런 전설이다.
그 연꽃이 조수에 떠밀려 연화리 앞바다에 가서
연밥을 떨어트리고 연봉바위에 걸려 살아났다는 전설이다.

〈심청전〉의 스토리와 비슷한 전설이기 때문에
백령도가 〈심청전〉의 배경이 된 곳이 아닐까…
이런 얘기가 전부터 있었다.
옹진군에서는 한국민속학회에 고증을 의뢰했다.
그리고 한국민속학회에서는 학술조사단을 구성해서
1년간에 걸쳐 고증 작업을 했는데 이런 결론을 내렸다.

– 심청이 태어나서 자란 곳이 '황해도 황주'라고 한다면

심청이 죽었다가 다시 살아난 곳은 백령도가 된다.
남과 북이 나뉜 지금 상황에서 북에 있는 황주에
심청과 관련된 전설이나 어떤 증거물이 있는지
확인할 길이 없다. 하지만
현재 대한민국 주권이 미치는 지역 내에서
〈심청전〉의 배경이 된 곳을 찾는다면
인당수, 연봉바위, 연화리와 연꽃 등
전설의 증거물이 존재하는 백령도를 꼽을 수 있다. -

이런 고증 결과에 따라서 진촌리 북쪽산 마루에
심청 기념각을 세우게 된다.
해발 100미터의 고지대인 이 곳에 오르면
북쪽으로 심청이 빠져 죽었다는 인당수와 장산곶이 보인다.
그리고 남쪽으로는
심청이 살아났다는 연봉바위와 대청도가 보인다.

그러니까 심청전에 나오는 인당수는
실제로 있는 장소다.
바로 서해 5도 중에 최북단에 위치한 백령도,
북한의 장산곶과는 불과 15킬로미터 떨어진 곳이다.
인당수는 남과 북을 잇는 곳,
장산곶과 백령도의 중간에 있다.

소설 속에만 있는 환상의 곳인 줄 알았던 인당수가
실제로 존재한다.

하품할 때면

하품할 때 우리는 주로 손으로 입을 가리고 한다.
이 습관에도 역사적인 이유가 있다.

고대인들은 신생아가 태어날 때 그들의 몸짓을
정확하게 관찰했다.
신생아들은 살아나려고 발버둥치면서
탄생 직후에 하품했다.
그런데 고대에는 영아 사망률이 아주 높았다.
그래서 사람들은 믿게 됐다.
아기들이 하품할 때 생명이 빠져나간다.
그런데 아기들은 손으로 입을 막을 수 없어서
사망하는 것이라고.
실제로 로마의 의사들은 어머니들에게
아기가 태어난 후 처음 몇 달 동안은 아기를 특별히
잘 지켜보고 있다가 하품할 때
손으로 덮어주라고 권하기까지 했다.

바로 여기서 하품에 대한 오해가 생기기 시작했는데

숨을 크게 내쉬다가
영혼과 생명이 몸에서 빠져나갈지도 모른다는 두려움이
생겨나기 시작했다.

또 하품할 때 고개를 돌리는 것도
일종의 오해에서 출발했다.
고대인들은 하품이 하품하는 당사자에게도 위험하지만,
그 위험이 전염병처럼 다른 사람에게 옮을 수 있다고 여겼다.
실제로 어떤 사람이 하품하면 그 옆사람도 하품하는 것을
자주 목격했기 때문이다.
그래서 하품할 때면 고개를 옆으로 돌리고
필사적으로 손으로 하품하는 입을 가렸다.

그후 의학이 발달하고 과학이 발달하면서
하품의 원인이 규명됐다.
사람이 잠에서 깨어나거나 육체적으로 피곤할 때,
그리고 산소가 갑자기 많이 필요하게 될 때 하품은 발생한다.
그런데 아직도 설명할 길이 없는 것이 하나 있다.
왜 하품은 전염될까, 하는 점이다.
생리학적으로 설명할 수 있는 근거는 아직 없다.
다만, 하품하는 사람의 모습을 바라보면
뇌의 시각 중추에 그 모습이 전달되고,
거기서 또 하품 중추로 전달된다는 것만이 밝혀졌다.
웃음이 전염되는 것도 바로 이런 원리에 의한 것이다.

하품하는 것을 두려움으로 여겼던 고대인들.

하품하는 것을 예절에 어긋나는 것으로 여기는 현대인들.

손으로 입을 가리는 행동은 똑같지만

그 이유는

달라도 너무 많이 다르다.

부성애도 모성애 못지 않아

남편이 아내의 임신 과정에서 함께 입덧하고
임신의 고통을 함께 경험하는 것을 가끔 보게 된다.
이것을 가리키는 용어가 있다.
'쿠바드 증후군Couvade Syndrome'이다.

아내가 임신하면 남편도 아내와 함께
식욕 상실, 매스꺼움, 구토와 같은 증상을 겪는 경우가 있다.
이것을 영국 정신분석학자 트리도우언은
쿠바드 증후군이라고 불렀다.
쿠바드는 불어의 'couver'에서 온 말로
'알을 품다', '부화하다'의 뜻을 가지고 있다.

쿠바드 증후군은 임신 3개월경에 가장 심하게 나타나는데
그후 약해지다가 임신 말기가 되면 또다시 심해진다.

아이와 아내에 대한 사랑이 넘쳐서
저절로 쿠바드 증후군에 걸리는 남성도 많지만
의무적으로 그것을 강요하는 풍습도 있었다.

아내가 출산할 때
남편이 가족들과 떨어진 장소에서 잠을 잔다든가
식사에 섭생을 지키며 금기사항을 지키는 풍습이다.

또 아내가 산후에 일을 나가기 시작하면
남편은 집에서 갓난아기의 시중을 드는 일도 있었다.
이런 풍습은 1세기 때에 에스파냐 등에서 행해졌다고 한다.
그런가 하면 19세기에 인도양 등지에서 행해졌는데
기록 영화인 〈몬도가네〉에서도 보면
아프리카에서 아내가 진통하는 동안 남편은
물속에 들어가 익사 시늉을 거듭하는 것을 볼 수 있다.
또 중국 장족의 아빠들은 40일 동안
아내의 출산 고통을 더불어 해야 했다고 한다.

우리나라에도 쿠바드 습속이 없지 않았다.
평안도 박천 지방에서는 아내가 진통이 시작되면
남편은 지붕 위에 올라가 용마름을 붙들고
나뒹굴며 비명을 질러야 했다.
또 아내가 진통하면 남편이 상투머리를 문 안에 집어넣어
아내로 하여금 상투를 부여잡고 힘을 쓰게 했다.

그런가 하면 캐나다 북변에 사는 헤어인디언은
아기의 젖먹이는 일 이외의 육아는 모두 아빠 담당이라고 한다.

동물이라고 다르지 않다.

북극 동물인 펭귄은
알을 낳을 때 얼음바닥 아닌 곳이 없기 때문에
아빠 펭귄의 두 발 위에 낳아 놓는다.
그러면 아빠 펭귄은 그 알이 부화할 때까지
날개로 알을 덮어 움직이지 못하고
몇 주일을 꼬박 굶주린다.

그렇게 아이를 품을 때부터
함께 고통과 육아를 책임지는 풍습에서 온 쿠바드,
부성애 또한 모성애 못지않다고 말해주는,
아름다운 신드롬이다.

덥지도 춥지도 않은 온도

"섭씨 몇 도"라는 말을 한다.
그런데 외국의 책을 보다 보면
"화씨 몇 도"라는 말도 심심찮게 등장한다.
그렇다면 섭씨와 화씨는 어떻게 다를까?
그리고 그 명칭의 유래는 어떻게 될까?

화씨 온도는 1720년,
독일의 페런하이트Fahrenheit가 만든 온도 기준이다.
그 당시 가장 낮은 온도라고 알려져 있던
소금과 눈을 섞었을 때의 온도를 최저로 하고,
사람의 체온을 최고 기준으로 삼아서
그 사이를 96등분 한 것이 화씨 온도다.
화씨 온도의 단위는 'F'를 쓴다.

그후 1742년,
스웨덴의 셀시우스Celsius는
'섭씨 온도'라는 온도 기준을 만들었다.
물이 얼어붙는 온도를 0도,

물이 끓는 온도를 100도라고 하고
그 사이를 100등분해서 나타낸 것인데
섭씨의 단위는 'C'를 쓴다.

그렇다면 왜 '섭씨'와 '화씨'라고 부르게 된 것일까?
그 이름에는 'C'라는 단위가 작용했다고 생각하기 쉽다.
하지만 단위 때문은 아니다.

셀시우스가 주장한 온도가 중국으로 건너갈 때
중국인들은 셀시우스라는 이름을
한자로 표시하기 위해서 '섭이사'라고 부르게 된다.
'섭이사'의 성은 중국에서 보자면 '섭'이 된다.
그래서 '셀스우스'의 온도를
'섭이사'의 성인 '섭'을 따서
'섭씨 온도'라고 부르게 됐다.

화씨 역시 마찬가지.
'페런하이트'라는 이름은 중국에서 '화윤해'로 표기가 됐다.
여기서 성인 '화'를 따서
'화씨 온도'라고 불렀다.

이런 중국식 표기는 그대로 우리나라에 전해졌고,
지금까지 우리는 '섭씨' 온도, '화씨' 온도라고 부르고 있다.

요즘은 세계적으로 대부분 섭씨 온도를 사용하고 있지만,

미국에서도 몇 개 주, 그리고 몇몇 나라에서는
화씨를 사용하기도 한다.

오늘은 우리 마음의 온도가 섭씨 몇 도의 날이 될까?
그리 차갑지도, 너무 뜨겁지도 않은
따뜻한 마음의 기온을 유지하는,
멋진 날이기를 바란다.

새들도 다양한 언어로 쓴다

우리는 같은 말을 하면서도
지역에 따라 사투리를 쓴다.
그런데 새들도 사는 지역이 다르면 사투리를 쓸까?

작은 나라든, 큰 나라든
어느 곳이나 사투리가 있다.
그렇다면 사투리는 인간에게만 있는 것일까?
새들이 지저귀는 소리를 들으면
어쩐지 그들도 사투리를 쓸 것만 같다는 생각이 든다.

그렇다면 우선 새들에게도 언어가 있는 걸까?
조류는 인간처럼 다양한 언어를 갖고 있지는 않다.
하지만 자신들이 살아남기 위해서는
그들도 언어가 필요하다.
암수가 짝짓기를 하거나 둥지를 만들고, 알을 품고,
새끼에게 먹이를 줄 때,
새들은 그들만의 소리를 사용한다.
또 번식기가 끝나고 날씨가 추워지면

전국의 제비들은 수천 마리가 모여

우리나라에 한 마리도 남지 않고 따뜻한 나라로 날아간다.

또 이듬해 4월 초면 어김없이

선발대를 앞세워 돌아온다.

이때도 소리가 중요한 의사소통 수단이 된다.

지구상에는 8,500여 종의 새가 있다.

조류형태학자들은

깃털의 색깔이나 몸통, 날개, 부리,

다리의 길이와 같은 특성을 토대로 조류를 분류해왔다.

한편 동물행동학자들은

지난 20여 년 동안 새들이 내는 소리를 음성학적으로 분석해서

조류의 분류를 시도해왔다.

하지만 동물행동학자들은 조류형태학자들보다

더 많은 어려움을 겪어야 했다.

조류가 내는 소리는 종마다 다를 뿐 아니라

그로 인한 행동의 변화도 다양했기 때문이다.

연구자들은 여러 지역에서 수많은 새소리를 수집해서

음성학적 변이를 파악해봤는데

그 결과 흥미 있는 사실이 밝혀졌다.

야외에서 조류 소리 채집용 고성능 녹음기로 녹음한 다음

음성 분석기인 소노그램으로 분석했더니

각 지방별 새소리의 주파수가 완전히 다른 것으로 분석된 것이다.

같은 종류의 새라도 사는 지역에 따라

다른 소리를 내는 것이었다.
예를 들어 우리나라에 사는 휘파람새인 경우에
남해안을 제외한 내륙에 서식하는 내륙휘파람새와
남해안과 제주도에 서식하는 제주휘파람새는
노랫소리가 서로 다르다고 한다.
사람으로 치면 어느 한쪽이 사투리를 쓰는 셈이다.

돌고래 역시 지역마다 소리가 다르다는데
그래서 통역을 해주는 돌고래도 있다고 들었다.
어쩌면 새들에게도 통역사가 있는지도 모르겠다.

작가의 말

새로운 정보들, 알아야 할 것들이 매일매일 쏟아져 나온다.
그런 속에서 어떤 것을 알아둬야 하는 것일까.

공부할 것도 많고 배워둘 것도 많은데
이걸 굳이 알아야 되나?

꼭 알아둘 필요는 없다.
외울 필요도 없고 공부할 필요도 없다.
그저 내가 더 행복하기 위해 필요한 것들,
이를테면 책에 자주 인용되는 것들이거나
TV를 보거나 게임을 하거나 공연을 봐도 그 용어가 나온다거나
사람들과 이야기를 나눌 때 이걸 모르면 대화가 잘 안 된다거나
그런 것들은 알아두면 좋지 않을까.

알지 못해도 살아가는 데 별 지장은 없지만,
알아두면 아주 쏠쏠한 재미와 즐거움을 주는 것들을 담았다.

하루에 하나씩,

외우지 말고 그저 무심히 읽어보면
일상의 즐거움이 하나 더 추가될 것이다.

그리고 사랑하는 사람에게
하루 한 가지씩의 내용을 보내본다면
안부를 주고받는 의미에 행복이 하나 플러스된다.

취직을 준비하는 이에게,
수능을 앞둔 이에게,
군대 간 이에게,
무료하게 하루를 보내는 이에게.
하루 한 가지의 상식은
생각보다 훨씬 큰 도움이 되어줄 수도 있다.

내가 궁금했던 것들을 풀어내준
인터넷과 책, 여러 자료, 도서관들에 감사를 전한다.
그리고 언제나 내게 무한 신뢰를 보내주는
에디터이자 오랜 벗,
yeondoo의 대표 유정 씨에게 고마움을 전한다.
좋은 책을 만드는 것도 좋지만,
부디 책을 만들어 따뜻한 밥을 벌기를 바란다.

송정림

하루 하나 상식

초판 1쇄 발행 2021년 05월 31일

지은이   송정림

편집   김유정
디자인   문유진
그림   견혜경

펴낸이   김유정
펴낸곳   yeondoo
등록   2017년 5월 22일 제300-2017-69호
주소   서울시 종로구 부암동 208-13
팩스   02-6338-7580
메일   11lily@daum.net

ISBN   979-11-970201-8-6 03030